Elke Heidenreich
Wer nicht liest ist doof

Als Kinder haben wir mit Kreide auf die Hauswände gemalt: »WER DAS LIEST IST DOOF«. Ach, und diese Freude dann, wenn es Eltern und Lehrer lasen, die Doofen! Heute möchte ich manchmal – gibt es überhaupt noch Kreide? – Kreide nehmen und beschwörend ganz groß auf alle Wände schreiben: »WER NICHT LIEST IST DOOF«. Es gibt eine Menge Leute, die nicht lesen. Und jetzt werden Sie sagen, na, die können dafür sicher prima Fußball spielen und Computer bedienen oder haben mächtig viel Herzenswärme oder Charakter oder sind erfolgreiche Manager. Und ich sage Ihnen: Wer nicht liest, ist trotzdem doof, zum Teufel dann auch mit der Herzenswärme. Die Lust an der Literatur ist auch die Lust am Leben. Die Kunst zu lesen, in ein Buch hineinzufallen, darin zu versinken, kaum noch auftauchen zu können, ist ein Stück Lebenskunst. Das setzt natürlich den Willen voraus, sich auf Geschichten einzulassen, sich aktiv ins Buch hinein zu begeben, sich bewußt von den Reizen und Zerstreuungen anderer Medien abzuwenden. Dann kann es eine wunderbare ewige Liebesgeschichte werden – die zwischen einem Buch und einem leidenschaftlichen Leser. Und sind die nicht blöde, die der Liebe ausweichen, wenn sie uns begegnet?

Wir sind allein miteinander: das Buch, die Lampe und ich, und wir haben Geheimnisse miteinander – denn das Buch erzählt mir unter Umständen mein eigenes Leben. »In Wirklichkeit ist jeder Leser, wenn er liest, ein Leser nur seiner selbst«, schreibt Marcel Proust im letzten Band seiner *Suche nach der verlorenen Zeit*. »Das Werk des Schriftstellers ist dabei lediglich eine Art von optischem Instrument, das der Autor dem Leser reicht, damit er erkennen möge, was er in sich selbst vielleicht sonst nicht hätte erschauen können.«

Ich kannte aus den Büchern gewisse Gefühle und Leidenschaften, ehe ich die realen Küsse dazu kannte, las darüber »mit der ängstlichen Nüchternheit der Süchtigen« (Jean-Paul Sartre, *Die Wörter*). Was wir erlesen, übersteigt bei weitem das, was wir erleben, das Leben hält nur mühsam Schritt mit der Fülle der Geschichten, die uns entgegenströmen, wenn wir uns ihnen öffnen. Wenn. »Das Chaos in mir von unausgegorenen Sehnsüchten, von romantischen Verstiegenheiten, von Ängsten und wilden Abenteuerträumen wurde aus unzähligen Spiegeln auf mich zurückgeworfen, ich bevorzugte das Anrüchige, Zweideutige, Düstere, suchte nach Schilderungen des Geschlechtlichen, verschlang die Geschichten von Kurtisanen und Hellsehern, von Vampiren, Verbrechern und Wüstlingen, und wie ein Medium fand ich zu den Verführern und Phantasten und lauschte ihnen in meiner Zerrissenheit und Melancholie« (Peter Weiss in *Erste Lese-Erlebnisse*).

Ich wußte als junges Mädchen noch nichts von Männern und Leidenschaften, aber ich spürte sehr wohl, daß da etwas Unerhörtes vor sich ging, wenn Rhett Butler auf seinen starken Armen Scarlett O'Hara die Treppe hochtrug. Daß *Vom Winde verweht* in erster Linie ein Roman über einen grausamen Bürgerkrieg und über die Sklavenbefreiung im amerikanischen Süden ist, das habe ich erst dreißig Jahre später begriffen. Macht nichts. Mit fünfzehn war eben etwas anderes wichtig. Und Proust mit achtzehn ist so falsch wie die *Häschenschule* mit vierzig. Bücher haben ihre richtige und ihre falsche Zeit für unser Leben. In diesen Zeiten prägen sie uns.

Und doch, es ist tatsächlich so: nicht jeder kann lesen. Man muß für das Lesen eine Begabung haben wie für das Malen und das Klavierspielen – sonst wird nichts Rechtes daraus. Es gibt Menschen, die macht die stille Konfrontation mit dem Buch kribbelig. Ihnen fehlt das innere Ohr, das auf Geschichten hören kann, wie sie leise nur ein Buch erzählt. Wir können diese Menschen ein wenig bedauern, wir möchten auch nicht unbedingt lange Abende mit ihnen verbringen, wir müssen sie aber nicht verachten. Verachtenswert hingegen sind die Bildungskoketteure, die in ihrer Kindheit gelesen haben und jetzt seufzen: »Ach, wie ich Sie beneide, weil Sie soviel lesen! Das möchte ich auch, aber ich komm einfach nicht mehr dazu.« Und auf die, nur auf die, trifft die Behauptung zu, daß, wer nicht (mehr) liest, auch irgendwie doof ist – deshalb heißt es hier: rote Karte, Platzverweis, Liebesentzug. Sie kommen, Verehrteste(r), zum Friseurbesuch, zum Stadtbummel, zum Autowaschen, Sie strampeln für Ihre Karriere, Sie verbringen lange Abende über Hirschragout an Preiselbeerschaum oder mit der Bohrmaschine im Bastelkeller, Sie trainieren sich fit und sitzen vorm Fernseher, um das Literarische Quartett zu ertragen, und dann kaufen Sie die dort wie auch immer »besprochenen« Bücher, stapeln sie auf Ihrem Nachttisch, aber zum Lesen kommen Sie nicht? Wer es braucht, tut's auch, so einfach ist das. Wer es nicht braucht, tut's nicht und ist und bleibt – naja: ziemlich doof.

Das Lesen, sagt Daniel Pennac, ist eine Seinsweise – es geht nicht darum, ob ich Zeit dazu habe, sondern ob ich mir das Glück leiste, zu lesen. Das ist wie mit der Liebe – keine Zeit dazu? Auch keine Zeit zum Atmen? Lesen ist wie atmen, schreibt Alberto Manguel. Und da haben wir schon beinahe alles, was wir über das Lesen wissen müssen. Und noch dies: daß das Lesen keine sichere Bank ist. Daß die Welt nicht so ist wie in den Büchern, daß uns aber die Gegenwelt der Bücher hilft, die reale Welt besser zu begreifen. Der wahre Zugewinn des Lesens ist eine radikale Destabilisierung der Welt, das heißt: Lesen ist fast immer auch Konflikt, Auseinandersetzung. Und wenn man das einmal weiß, geht es gar nicht mehr ohne – dann, nur dann, ist lesen wie atmen. Ich lese, also begreife ich, also bin ich bzw. kann ich sein. Aber Vorsicht: »Ich habe die Welt in Büchern kennengelernt: dort war sie assimiliert, klassifiziert, etikettiert, durchdacht, immer noch furchterregend; und ich habe die Unordnung meiner Erfahrungen mit Büchern verwechselt mit dem zufälligen Ablauf wirklicher Ereignisse. Hier entsprang jener Idealismus, den ich erst nach dreißig Jahren von mir abtun konnte« (Jean-Paul Sartre, *Die Wörter*).

Natürlich ist Lesen auch Bildung. Zuerst kommt das Sprechen, dann kommt das Lesen, dann kommt alles Elektronische – ohne Lesen auch kein Internet. Aber die Literatur ist kein Vorzeigestück zum Angeben, was man alles weiß – sie ist eine Methode, um die Welt kennenzulernen, eine Mischung aus Lust und geistiger Disziplin. Sie will, sagt der italienische Kritiker Roberto Cotroneo, »mit Demut, aber auch mit Entschlossenheit angepackt werden« (Roberto Cotroneo, *Wenn ein Kind an einem Sommermorgen*).

Gehen wir zurück zu den Anfängen – wie waren die denn? Am Anfang war die *Häschenschule*! Grauenvolle Bilder (von Fritz Koch-Gotha), entsetzliche Verse (von Albert Sixtus), aber die *Häschenschule* begleitete mich durch mein ganzes Leben, das war die Initialzündung. Denn genauso war sie, unsere Jugend in den fünfziger Jahren: »In die Ecke muß er nun. Ei, da kann er Buße tun!« Autoritäre Eltern, mütterlich strenge Ordnung zu Hause, in der Schule hauten einem die Lehrer auf die Pfoten, und im Feld, sprich in der Stadt, lauerten die Gefahren. »Wär' ich nicht ein Kindelein, möcht' ich gleich ein Häschen sein!« – so endet dieses Schreckensbuch, und genau das waren wir: arme Häschen, im Fronturlaub gezeugt, unter unwürdigen Kriegsumständen widerwillig geboren, »falls Heinz doch nicht aus Rußland zurückkehrt«, ungeliebt durch die Wiederaufbaujahre gezerrt als lästiger Klotz am Bein. Es gab nie Stille, Frieden, Ruhe zu Hause, wie auch bei Familie Hase nicht: da war sie, unsere Welt, eins zu eins.

Andere Bücher schufen eine Luftblase, in der man überleben konnte. Einerseits sahen es die Eltern gern, wenn das Kind las, es sollte ja mal was Besseres werden und wurde dafür auch durch die Höhere Schule geprügelt. Andererseits wurde jede Lektüre begleitet mit Sätzen wie »Du verdirbst dir noch die Augen«, »Das ist noch nichts für dich« oder »Draußen scheint die Sonne«. Ich habe mir die Augen verdorben, es war noch nichts für mich, und die Sonne schien in meinem Kopf und rettete mich vor Kleinkariertheit, Armut und Enge, vor den Komplexen und Ängsten einer Heranwachsenden. Fand ich mich dumm und häßlich: die Herzogin in *Alice im Wunderland* war dümmer und häßlicher als ich; war ich todunglücklich verliebt: Anna Karenina und Emma Bovary waren allemal unglücklicher als ich; und fühlte ich mich schlecht, weil ich in einem Laden einen Lippenstift geklaut hatte, wußte ich: Raskolnikoff war schlechter, der hatte nur mal eben so gemordet, weil es sich gerade ergab. Kam mir zu Hause alles eng und klein vor und ich sehnte mich nach Schönheit, dann saß ich mit Mick aus *Das Herz ist ein einsamer Jäger* von Carson McCullers unter den Fenstern reicher Leute und hörte Mozart. Und wenn ich gar keinen Sinn mehr im Leben sah, dachte ich an Niels Lyhne, der alles falsch gemacht hatte und wenigstens stehend sterben wollte – eine bedenkenswerte Möglichkeit zum Heldentum noch ganz am Schluß.

»Wenn man einmal den Zauber und den Trost großer Literatur gekostet hat, möchte man immer mehr davon haben – andere lächerliche Geschichten und weise Parabeln, vieldeutige Märchen und seltsame Abenteuer. Und so fängt man an, für sich selbst zu lesen« (Klaus Mann, *Der Wendepunkt*). Kurzum: das Lesen hatte und hat nicht nur für mich immer eine lebenerklärende, ja lebensrettende Funktion. Wie kommen Nichtleser überhaupt lebend über die Runden? »In den Büchern trat mir das Leben entgegen, das die Schule vor mir verborgen hatte. In den Büchern zeigte sich mir eine andere Realität als die, in die meine Eltern und Lehrer mich pressen wollten. Die Stimmen der Bücher forderten mein Mittun, die Stimmen der Bücher forderten, daß ich mich öffnete und auf mich selbst besann« (Peter Weiss, a. a. O.).

Lesen ist gefährlich. Es hat eine unterwandernde Wirkung, es trägt uns weg aus dem gewohnten Umfeld, es stellt Lebensumstände in Frage, weckt Sehnsüchte, schürt Aufstand und Widerstand. Nicht umsonst verbieten und verbrennen Diktatoren zuerst die Bücher, sperren die Dichter ein und bringen die Sänger zum Verstummen.

»Es gibt die schöne Geschichte vom Buben auf dem Lande, dem ein Lehrer oder Pfarrer ein Buch gibt und dem sich die Welt der Phantasie eröffnet. Der Bub liest und liest, wird gescheiter und gescheiter, und eines Tages wird er, der arme Bub vom Lande, Lehrer oder Professor oder Pfarrer. Die Geschichte ist als Biographie denkbar, auch meine gleicht ihr im Ungefähren, und doch ist sie eine Illusion: sie verschweigt, weil sie von der glücklichmachenden Moral des Aufsteigens ausgeht, den Preis, den dieser Aufstieg kostet. Sie unterschlägt die andere Geschichte, die unter der schönen liegt, die Geschichte der Entfremdung von seiner Umgebung, den Verlust sozialer Wirklichkeit, die Einsamkeit des Aufsteigenden, des Lesenden« (Peter Turrini, *Biographie des Lesens*).

Das lesende Kind ist immer auch das schwierige Kind. Es kapselt sich ab von der Welt, in der es lebt, und das sieht diese Welt nicht gern. Das Leben wird vor dem Hintergrund der Bücher manchmal unerträglich. Man stößt auf Goldadern, die man nicht teilen kann und will. Das Buch stillt eine Sehnsucht, die es zunächst selbst erschafft. Nabokov stellte sich das Paradies vor als einen Ort, an dem ein schlafloser Nachbar beim Licht einer ewigen Kerze in einem endlosen Buch liest. So gesehen: der Leser lebt im Paradies, in einem Paradies der Phantasie. »Vielleicht wird sich wieder herausstellen, was man früher schon gewußt, dann aber offenbar verdrängt hat: daß Phantasie keine minderwertige Form von Erkenntnis ist, vielmehr gleichen Ranges mit der Vernunft« (Heinz Piontek, *Das Handwerk des Lesens*).

In jedem (guten!) Buch finden die Zusammenstöße nicht nur zwischen den Figuren, sondern zwischen dem Autor und der Welt statt, und ich darf teilhaben und mir meinen Platz im Getümmel suchen.

Die Literatur ist auch ein Spiel. Wer das nicht weiß, wird so rechthaberisch-bissig, wie eben Literatur»päpste« werden. Spiel ist mit Lust verbunden. Wer keine Lust am Lesen hat, soll es halt lassen. Er kann ja trotzdem ein fabelhafter Elektronikspezialist sein, er kann Herzen verpflanzen oder zum Mond fliegen. Ein bißchen doof ist er aber doch – schon weil er auf Lust verzichtet.

Lesestoff ist auch Ballast – welche Figuren schleppt man nicht mit durch sein Leben! Und doch, ich finde nicht, daß es schadet, die Nibelungen, Hiob und König Ödipus kennengelernt zu haben, denn wir kommen in Situationen in unserm Leben, wo wir merken: Gott spielt mit gezinkten Karten, er hat schon Hiob an der Nase herumgeführt, und jetzt bin eben ich dran. Es tut nicht so weh, wenn man nicht der Einzige ist, dem eine Menge Scheußlichkeiten widerfährt. Nach jedem Buch ist man ein anderer als zuvor. Auf irgendeiner Postkarte stand mal: »Lesen ist für die Seele, was Gymnastik für den Körper ist.« Es ist wie ein Dialog mit sich selbst: Lesen macht nicht unbedingt glücklicher, aber man lernt sich besser kennen, und irgendwie kann das auch eine Art von Glück sein. Lesen ist auch die Erfahrung von Differenz – ich sehe, daß zu anderen Zeiten Menschen anders gelebt haben oder an anderen Orten unter anderen Umständen anders leben als ich. Und ich kann mich einordnen – wo ist mein Platz in all dem? Zunächst hier, vor dem Buch.

Ich habe vorhin den fatalen Begriff vom »guten« Buch eingeführt und mich darum gedrückt, zu erklären, was denn das ist: das gute Buch. Ich denke, es ist die richtig erzählte Geschichte zur richtigen Zeit, und wenn man sich beim Lesen keinen Moment fragt: ist das auch gut?, sondern einfach weiterliest – ja, dann ist das gut. Beim guten Buch stellt sich die Frage nach dem guten Buch nicht. So gesehen kann auch eine Trivialgeschichte gut sein, denn wir lesen ja anfangs alles, die Kriterien zur Beurteilung bilden sich erst nach und nach heraus. (Es war Emma Bovarys Verhängnis, daß sie nie über die Schundromane hinauskam!)

Ein Buch muß fesseln, alles andere zählt nicht. Fast hat mir die Germanistik damals das Lesen so verleidet, wie manche Kritiker versuchen, es mir zu verleiden. Da werden Geschichten zu »Texten«, und die Texte werden »dekonstruiert«, bis ihre Bedeutung verdampft und die Leselust gleich mit. Wunderbar schrieb Ulrich Greiner im März 1997 in der *Zeit* über heutige Germanistikprofessoren: »Die enttäuschten 68er, die bildungsfeindlichen Linken, die verbeamteten Solipsisten ... brüten auf ihren Planstellen, und das Feuer der Begeisterung für Literatur und ihre Lehre scheint seit langem erloschen.«

Jaja, ich habe auch all das kluge Zeug gelernt – daß der Mensch der Aufklärung durch Literatur erzogen wurde; daß die Literatur der Romantik auf die Nachtseiten, auf das Unkodierte hinweist; daß die realistische Literatur die Komplexität unseres Daseins abbildet; daß die Moderne so modern ist, daß es nichts geben darf, was es woanders schon gegeben hat; daß die Dekonstruktion so lange die inneren Widersprüche eines Textes (!) sucht, bis sich die Lektüre gegen die Struktur des Textes selbst richtet, und spätestens da macht nun alles keinen Spaß mehr. Aber dann greifen wir eben einfach zu Tolstois *Krieg und Frieden* und lesen den ersten Satz: »Alle glücklichen Familien ähneln einander; jede unglückliche aber ist auf ihre eigene Art unglücklich.« Und vergessen ist die Literaturtheorie. (Ach, man müßte einmal eine Abhandlung über »erste Sätze« schreiben! Es gibt Weltmeister der ersten Sätze, Hunderte von Seiten bleiben wir dabei wegen eines ersten Satzes wie: »Viele Jahre später sollte der Oberst Aureliano Buendiá sich vor dem Erschießungskommando an jenen fernen Nachmittag erinnern, an dem sein Vater ihn mitnahm, um das Eis kennenzulernen« (Gabriel García Márquez, *Hundert Jahre Einsamkeit*).

Zum Teufel mit den Literaturtheorien und ihren Langweilern auf Universitäten, Bildschirmen und in Zeitungen. Die Schriftsteller – die guten – scheren sich ohnehin nicht um Theorien, sie erzählen eine Geschichte. Die andern setzen, statt zu erzählen, dann eben eine Theorie um – geschenkt. Wenn ich sage: man muß lesen, dann meine ich ja nicht: man muß jedes Buch lesen. Man muß Bücher mit guten Geschichten lesen, die großen Konzeptdenker scheinen gerade das mitunter verhindern zu wollen. »Aber wir, die gelesen haben und angeblich die Liebe zum Buch verbreiten wollen, betätigen uns statt dessen allzuoft als Kommentatoren, Interpreten, Analytiker, Kritiker, Biographen, Exegeten von Werken, die durch unser pietätvolles Zeugnis von ihrer Größe stumm geworden sind. In die Festung unserer Sachkenntnis eingeschlossen, wird die Stimme der Bücher von unserer Stimme übertönt. Anstatt den Geist des Textes aus unserem Mund sprechen zu lassen, verlassen wir uns auf unseren eigenen Geist und sprechen über den Text. Wir sind nicht die Geheimboten des Buches, sondern die vereidigten Wächter eines Tempels, dessen Schätze wir mit Worten preisen, die seine Türen verschließen: ›Man muß lesen! Man muß lesen!‹« (Daniel Pennac, *Wie ein Roman*).

Nein. Man muß nicht. Und, auch das sei eingestanden, Schriftsteller können mitunter ebensolche Psychopathen sein wie wir selbst, Roßtäuscher, Falschmünzer, beschränkte Deppen, die uns aufs Glatteis führen. Und auch das gibt es: Böse Menschen können gute, gute Menschen todlangweilige Bücher schreiben. Was tut der Leser? Er vertraut auf sein Gefühl. Er pickt sich jeweils heraus, was er braucht. Im übrigen gilt: Man muß genauso wenig mit jedem Buch Freundschaft schließen wie mit jedem Menschen. Nur: offen für die Möglichkeit sollte man schon bleiben.

»Ich habe mein Leben begonnen, wie ich es zweifellos beenden werde: inmitten von Büchern« (Jean-Paul Sartre, *Die Wörter*). Lesen führt zur Identifikation, lesend sind wir unser eigener Held und unser Erlöser. Ist also nicht wirklich der, der all das nicht wahrhaben will – nun ja: doof?

Zitierte Literatur

Roberto Cotroneo, *Wenn ein Kind an einem Sommermorgen*, Düsseldorf 1996
Klaus Mann, *Der Wendepunkt*, Reinbek 1984
Gabriel García Márquez, *Hundert Jahre Einsamkeit*, Köln 1970
Daniel Pennac, *Wie ein Roman*, Köln 1994
Heinz Piontek, *Das Handwerk des Lesens*, Berlin 1982
Marcel Proust, *Auf der Suche nach der verlorenen Zeit*, Bd. X, *Die wiedergefundene Zeit*, Frankfurt am Main 1979
Jean-Paul Sartre, *Die Wörter*, Reinbek 1965
Peter Turrini, »Biographie des Lesens«, in: *Lesebilder. Geschichten und Gedanken zur literarischen Sozialisation*, hg. von Dietmar Larcher und Christian Spiess, Reinbek 1980
Peter Weiss in: *Erste Lese-Erlebnisse*, hg. von Siegfried Unseld, Frankfurt am Main 1975

Tilman Spengler
Ich, der Autor

1.

»Sie sind also unterwegs zu einer Lesereise?«

»Ich fahre nach Oberhausen.«

»Gibt es dort Leser?«

»Vermutlich nicht. Die Stadt präsentiert sich nach ihrem Anfangsbuchstaben als großes, ovales Loch mit einem Punkt. Doch man darf nicht abergläubisch sein.«

Der Fragende im Zugabteil läßt seine Zeitung sinken, schießt Milch aus dem kleinen Tank, den ihm der Schaffner zum Kaffee gereicht hat, auf seinen Schlips, tupft mit der Papierserviette, kreuzt die Beine, entblößt zwischen Hosensaum und hellgelben Strumpfenden dunkelblaue Krampfadern, macht alles, um im Anfangskapitel einer Erzählung aufzutauchen.

»Meine Frau liest gerade den neuen Walser. Kennen Sie den neuen Walser?«

»Ich bin mir nicht sicher. Wie lautet der Titel?«

»Weiß ich nicht. Jedenfalls der neue Walser. Geht so jemand Berühmtes auch auf Lesereisen?«

»Jedenfalls hat er einmal gesagt: ›Man muß sich sein Publikum erlesen!‹«

In Duisburg soll ich umsteigen. Erst Köln, dann Düsseldorf, danach Duisburg. Von Duisburg nach Oberhausen in den Interregio. »Achten Sie auch auf die lokalen Durchsagen«, rät der Lautsprecher vor der Einfahrt in einen neuen Bahnhof, so als könne man sich dort auf ausgefuchste Sonderangebote freuen. Wer erfindet der Deutschen Bundesbahn eigentlich ihre Sprache? Welcher unserer Dichter hat den unsterblichen Satz »Achtung, Zug hält nicht überall!« in die Welt gesetzt? Oder gewarnt: »Gestörte Bahnübergänge!«?

»Schon nervös?« fragt der Fragende. »Im Grunde genommen sind das doch zwei Paar Füße. Ich meine: Schreiben und Vorlesen. Meine Frau sagt hinterher immer: ›Das hat mir richtig leid getan, wie der gelesen hat. So ängstlich, so verklemmt. Als müßte der seinen eigenen Text hinrichten. Wie ein Hühnchen auf dem Schlachtbrett!‹ Und dann noch diese Fragerei hinterher. Ich bin ja nicht häufig dabei, aber was die Menschen alles wissen wollen. Und was die sich zu fragen trauen, nur weil sie vielleicht ein Buch kaufen.«

»Haben wir eigentlich Verspätung?«

»Sie sind doch nervös. Hier, nehmen Sie einen Stumpen. Ich rauche vorher immer einen Stumpen. Wirkt Wunder.«

»Haben Sie zufällig eine Ahnung, wo Herten liegt? Nach Oberhausen muß ich in Herten lesen.«

»Herten«, wiederholt der Fragende, und wie alle Bewohner dieser Region kostet er den Namen aus, als ob er frei von stimmgebenden Konsonanten wäre, »Herten, das liegt, also sagen wir mal so: Herten, da kommt man durch.«

2.

In den Verträgen, die in Deutschland einen Schriftsteller an seinen Verlag binden, ist von ihm wahlweise als »nachfolgend kurz ›der Autor‹« die Rede oder als »nachstehend ›der Rechteinhaber‹ genannt«. Immerhin kann der Schreibende sich darüber freuen, daß im Kontrakt sein künftiges Buch »nachstehend« als »das Werk« bezeichnet wird. Solcherlei schmeichelt. Ansonsten beschreibt der Unterschied zwischen »kurz ›der Autor‹« und »nachstehend der ›Rechteinhaber‹« ziemlich exakt die Länge des Gefühlsbogens, der sich von Verlag zu Literat spannt.

Daß ein solches Verhältnis überhaupt entsteht, ist ein genauso mysteriöser Vorgang wie jener Prozeß, an dessen Ende sich eine Person plötzlich als Autor definiert. Ich rede hier natürlich von der Literatur, nicht vom Sachbuch, zu dem die meisten erst durch die Prüfungsordnungen unserer Universitäten, später durch ihren wissenschaftlichen Mitteilungsdrang stoßen. (Oder durch die Attraktivität ihrer Erscheinung auf dem Bildschirm des Fernsehens. Aber das ist eine andere Geschichte.)

Wie also wird ein Verlag auf dieses bislang unbekannte Wesen neugierig, das bestenfalls nur ein Bündel Papier vorweisen kann und behauptet, der darin enthaltene Stoff verdiene es, durch einen komplizierten Vorgang der Transformation zu einem Titel zu werden, der sich neben zigtausend anderen Titeln, die gleichzeitig auf den Buchmarkt geworfen erscheinen, zu behaupten?

Provokative Gesten, raten die einen, alles vom unflätigen Schimpfen bis zur öffentlichen Selbstverstümmelung. Stimmt, das kann funktionieren. Haben wir bereits erleben dürfen. Beziehungen, behaupten andere, lerne einen Typen aus der Branche kennen und verpflichte ihn dir. Am besten einen Lektor oder eine Lektorin. Auch möglich, geben wir zu, allerdings zur Zeit wenig erfolgversprechend, da gescheite Lektoren zu einer aussterbenden, weil ökonomisch offenbar nicht mehr zu rechtfertigenden Art gehören. Also ganz einfach das Manuskript an einen Verlag schicken oder an mehrere, an kleine, mittlere, große? So wie Flaschenpost? Um Gottes willen! Auftauchen aus dem Postsack, Verschwinden im Postsack, *falls* das Rückporto stimmt. Gut, wir kennen Ausnahmen, den Kollegen Ludwig Fels, damals mit seinem Schulheft voller Gedichte, welches glücklich bei Luchterhand landete, den ersten Roman von Robert Schneider oder *Das Parfum* von Patrick Süßkind, das abgelehnt zu haben heute kein Verleger mehr gerne zugibt. Doch diese prächtigen Schwalben kreisen allenfalls um ein Sommerloch.

Eine Agentur? Bringt die uns weiter? Gewiß, gewiß, wenn Sie schon bekannt sind, dann sicher. Nur sollten Sie besser schon vorher einen Namen tragen, der sich zum Markt befördern läßt.

Aber es muß doch, bitteschön, auch Entdecker geben, Spürhunde, literarische Hasardeure, verwegene Glücksritter, die auf das Unbekannte setzen?

Gewiß, obwohl die gängige Bezeichnung dafür »Mischkalkulation« lautet. Für zwei Positionen auf der Bestsellerliste braucht man schon aus Gründen des Steuerkalküls ein paar Posten zum Abschreiben. Womit keineswegs geleugnet werden soll, daß es nicht noch eine Handvoll Verlage gibt, die tatsächlich dem Sperrigen ein Forum schaffen. Der Herr segne diese Aufrechten! Aber auch das Sperrige hat seine eigene Hierarchie und seine eigenen Wertmaßstäbe. Einfach nur sperrig zu sein, langt da bei weitem nicht.

Dennoch steht genauso fest, daß in Deutschland alles, zumindest fast alles entdeckt wird, was verdient, für die Leser entdeckt zu werden. Ob diesem Fund eine entsprechende Auflagenhöhe korrespondiert, steht auf einem anderen Blatt. Beim weiteren Umblättern wird man vermutlich auch feststellen, daß eher viel zuviel entdeckt, zumindest jedoch gedruckt wird. Unablässig streichen offenbar von geheimer Hand geführte Staubsauger über die literarische Szene dieses Landes und erfassen hier ein Gedicht, dort das Blättchen mit der Erzählung, hier den Anfang eines Romans und dort wieder den Knoten eines Kindermärchens. So bleibt es beim paradoxen Bild: Das System funktioniert, jedenfalls im Augenblick noch, nur weiß niemand, warum.

Und wie war das bei Ihnen?

Genauso unwahrscheinlich. Ich traf nach einer Buchvorstellung einen Verleger und erzählte ihm beim Rotwein meine Geschichte. Er war in dieser Gesellschaft der einzige, der mir zuhörte, vermutlich, weil ich die Geschichte schon so häufig erzählt hatte. Vielleicht schenkte er mir auch nur deshalb seine Aufmerksamkeit, weil der Autor, um den es an jenem

Abend ging, mit dem Verleger im Streit lag und ich eine willkommene Ablenkung bot. Oder es lag am Rotwein. Jedenfalls erhielt ich zwei Tage später einen sehr freundlichen Brief aus Hamburg und kurz danach ein Vertragsangebot.

Sie sind also von ganz oben eingestiegen. Im Filmgeschäft nennt man das ›networking‹.

Stimmt, aber vergessen Sie nicht: Ich habe diese Geschichte auch zuvor schon erzählt. Und zwar jedem, ohne Rücksicht auf Alter, Geschlecht oder Rangstufe. Selbst enge Freunde zogen sich zurück, wenn ich damit anfing.

3.

»Sind Sie nicht der Hilbig?« fragt der junge Zugschaffner. »Irgendwie kommt mir Ihr Gesicht bekannt vor.« Er setzt die Dienstmütze ab und offenbart einen naßgekämmten Scheitel. »Eigentlich ist das hier nicht mein Job, ich studiere Germanistik, aber für Neuerscheinungen interessiere ich mich auch.«

Das Problem, auf einem bestimmten Nebenfeld unserer Gesellschaft zur Achtelberühmtheit geworden zu sein, liegt darin, daß einem mindestens sieben Menschen ähneln. Meist sind es mehr. Dafür altert ein Autor selten. Verlage werden von Ökonomen geführt, die ungern mehr als ein presserechtlich geschütztes Foto bezahlen.

»Er ist auf Lesereise nach Oberhausen«, erklärt Stumpen.

»Sicher gibt es da auch Buchhandlungen?« stellt der Schaffner fest. »Ich meine, Theater und Kurzfilme und so, das ist bekannt. Oder Eishockey. Nicht so bekannt wie das berühmte Einkaufszentrum, aber immerhin. Neulich hat einer in Dortmund gelesen, vier Stunden lang, hat gedauert wie bei Wagner, war einfach schön, ich meine, schon allein was der Kerl alles getrunken hat während der Veranstaltung.«

Den Namen der Buchhandlung habe ich vergessen. Aber er steht auf dem langen Zettel im Koffer, der auch alle anderen Adressen bewahrt. Dem Zettel in dem Buch, das ich auf der Fahrt lesen wollte. Doch ich weiß noch genau, daß mir als Orientierungshilfe ein Einkaufszentrum genannt wurde. Kann es sein, daß in dieser Gegend einfach jeder Ort ›Einkaufszentrum‹ genannt wird? Ein Blick aus dem Abteilfenster scheint die Vermutung zu bestätigen.

Der Schaffner nimmt Platz.

»Sie schreiben doch sicher schon an einem neuen Buch. Können Sie uns verraten, wie die Geschichte ausgeht?«

»Nein, das kann ich nicht. Es gibt verschiedene Möglichkeiten.«

»Aber Sie müssen doch wissen, wohin Sie sich bewegen.«

Warum diese Frage so früh? Ich sitze doch noch gar nicht in jenem Einkaufszentrum, das mir für den heutigen Abend bestimmt ist. Bin doch noch gar nicht wehleidig. Dennoch drücke ich artig die Taste des Diktaphons, welches gelangweilt leiernd, eben wehleidig erwidert:

»Ich versuche, eine Geschichte zu schreiben, keine Gebrauchsanleitung. Somit berichte ich über eine Begebenheit, die ich erlebt, erzählt bekommen oder gelesen habe. Diese Begebenheit ist der Anlaß. Zu einem Stoff, zu einem Roman wird sie dadurch, daß sie mich stärker reizt als irgendeine andere Begebenheit. Wie ich das Ganze dann schreibe, ob spannend, kunstsinnig, satirisch oder getragen, hängt von Umständen ab, die ich jetzt noch nicht kenne, natürlich auch von meiner Stimmung und meinem Talent.«

Der Schaffner gähnt und greift zu seiner Mütze. »Stimmung und Talent«, sagt er, »das muß ich mir aufschreiben. Aber ob das in Oberhausen ankommt? Noch zwei Stunden bis Duisburg. Ich bin gleich wieder da.«

4.

Die folgenreiche Erkenntnis, daß ein Verlag aus mehreren Komponenten besteht, die »Lektorat«, »Herstellung«, »Vertrieb«, »Lizenzen« oder »Werbung« genannt werden, erschließt sich dem Autor resp. Rechteinhaber erst allmählich. Er denkt: Ich schreibe jetzt einmal mein Buch fertig, bessere ein paar Stellen aus, male den Nebenfiguren noch eine buschigere Augenbraue, einen sinnlicheren Mund etc., sollen die anderen, die Geschäftserfahrenen nur machen. Diese Einstellung ist klug, denn künstlerische Konzentration kann einem jeglichen Werk nur guttun. Sie zahlt sich auch strategisch aus, wenn in einem Verlag – was bisweilen der Fall ist – jene oben genannten Komponenten einander lieb haben und gemeinsam am großen Erfolg arbeiten.

Nur gilt leider auch, daß die Interessen eines Autors nie völlig die Interessen des Verlages sein können. Der Autor hat seine Eigenliebe, und der Verlag, das Unternehmen, hat in unserer Wirtschaftsordnung mit demselben Recht die seine. Oberflächlich betrachtet, ist das eine Frage der Bilanz: Jeder will mit dem anderen Geld verdienen, wenigstens keine allzu herben Verluste einfahren. (Ich sehe jetzt einmal von den armen Teufeln ab, die einfach nur *drucken* oder *gedruckt werden* wollen und sich daher von vornherein in einer mißlichen Verhandlungslage befinden.) Hier erkennen wir sehr deutlich den ersten Frontabschnitt, der auch durch die schönen Metaphern vom »gemeinsam gezogenen Strick« oder dem »einen Boot« nie so recht entschärft werden kann. Der gut beratene Autor will wissen, ob fünf Prozent vom Ladenpreis tatsächlich eine angemessene Entschädigung für seine Taschenbuchrechte darstellen, der gewiefte Verleger muß kontern, daß eine Taschenbuchauflage immer ein bedeutendes Risiko darstellt, der g. b. Autor hat erfahren, daß jeder amerikanische Schrott hierzulande für astronomische Summen eingekauft wird, daß in

New York die Champagnerkorken fliegen, wenn die eleganten Herren von Bertelsmann und ihre fidelen kleineren Brüder bei der Ankunft am Flughafen gesichtet werden, daß dagegen der Vorschuß für das eigene Werk doch sehr bescheiden ausgefallen sei. Der g. Verleger muß dem entgegenhalten, daß eben alles seinen marktbestimmenden Preis habe und für Anspruchvolles, nun ja, schließlich sind auch die Lagergebühren zu bedenken, in summa: BEGREIFEN SIE ENDLICH, DASS WIR ALLE IN EINEM BOOT SITZEN UND GEMEINSAM AN EINEM STRICK ZIEHEN. In der Etappe kommt es zu weiteren Widersprüchen. »Jedes große Werk«, hat einmal einer jener deutschen Philosophen behauptet, die mir am wenigsten zusagen, »ist auf Zerstörung errichtet.« Man kann das auch freundlicher sagen, dennoch bleibt für den vorliegenden Fall wahr, daß ein neuer Autor allen anderen Autoren Platz wegnimmt. Platz im Herzen der Lektoren, auf den Regalen der Buchhändler, Platz auf dem Verkaufszettel für die Auslandsrechte, Platz im Sprachgefüge der Vertreter und im Etat für die Anzeigen, in deren Plazierung, auf der Verschickungsliste für Lesereisen durch die Provinzen. Solches muß nicht »Zerstörung« sein, Verdrängung ist es allemal.

Das beschreibt sozusagen den räumlichen Aspekt, der für Spannung sorgen kann, den inhaltlichen bestimmen Geschmacksfragen: Die Auseinandersetzung mit den Lektoren nehmen wir noch als gottgewollt hin, selbst ihre Eigenart, nie mit spontaner Begeisterung zu reagieren. Aber wie bringe ich es dem Designer höflich und schonend bei, wenn ich seinen Entwurf für den Umschlag einfach gräßlich finde? Designer tragen den Stolz aller Künstler in der Brust, gestalten in der Regel in ihrem Berufsleben mehr Bücher, als unser Autor je schreiben wird, sie wissen, warum zur Zeit nur monochrome Titel eine Chance haben, beziehungsweise warum monochrome Titel zur Zeit überhaupt keine Chance haben, zu schweigen davon, was in den Stil des Hauses paßt und was auf keinen Fall. Designer sind hartnäckig und oft übelgelaunt, denn sie sollen ja nicht nur einen verführerischen Umschlag gestalten, sondern die Bücher vorher auch noch verstanden, zumindest angelesen haben. Und bei einem Mißerfolg wird auf niemanden so gerne eingeprügelt wie auf den Virtuosen der Verpackung.

Gut, das betrifft auch die Vertreter, die Apostel des Gewerbes, genauso wie es die flinken Poeten der Werbetexte treffen kann. Bei Vertretern hilft kein Hadern. Wenn man sie überhaupt zu Gesicht bekommt – nur wenige Autoren dürfen ihnen auf den einschlägigen Verkaufskonferenzen ihr Werk persönlich anpreisen –, muß man sich mit ihnen anfreunden. Nicht nur, weil von ihrem Charme, ihrem geschickten Vortrag, kurz ihrer Überzeugungskraft abhängt, ob später, im Gespräch mit dem gelangweilten Buchhändler, die magischen Worte fallen: »Elf-Zehn«, »Zweiundzwanzig-Zwanzig« oder gar »Reizpartie« (die Chiffren und Namen für den Rabatt). Auch nicht, weil sie sich Sätze aneignen müssen, in denen »vom Autor im Hinblick auf seine Positionierung am Markt« die Rede ist. (Wobei »Positionierung *an* Markt« noch kulinarischer klänge.) Es gilt nämlich darüber hinaus zu begreifen, daß in einer Welt, in der es gerecht zugeht, niemand zum Beruf haben dürfte, an vielen, erbarmungslos aufeinanderfolgenden Tagen, in unzähligen ereignislosen Städten immerzu dasselbe kräftige Loblied auf mehrere Dutzend Titel anzustimmen, deren Mehrzahl ihnen zutiefst gleichgültig sein muß. In Dantes Inferno gibt es mildere Strafen.

Da haben es die Werbetexter schon besser, weshalb ihnen auch keinerlei Mitleid zusteht. Mit den für ihn zuständigen Werbetextern kann der Autor nicht reden, weil er deren Arbeit erst zu Gesicht bekommt, wenn sie ihm im bereits gedruckten Prospekt ihr trauriges Antlitz enthüllt. Dann muß er lesen, daß sein Werk »oszilliert«. Oder daß es sich »zwischen verschiedenen Ebenen« bewegt. Kein Käufer dieser Republik, so lautet der erste Glaubenssatz dieser Verfasser von Schmonzetten, greift zu einem Buch, welches sich nicht verlagsgarantiert »zwischen« verhält. Werbetexter sind die Ritter des Scharfdummen. »Scharfdummes«, fügen wir schnell hinzu, lautet die deutsche Übertragung des griechischen Begriffs »Oxymoron«. Für das Klappengeflüster der Buchwerbung sind Oxymora der Stoff, aus dem klingende Botschaften erwachsen. Beliebt sind die Verbindungen »bösartig-zärtlich« oder »rauhbeinig-empfindsam«, wenn nicht gar »provozierend-versöhnlich«. Da versöhnt nur wenig, daß sich immerhin in der Buchreklame der Glaube ans Evolutionäre noch behauptet: »Sein bislang reifstes Werk« lesen wir einerseits gern, andererseits schämen wir uns sofort des Grünzeugs, das wir zuvor unseren Lesern zugemutet haben. Oder befanden wir uns schon immer auf den Gipfeln des Überhaupt-nur-Erreichbaren? Dann mögen die letzten Zeilen als ungeschrieben gelten.

5.

Auf manchen Stationen der Lesereise wird der Autor vom netten Buchhändler oder der freundlichen Buchhändlerin am Bahnsteig abgeholt. Man muß dazu nicht einmal ein Buch über Rückenleiden geschrieben haben. In Oberhausen wird man nicht abgeholt, weil dort der Zug als Verkehrsmitel wenig gilt. Die guten und die bösen Götter des Ruhrgebiets heißen Autobahn, Stau und Parklücke.

»So früh haben wir gar nicht mit Ihnen gerechnet«, sagt die Gehilfin des Buchhändlers. »Der Chef ist noch unterwegs.« Sie nimmt den Schein, den ihr eine Kundin für den neuen Walser überreicht hat, und hält ihn prüfend gegen das Scheinwerferlicht des Schaufensters. »Am besten, Sie gucken sich noch ein bißchen um«, rät sie dem Autor. »Ich meine hier, im Einkaufszentrum. Gibt überall tolle Sonderangebote. Wir feiern diese Woche unser fünfjähriges Jubiläum.«

Der Autor wendet seine Nase nach links, dort riecht es nach Fisch, er wendet seine Nase nach rechts, hier riecht es nach Schaschlik. In der Tat, er ist zu früh gekommen. Außerdem: Irgend etwas fehlt. Irgend etwas, das ihn sonst vor seinen Auftritten beglückt oder verstört hat. Richtig, es ist das Plakat mit seinem Gesicht. Dem sorgenvoll ironischen Blick über der herabgerutschten Lesebrille. Nicht nur fehlt das Plakat, es fehlt auch der übliche kleine Altar mit den gesammelten Werken. Kein gutes Zeichen.

Früher, erinnert sich der Autor, nachdem er im Bistro des Einkaufszentrums gelandet ist, also dort, wo es nach Fisch *und* nach Schaschlik riecht, früher erschreckte ihn der Anblick seiner Bücher in gehäufter Form. Er hatte ja nur *ein* Buch geschrieben, keinen Stapel, der Auftritt seines Werks als Kohorte schien ihm ziemlich vulgär.

Natürlich hat der Autor inzwischen dazugelernt. Es ist ja nur ein kleiner Schritt, der vom künstlerischen zum kommerziellen Ehrgeiz führt. Popularität muß kein Fehler sein, im Gegenteil, sie erleichtert die Dinge. Am besten, man ist scheu *und* populär, zurückgezogen und doch hilfsbereit. Also beantwortet der Autor auch Briefe von Studenten, die aus einem unerklärlichen Grund stets ihre meist unglückliche soziale Herkunft beschreiben, bevor sie zu der Frage kommen:

»Würden Sie sagen, daß die literarische Überspitzung zu Ihren Stilmitteln gehört?«

Der Autor im Bistro des Einkaufszentrums von Oberhausen wartet ab, bis der Aufruf des Lautsprechers verklungen ist, welcher dazu rät, sich frühzeitig mit Grillkohle für den entspannenden Sommerabend zu versorgen, dann schreibt er:

»Ich kriege eine Gänsehaut, wenn ich das Wort ›Stilmittel‹ höre. Klingt wie das Kreischen von Kreide auf einer Schultafel. ›Literarische Überspitzung‹ gefällt mir übrigens auch nicht besonders.«

Das war jetzt eindeutig scheu, doch nicht besonders hilfsbereit. Eher eitel, schon wegen der Alliteration von ›Kriege‹ über ›Klingt‹ und ›Kreischen‹ zu ›Kreide‹. Andererseits freut sich der Fragende vielleicht über das witzige Originalzitat in seiner Seminararbeit.

Witzig? Doch wohl eher blasiert! Hingeschriebenes Salongeschiß, würde die kritische Sekretärin sagen.

Was soll ich nur machen? fragt der Autor die gelben Lautsprecherboxen, die ihm gerade den neuen Walser empfahlen. Am Nachbartisch trinkt eine fröhliche Gesellschaft die erste Runde Jägermeister.

Beantworten Sie einfach meine nächste Frage! rät der Student. Sie lautet: »In der Kritik werden Sie bisweilen als ein ›sehr gebildeter‹ Schriftsteller bezeichnet. Würden Sie das als eine treffende Charakterisierung empfinden, und wie stehen Sie dazu?«

»Ich würde nie«, schreibt der Autor so erbittert, daß seine Schriftzüge plötzlich die Formen von erregten Fontänen annehmen, »nie würde ich, hätte ich die Macht dazu, erlauben, daß im Zusammenhang mit meinem Namen die Adjektive ›gebildet‹ oder ›intelligent‹ erwähnt werden. Dergleichen wirkt hierzulande rufschädigend und versaut den Verkauf. Von beidem, von Ruf und Verkauf, bin ich aber abhängig. ›Zürnend‹ darf man sein, ›schwierig‹ geht gerade noch, ›empfindsam‹ ist wunderbar, ›schonungslos‹, ›prickelnd‹, ›direkt‹, ›authentisch‹ und ›wunderlich‹ sind mehr als akzeptabel, ›geil‹, ›schrill‹ oder ›kraß‹ klingen toll. Aber ›intelligent‹ oder ›gebildet‹, da muß unsereiner auf der Hut sein.«

In einer Stunde, meldet der Lautsprecher, werde der Schriftsteller mit seiner Lesung beginnen.

Wo nur der Buchhändler bleibt? Merkwürdige Verdrehung der Verkehrsformen: Normalerweise wartet der Buchhändler gespannt, ob es denn der Autor rechtzeitig zu seiner Veranstaltung schaffe. Hier ist alles ganz anders.

Vielleicht noch einen Espresso. Oder schon ein Schlückchen Wein? Ob man sich den Vortragssaal schon einmal anschauen sollte?

Letzteres war eindeutig ein Fehler. Nichts deprimiert einen Autor mehr als der Blick in einen kleinen Raum, in dem nicht einmal ein Dutzend häßlicher Plastikstühle auf ihre Benutzer warten. Hier im Oberhausener Einkaufszentrum ist es zudem noch eher eine Nische als ein Saal. Für den Besucher ist das praktisch, denn sobald ihn die Lesung langweilt, kann er seine Aufmerksamkeit dem Eisbären schenken, der draußen auf dem Gang für einen frommen Zweck wirbt. Das Tier heult dazu, und seine Augen leuchten feurig auf.

»Das mit dem Eisbären kann man regeln«, tröstet die Gehilfin des Buchhändlers, »jedenfalls, daß er nicht heult, während Sie lesen. Komisch, daß der Chef noch nicht gekommen ist.«

Der Autor entscheidet sich jetzt doch für ein Schlückchen Wein. Setzt sich wieder in das Bistro und überlegt, daß er in Oberhausen literarisch zum letzten Mal vor knapp dreißig Jahren Erfolg hatte. Damals handelte es sich um seinen Abituraufsatz. Daraus könnte man, erwägt er, eine kleine, persönliche Anekdote machen. Besucher von Leseabenden lieben kleine, persönliche Anekdoten vor und nach dem Vortrag.

Die Erwägungen hätte er sich sparen können. Zu seiner Veranstaltung kommen keine Besucher, nicht einmal der Buchhändler hat es geschafft. So bleibt der Eisbär heute ungestört.

6.

Als man noch fester an die Auskunftskraft der klassischen Psychoanalyse glaubte, schrieben und räsonierten viele gescheite Köpfe über das Wesen des Künstlerischen und damit, wenn man so sagen darf, zwangsläufig auch über die seelische Beschaffenheit von Schriftstellern. Der gleichermaßen der Geometrie wie der Romantik geschuldete Ausdruck »Tiefe« spielte in diesen Betrachtungen eine gewichtige Rolle, und er wurde bisweilen recht wahllos auf die Auslotung der unterschiedlichsten Fügungen angewandt, auf den Schmerz beispielsweise, den Thomas Mann empfand, der seine erotischen Neigungen oft nur literarisch ausleben durfte, auf die nie erfüllte Sehnsucht von Rainer Maria Rilke nach den spätnächtlichen Umarmungen seiner vom Ball heimgekehrten Mutter, auf die rätselhafte Obsession, welche Ernest Hemingway auf Schneeberge, zu Handfeuerwaffen oder in den Alkohol trieb.

Von dieser Neugier auf Schriftsteller ist heute nicht mehr viel übriggeblieben. Als Gestalten erscheinen Autoren eigentümlich verzwergt. Schon ihre Kritiker werfen längere Schatten. Und selbst die zeitgenössischen Titanen der Innerlichkeit, die wortfeinen Verfechter des Selbstgesetzten, die einsamen Helden aus österreichischen Bergtälern und Berliner Straßenschluchten wirken, genau betrachtet, eher blaß, zumindest fehlfarben. Das sticht um so deutlicher ins Auge, mißt man ihr Erscheinungsbild an so feurigen Gestalten wie, sagen wir, Stefan George, Gerhart Hauptmann oder Gottfried Benn. Vielleicht liegt das tatsächlich an der nicht vergleichbaren Statur der derzeit agierenden Personen. Nicht jeder Jahrgang bringt den gleich guten Wein, Gottfried von Straßburg und Wolfram von Eschenbach waren Zeitgenossen, Goethe und Schiller waren es auch, aber dazwischen liegen auch immer viele magere Jahre – in allen Belangen der Genialität, wie Musil das nannte. Schließlich trennte nicht weniger als ein halbes Jahrhundert Gottfried von Cramm und Boris Becker.

Ganz sicher aber fehlt den Literaten unseres Landes im Augenblick die große Gemeinde der Verehrungsbereiten. Die muß und wird natürlich nicht identisch sein mit der Zahl der Käufer. Denn für Verehrung ist Popularität zu wenig. Sie erfaßt nur die Breite und nicht die vermeintliche, wer weiß, die wirkliche Spitze, die »Meinungsführerschaft« auf dem Jahrmarkt der intellektuellen Eitelkeiten. Gewiß, keine Buchmesse in Frankfurt oder in Leipzig vergeht, auf der nicht die beflissenen Rucksackträger unserer Politiker die zahllosen Bände verstauen, welche ihnen ein jovialer, selten ein aufmüpfiger, zumeist ein eher würdig dienernder Verleger an seinem Stand überreicht hat. (Die Auswahl der Kontakte trifft vorher der Börsenverein, und so nahe sind unsere Staatslenker »dem Buch«, daß sie gern vorher noch den allfälligen Kurzdialog abgesprochen haben wollen.) Aber schon die unziemliche Hast, mit welcher die Kolonnen aus Bundespräsidial- und aus Kanzleramt, aus Hessischer Staatskanzlei oder Niedersächsischem Ministerium durch die Gänge streichen, vermittelt eher die Bilder von einem mediengerecht inszenierten Besuch in der Leprakolonie. Man muß sich um die Opfer kümmern, gewiß, doch vergessen wir nie: Es geht um eine symbolische Handlung. Zwar nicht direkt um Artenschutz, dafür liegen die Umsätze der Branche dann doch noch viel zu hoch, außerdem gehört das »gute Buch« ja auch wie ein mysteriöses Plankton in jene Ernährungskette, die direkt oder indirekt zum Bestand von so wichtigen Systemen wie »Murdoch« oder »Bertelsmann« zählt. Nicht auszuschließen, daß auch Arbeitsplätze davon abhängen.

Damit kein Mißverständnis entsteht: Kein Autor darbt, weil ihn die politische Klasse dieser Republik nicht ins Herz geschlossen hat. Viele würden es sich wohl verbitten, ihr Werk als die Lieblingslektüre des Kanzlers oder seines führenden Widersachers gepriesen zu sehen. Vielleicht sähe man sein Buch gerne auf dem einen oder anderen Nachtkästlein der Mächtigen, vielleicht erlebte ein Kollege tatsächlich gerne den Besuch von Helmut Kohl zum hundertsten Geburtstag (und sei's nur aus der Perspektive der Lebenserwartung), aber das sind klammheimliche Wünsche. Nein, es geht vielmehr darum, daß die schöngeistige Literatur nur noch sehr eingeschränkt Herz und Verstand unserer Mitbürger bewegt. Die großen Hoffnungen auf eine entscheidende Bereicherung der Phantasie haben sich andere Ziele gesetzt. Da machte auch der noch lebende Ernst Jünger keine Ausnahme. Die früheren Propheten sind gestürzt und kraulen sich verwundert den Bart. Das wird viele gute oder auch schlechte Gründe haben, in Abrede ist die bloße Bemerkung schwer zu stellen. Nehmen wir nur die allgegenwärtige Verlagerung der öffentlichen Aufmerksamkeit von Dichterfürsten auf Malerfürsten. Sie kann nicht allein im größeren Geschick der letzteren gründen, mal kauziger, mal lautstärker, mal proletiger, mal greller gestylt aufzutreten. Oder in dem Umstand, daß durch die spektakuläre Verbindung von Kunst und Kommerz auch diejenigen verständnisvoll mitreden können, die sich nur auf das Geschäftliche der Angelegenheit verstehen. Gut, den relativen Bedeutungsverlust der Schriftsteller aus der ehemaligen DDR kann man noch aus dem Zusammenbruch der Diktatur ableiten. Aber im ehemaligen Westen? Was ist da zusammengebrochen? Der sozialdemokratische Konsens? Aber das würde ja gerade den Aufstieg von charismatischen Gestalten begünstigen. Liegt es an der schieren Masse, an den fünf- oder sechstausend belletristischen Neuerscheinungen Jahr für Jahr, die sich wie Schlingpflanzen um die Fußgelenke der möglichen Giganten ringeln? Auch nicht völlig auszuschließen. Jedenfalls ist jener Verlust allgegenwärtig. Und so wird die Eröffnung einer Ausstellung zu einem *event*, die Vorstellung eines neuen Buches dagegen bestenfalls zu dem, was man im Österreichischen früher einen »kleinen Anlaß« nannte.

7.
»Schön, daß Sie wieder zu uns gefunden haben«, ruft die Abteilrunde, »erzählen Sie uns von Oberhausen. Wir beneiden Sie um den direkten Kontakt zu Ihren Lesern. Aber wir haben auch noch unsere Fragen.«

Der Schriftsteller drückt sich tief in seinen Sitz.

»Zum Beispiel die Sache mit dem großen Gesellschaftsroman«, sagt der Stumpen, auf dessen Schlips die Milchspritzer inzwischen eingetrocknet sind. »Meine Frau behauptet, in Deutschland könne niemand mehr einen großen Gesellschaftsroman schreiben. Oder den definitiven Wenderoman.«

Der Schriftsteller blickt aus dem Fenster. Sieht überall nur noch Einkaufszentren.

»Mich würde ganz besonders interessieren«, mischt sich der Schaffner ein, »was an dem Satz dran ist: Das Werk ist immer klüger als der Autor! Man könnte ja auch sagen: Der Zug ist immer klüger als der Schaffner! Ich habe da einen echten Interpretationsbedarf.«

Der Schriftsteller resigniert. »Ich habe euch alle nur erfunden«, bekennt er, »eure naßgekämmten Scheitel, eure stinkenden Stumpen, selbst die Milchspritzer auf euren Schlipsen. Aber wenn ich sage ›erfunden‹, meine ich damit nur, daß ihr selber danach schreit. Ihr kennt euch besser, als ich das je vermögen werde, vielleicht auch je will. Aber plötzlich steht ihr auf einer Buchseite, und ich werde euch nicht mehr los. Deshalb seid ihr klüger als ich.«

»Oberhausen kann man gar nicht erfinden«, wendet der Schaffner ein, »Oberhausen gibt es schon seit mehr als hundert Jahren. Oberhausen liegt praktisch überall.« Er klopft auf seinen Fahrplan.

Der Schriftsteller hält sich die Ohren zu.

»Und was ist jetzt mit dem großen Gesellschaftsroman«, will der Stumpen wissen, »was soll ich heute abend meiner Frau erzählen?«

Der Schriftsteller sieht den versiegelten roten Griff der Notbremse, fühlt sich aber zu schwach, um aufzustehen. »Der große Gesellschaftsroman«, hört er sich sagen, während er fühlt, daß seine Zunge immer pelziger wird, »der große Gesellschaftsroman ist eine Forderung aus dem Boulevard des Fernsehens. Sie spiegelt die Sehnsucht nach einem Gottvater wider, der alle Dinge dieser Welt im Griff hat. Die Sehnsucht nach einem Propheten, der uns den Weg weist. Wenn schon die Philosophie abgedankt, die Politik sich zurückgezogen hat, die Soziologie nur noch mit ihren eigenen Begriffen beschäftigt ist, dann sollen es eben die Hüter der Sprache richten. Sie müssen …«, aber hier kann der Schriftsteller nicht weiterreden, weil ihm kein frischer Speichel mehr in den Mundraum fließt.

Der Stumpen bietet dem Schaffner saure Drops an. »Sehr sensible Naturen, diese Autoren, am besten, wir lassen ihn schweigen. Dabei würde ich schon gerne erfahren, was er von Kulturvermittlung hält oder von der Rolle des Intellektuellen in der Gesellschaft.«

»Ob er in diesem Anzug auch auftritt? Sehr gewinnend wirkt der nicht.«

»Ich rede von dem ganzen Bereich der Verantwortung. Man hätte das doch irgendwie auch gern ganzheitlich gesehen.«

»Alles, was ich von einem Autor erwarte, und meine Gattin ist da übrigens völlig meiner Meinung, ist ein klares Wort.«

»Originelle Stellungnahmen, Sie haben ganz recht. Von Physikern erhoffe ich eine deutliche Aussage zu Atomtransporten, von Theologen zur Rolle der Frau in der Kirche, vom Bundeskanzler zur Politik ganz allgemein. Genauso muß ein Autor Stellung zur Gesellschaft beziehen. Auch gescheit, nur eben in besseren Formulierungen.«

»Das sollten sie schließlich gelernt haben.«

»Machen sie auch auf ihren Kongressen«, sagt der Schaffner und zieht dem Autor eine Einkaufstüte über den Kopf, »ich meine, brillant formulieren. Ich habe hier ein paar Resolutionen des deutschen PEN, einige aus dem Osten, die anderen aus dem Westen, die lese ich Ihnen jetzt einmal vor.«

»Ich verwünsche euch«, ruft der Schriftsteller unter seiner Plastikhaube, »ich flehe euch an, macht mit mir, was ihr wollt, doch lest mir um Gottes willen nicht eine von diesen Resolutionen vor. Kennt ihr nicht den Unterschied zwischen einem Roman und einer Stellungnahme?«

Der Stumpen schlägt mit der Handkante auf die Einkaufstüte, daß dem Autor zwei spitze Ohren wachsen. »Wir sitzen hier nicht, um uns ferkelhafte Witze anzuhören«, sagt er und bestellt sich einen Asbach.

8.

Ist Schreiben ein Handwerk? Wenn ja, dann ein ziemlich unordentliches. Oder eines, das aus vielen, einander widersprechenden Ordnungen besteht. Eine Ordnung des Erinnerns und eine des Vergessens, eine des Größenwahns und eine der Demut, des methodischen Aufbaus und seiner mutwilligen Zerstörung.

Natürlich möchte man gerne wissen, wie es die anderen machen oder gemacht haben. Kerzen auf dem Schreibtisch und handgeschnittenes, büttengeschöpftes Papier? Kaffeehausgeräusche im Hintergrund oder klösterliche Stille, den Geruch von Asphalt in der Nase oder doch die strenge Landluft? Jean Paul schaffte es mit Bier, Balzac mit Mokka, Hemingway mit Daiquiries, der noch unbekannte Nachbar schwört auf

Apfelschorle. Also schreibe ich morgens wie Balzac, nachmittags wie der Nachbar, am frühen Abend wie Hemingway und nachts wie Jean Paul? Obwohl mir Bier eigentlich nicht so liegt. Macht meine Prosa eher dumpf. Daiquiries übrigens auch, aber wie Hemingway wollte ich ja ohnehin nie schreiben. Spaziergänge sollen helfen, manchmal allerdings auch ganz ruhige Stunden auf dem Sofa. Die haben alle wohl keine Kinder. Rauchen die Männer aus dem Verlagsprospekt jetzt Pfeife, weil das ein interessanteres Foto verspricht? Aber wenn alle Pfeife rauchen? Außerdem hat der Zahnarzt dringend davon abgeraten. Simone de Beauvoir soll sich immer die Nägel lackiert haben, wenn ihr nichts einfiel, ob das auch bei Männern wirkt? Beflügelt ein heftiger Schub von Verliebtheit, oder bringt er die Konzentration durcheinander? Einsamkeit, unbedingt, doch ein Telefon sollte schon in der Nähe stehen.

Und was kann man lesen, wenn einen das Schreiben erschöpft hat? Sehr Anspruchsvolles ist riskant, da stößt man immer wieder auf das Unerreichbare, zumindest auf das bereits so hervorragend Gefertigte. Die Epoche der Moderne verfuhr mit allen Kunstrichtungen gnädiger als mit der Literatur. Den anderen, den Musikern, den bildenden Künstlern, schenkte sie die Gnade der absoluten Brüche, der revolutionären Diskontinuität.

Schriftsteller dagegen, ich weiß, ich rede jetzt grob gegen Seminarweisheiten, und auch die experimentellen Poeten mögen mir verzeihen, dennoch: Schriftsteller hängen immer noch aneinander wie Zwiebelringe. Für unsereinen wäre das Verdikt »Schreibt wie Musil« eine Auszeichnung, während – im Vergleich – das Urteil »Malt wie Liebermann« oder gar »Komponiert wie Zemlinski« von den derart Charakterisierten heutzutage nur als Schmähkritik verstanden werden könnte.

Also liest man in solchen Situationen besser etwas Seichteres? Sozusagen zur Selbstbestätigung den neuen, großangekündigten, schon im Taschenbuch erhältlichen …? Mag helfen, birgt aber die Gefahr, daß sich dem selber schreibenden Leser plötzlich die dichterische Zunge verpelzt. Weniges stimmt auf die Dauer so anhaltend schwermütig wie Triviales im eigenen Metier. Zieht das gesamte Gewerbe in den Schmutz und macht vor der eigenen Seele nicht halt. Führt zudem noch zu der überflüssigen, dabei ständig nagenden, selten mutig gestellten Frage: Und ausgerechnet für einen solchen Schmarrn werden von hiesigen Verlagen Vorschüsse in der Höhe von Hunderttausenden gezahlt?

Sollte man sich enger an amerikanischen Autoren orientieren? Seitenlange hemmungslose Monologe wie bei Philip Roth, die *daily soap* als Inferno? (Memo: Die Frage nach dem Sinn von »creative writing« muß noch beantwortet werden!) Oder mit Sperma gruseln wie die populären Russen? Der besonnene Verleger rät zu einem Ägypten-Roman. Das deutsche Lesepublikum liebt Ägypten noch mehr als eine Tafelrunde aus dem Mittelalter, weil sich in einem würzigen »Pharaonenstoff« das Esoterische mit dem streng Historischen so gut verbinden läßt. Die in München mühsam wiedergeborenen Prinzen und Prinzessinnen aller einschlägigen Dynastien möchten schließlich gerne ihre Verwandtschaft kennenlernen. Nein, darauf müssen wir uns nicht einlassen, grauenvoll genug, daß andere es tun.

R. soll an seine Stoffe durch die tägliche Lektüre der *Bild*-Zeitung gekommen sein, das Feuilleton der *FAZ* schlachtet er dann am Wochenende aus, um die Geschichte zu überhöhen. S. hat eine Netzkarte für den örtlichen Busverkehr und schreibt heimlich die Dialoge der anderen Fahrgäste mit. F. beutet Lexika des letzten Jahrhunderts aus, um an ausgefallene Begriffe zu gelangen. B. übernimmt ganze Passagen aus *Bravo* und legt sie seinen masturbierenden Teenagern in den Mund. K. soll einmal …

Die A. muß doch jeden Tag mindestens fünf Seiten zu Papier bringen! Druckseiten, meine ich, und zwar Prosa, nicht einfach nur Dialoge mit dem bekannten »Ach, meinen Sie, neue Zeile, nun gut«, nein, Landschaften, Wetter, Stimmungen und dann auch noch diese raffinierten Details in der Beschreibung von Kostümen aus dem 18. Jahrhundert. Oder von Speisefolgen inklusive der Rezepte. R. schreibt dafür nie mehr als einen Satz. Steht mittags auf, rennt durch die Gegend und schreibt dann seinen Satz. Aber was für ein Satz. Und wenn man die Geschichte hinterher liest, wirkt sie, als habe er nur einmal kurz den Atem angehalten und dann ein Epos ausgehaucht. Wie machen sie das nur, warum können das die anderen so viel leichter, müheloser, unangestrengter?

Wenn J. in seiner Geschichte nicht weiterkommt, entwirft er einen Brief an seine Freundin und schildert ihr die Situation, die er gerade nicht aufs Papier bringen kann, als sei sie ihm soeben widerfahren. Da er fürchtet, zu geschwätzig zu wirken, hält er dieselbe Szene noch einmal auf einer Postkarte an eine andere Freundin fest. M. hingegen stellt sich vor, sie sei Analytikerin oder Beichtvater (was bei ihrem Geschlecht natürlich einige Phantasie voraussetzt) und höre einfach nur zu. P. kämpft mit Geschirrspülen gegen Schreibhemmungen, was man dem Porzellan mittlerweile ansieht. G. legt sich in die Badewanne. O. hat alle diese Rezepte auch schon probiert, nur hat leider keines geholfen. Jedes Temperament stößt an seine eigene Schwelle der Verzweiflung, doch ein Trost ist das nicht.

Positive Verstärkung täte jetzt gut, Anerkennung, der Anruf eines bewundernden Redakteurs vom Fernsehen, die Einladung zu einer Poetik-Vorlesung, eine Reise für Goethe, die Nachricht, in eine bedeutende Anthologie oder Akademie aufgenommen worden zu sein, oder noch besser: ein literarischer Preis. Ruhm *und* Geld. Schließlich gibt es in dieser

Republik unzählige Auszeichnungen. Warum gehen sie alle an Herta Müller und an Christoph Ransmayr? Natürlich schreiben die hinreißend, doch dafür reichten eigentlich die größeren Preise voll und ganz. Gut, Stadtschreiber möchte man auch nicht überall sein, jedenfalls nicht, wenn die Auszeichnung mit einer Anwesenheitspflicht verbunden ist. Andererseits kann man ja immer ablehnen, wenn zuvor gefragt wurde. Aber wenn niemand fragt?

9.

Die Schulklasse befreit den Autor aus der Einkaufstüte. Aufgeweckte Kinder, allesamt, manche allerdings schon mit jener zerfurchten Stirn, die man sich im ›Leistungskurs Deutsch‹ zuzieht.

»Unser Schaffner hat gesagt, wir sollten Sie noch an das Stichwort ›creative writing‹ erinnern«, ruft Marie, die Klassensprecherin. »Ob Sie sich davon einen Nutzen versprechen, ich meine: wenn hier in Deutschland auch so etwas angeboten würde.«

Der Autor kratzt sich am Kopf. »Vielleicht stört mich ja nur das Adjektiv ›creative‹«, murmelt er, »und zwar in Zusammenhang mit ›writing‹. Einmal wegen der Borgewörter. Ich hasse unnütze Borgewörter. Ich hasse aber auch Begriffe, deren Gegenteil ich mir nicht vorstellen kann. Könnt ihr euch einen Akademiekurs in Malen oder Komponieren vorstellen, der als ›uncreative painting‹ oder als ›uncreative composing‹ angeboten wird?«

»Wir finden kreativ schon ganz in Ordnung. Aber kann es nicht sein, daß man sich in Deutschland nur deshalb gegen derartige Veranstaltungen sträubt, weil die Dichter denken, sie seien so einzigartig, daß niemand ihr Handwerk erlernen kann?«

»Hat jemand eine Zigarette für mich«, fragt der Autor, »und vielleicht einen Schluck Cognac?«

Der Leistungskurs blickt ihn entgeistert an. Schließlich reicht ihm Marie ihren Colabecher.

»Wer auf Lesereisen geht, würde auch Kurse über sein Schreiben halten«, sagt der Autor, »vermutlich sogar mit noch größerem Vergnügen. Und Erlernen läßt sich zumindest das Vermeiden von unbeabsichtigten Fehlern. Da es kaum noch Lektoren gibt, die bei den Begriffen ›hypotaktisch‹ oder ›parataktisch‹ nicht an die Viererkette der deutschen Fußballmannschaft denken, muß der Schriftsteller auch als Stilist«, hier rülpst der Autor, »wenn ihr so wollt, als Grammatiker in eigener Sache arbeiten. Sollte er vielleicht ohnehin. Es kann auch nicht schaden, schon sehr früh im Leben erfahren zu haben, daß der liebe Gott unserer Sprache nicht deswegen Adjektive geschenkt hat, weil ohne sie eine Zeile bisweilen so leer aussieht.

»Und warum haben Sie gerade gerülpst«, will Marie wissen, »war das auch ein Stilmittel?«

»Ich habe nur an die Verbreitung gedacht«, entschuldigt sich der Autor, »bei der Vorstellung, manche meiner Kollegen könnten durch ›creative writing‹ stilbildend wirken, wurde mir für einen Moment unwohl.«

»Lassen wir ihn hier einfach sitzen«, schlägt Marie vor und schließt sanft die Abteiltür.

10.

Im Wirtschaftsleben unserer Republik erfährt kaum ein Gut eine derart aufmerksame – und ökonomisch völlig disproportionale – Würdigung wie das Buch. Die redaktionellen Spalten, die tagtäglich mit klugen oder törichten Rezensionen gefüllt werden, könnten sich die allerwenigsten Verlage als Anzeigen leisten. Ein Mercedes der S-Klasse, behaupte ich kühn, ein Produkt also, in dessen Entwicklung der Hersteller mindestens soviel Geist und erheblich mehr Geld investiert hat als selbst einer unserer zärtlich »Großschriftsteller« genannten Autoren in sein neues Buch, erzielt niemals einen vergleichbaren Aufmerksamkeitswert. Dabei müssen jene Rezensenten nicht einmal wie ihre Kollegen von der Autoseite zu aufwendigen Vorführungen bauchtanzender Balinesinnen nach Mallorca eingeladen werden. Die meisten Literaturkritiker sind schon glücklich, wenn ihnen, den heftig Schwitzenden, während der Frankfurter Buchmesse im engen Vorraum eines Verlegerhauses das kalte Hühnchenbein vorbeigetragen wird, nachdem der gegenwärtige Pegasus-Champion präsentiert worden ist.

Gestatten Sie eine kurze Unterbrechung. Wir haben erst gestern mit einem Verleger aus München gesprochen, der uns davon überzeugte, daß mittlerweile nicht einmal mehr positive Rezensionen einen erkennbaren Verkaufserfolg garantieren.

Sie sollten hören, wie laut er tobt, wenn überhaupt keine Rezensionen erscheinen. Oder lesen, welche Briefe er verschickt, um seine Autoren gegen häßliche Rezensionen zu verteidigen.

Hilft das?

Rezensionen wenden sich nicht an den Autor, sie wenden sich an ein Publikum. Sie behaupten sich demnach weniger gegen das jeweils besprochene Werk als gegen alle anderen ernstzunehmenden Rezensionen. Dort lauern die eigentlichen Widersacher, die Mitbieter um die öffentliche Aufmerksamkeit. Wer schneidet schärfer, wer erkennt früher, wer entlarvt witziger? Der elegante Wortwitz folgt seinem eigenen Regelwerk. Entscheidend ist allerdings der richtige Zeitpunkt, und der kann nicht präzise genug verfehlt werden. Kein wichtiges Leseexemplar erreicht heute eine Redaktion ohne die dringende Bitte, das Werk unter keinerlei Umständen vor dem festgelegten Erscheinungsdatum zu besprechen. Doch an diese Aufforderung halten sich nur die Höflichen, die Abhängigen oder die Verschlampten. Natürlich preschen wir vor, denn jeden Montag erscheint bekanntlich ..., am Donnerstag erscheint ..., Kinder, die haben das schon, wir können es uns nicht leisten, alt auszusehen! Also raus mit der kühnen Meinung, der riskanten Wertung, dem reizvollen Vorgericht.

Autoren, die an ihren Kritikern herummäkeln, finden wir nicht sonderlich originell.

Da kann man Ihnen schwer widersprechen. Ich wollte gerade auch nur die überflüssigen Aufgeregtheiten herausstreichen. Im übrigen spiegelt die Qualität der Kritiken vermutlich ziemlich genau die Qualität der besprochenen Literatur. Es wäre statistisch ja sehr unwahrscheinlich, wenn es in einem Land nur kluge Kritiker und einfallslose Schriftsteller gäbe. Oder umgekehrt.

Eine positive Wirkung sehen Sie nicht?

Auf die gesamte intellektuelle Stimmung bezogen schon. Es kann doch niemandem gleichgültig sein, ob die Maßstäbe von den Steven Kings dieser Welt bestimmt werden oder von Balzac. Nur kann durch eine Kritik dem Autor nicht mehr geholfen werden. Sein Werk liegt ja bereits vor, allein die Maler dürfen gelegentlich nachbessern, und ob sich der arme Kerl bis zu seinem nächsten Buch noch merken kann, daß er, ein beliebiges Beispiel, »die Doppelbödigkeit des Wirklichen« stets verfehlt oder stets trifft, darf füglich bezweifelt werden.

11.

»Ich bin kein Eskimo«, sagt der kleine Kerl im gefleckten Fellkleid, der in Dortmund zugestiegen ist. »Wir heißen Innuit.«

»Aber Sie sehen ziemlich bescheuert aus in Ihrem Aufzug«, gebe ich zu bedenken, »selbst für einen Innuit. Selbst hier im Ruhrgebiet.«

»Ich komme aus einem Einkaufszentrum und möchte in Ihre Geschichte«, sagt der Fremde. Er verstaut seine Harpune aus Walfischbein und den getrockneten Fisch im Gepäckfach.

»Ich muß mich um die Schulklasse kümmern«, ruft der Schaffner, »aber wir sollten unbedingt noch über das Dekonstruktive reden. Über das Spielerische. Und über die großen Themen.«

Regen schlägt gegen das Abteilfenster. Der Regen lernt so etwas im Kursus Stilkunde.

»Mich gibt es aber auch noch«, behauptet der kleine Kerl im gefleckten Fellkleid, greift nach seiner Harpune und ersticht den Schaffner.

Fritz J. Raddatz
Der wahre Verleger

Es muß nicht immer Jaguar sein. Raubkatzenwitterung indes, Samtpfotenspiel und Kratzkrallenschärfe muß er haben: der ideale Verleger. Es gibt ihn nicht, es gibt ihn nur in der Imagination; vielleicht noch in der Geschichte der Bildnisse, in den indischen Stein-Mythen mit zwölf Armen oder den androgynen Wundern Ägyptens mit nährender Brust und aggressivem Phallus – ein künstliches Wesen, sein Leben gewidmet der Kunst.

Er darf gebildet sein, aber nicht mehr als der geringste unter seinen Autoren; er muß reich sein, aber nicht mehr als der erfolgreichste unter seinen Autoren; er soll ein Gentleman sein, aber nicht mehr als der adligste unter seinen Autoren; er kann jung (alt) sein, aber nicht mehr als der jüngste (älteste) unter seinen Autoren; er möge international sein, aber nicht mehr als der polyglotteste unter seinen Autoren. Kenntnisreich? Gewiß – in die Banausen-Hölle sei er verdammt, wenn er *Locus Solus* nicht gelesen, drei Übersetzungsversionen der *Chants de Maldoror* nicht geprüft, das Schnee-Kapitel des *Zauberbergs* nicht auswendig gelernt hat: Doch all das hat sich zu verstecken hinter bewundernd-staunender Bescheidenheit, wenn sein erster Lyriker Kavafis paraphrasiert, sein großer Romancier die Geschichte vom »Uhr-Aufziehen« bei Lawrence Sterne variiert, sein neuer Dramatiker »So lebte er hin ...« als Motto verwendet; denn der Verleger muß wissen – jeder seiner fünf oder 100 Autoren ist der Klassenerste. Er selber ist der Lehrer, dem leicht unwirsch begegnet wird – wie es etwa der junge Joachim Kaiser tat, als ihn im Seminar Adorno mit dem Satz unterbrach: »Herr Kaiser, ich verstehe Sie nicht«; worauf mit kühler Irritation sein begabter Student antwortete: »Das will ich gerne glauben.«

Der wahre Verleger muß Vater und Mutter sein, Amme und Zuchtmeister, Gläubiger und Fordernder, Duellant und Sekundant, Beichtvater und Ministrant, Heiliger und Hurenbold. Er muß das Gehirn eines Philosophen, den Blick eines Radiologen, die Sanftmut einer Krankenschwester haben. Eines darf er auf gar keinen Fall: ein eigenes Leben haben. Undenkbar ein Verleger, der sich Sorgen macht um eine krebskranke Schwester, eine vereinsamte Stiefmutter, einen drogenabhängigen Neffen. Das alles sind Schriftsteller-Sorgen. Der Verleger ist ein Homunkulus, eine Creatio ex nihilo – ohne Familie, ohne Vergangenheit, ohne Herkunft. Allenfalls ein Vater wird ihm gestattet, möglichst einer, von dem er geerbt hat. Aber die Familie: da sei Gott vor. Gott ist der Autor. Auch den Plural kann es nicht geben; du sollst keine anderen Götter haben neben mir.

Zwar will der Autor in einem Verlag publiziert werden, der sein Renommee der ideenreichen Entdeckung, gar Pflege literarischer Heroen verdankt. Doch bei Strafe abscheutiefsten Beleidigtseins darf von denen nie gesprochen werden. Von Heines Dünnlippigkeit über den bei Campe verlegten Börne – »Der Börne kostet Ihnen zu viel« – bis zu Robert Musils entsetztem Versenken eines ganzen Erdteils – »Aber da ist ja schon Stefan Zweig«, wehrte er empört den Vorschlag von Freunden ab, nach Südamerika zu emigrieren – ließe sich unschwer eine appetitliche Anthologie von Kollegenekel zusammenstellen. Die »Freunde« der »Gruppe 47«? Du lieber Himmel. Man lese nach, was Uwe Johnson über Hans Magnus Enzensberger, Peter Weiss über Günter Grass, Johannes Bobrowski über Hans Mayer oder Hubert Fichte über mich geschrieben haben: Star-Wars.

Der Verleger hat zu wissen: Ihre Amouren, Ehebrüche und unehelichen Kinder beichtend, erwarten die Autoren von ihm strengste Monogamie. Er hat, dem Kranich gleich, in der lebenslangen Ein-Ehe zu leben; mit immer dem einen/der einen, der/die gerade eben vor seinem Schreibtisch (meinetwegen: an seinem Eßtisch) sitzt. Als bei mir, damals Verlags-Chef, einer meiner Autoren abends zu Gast war, den ich mit Vorschüssen, Austern-Diners, Auflagen und Publicity verwöhnt hatte, und ich – mich orientalisch für drei Minuten entschuldigend, törichterweise mit den Worten »Das ist Ihr Kollege X ...« ans Telefon ging, waren bei meiner Rückkehr Bibliothek, Wohnzimmer: war die Wohnung leer. Zitternd vor Wut war der Gast gegangen. Jeder Schriftsteller ist sein eigenes Sonnensystem. Von seinem Verleger erwartet er die gottähnliche Vollendung, mit galaktischen Systemen jonglieren zu können, die sich in keiner Unendlichkeit berühren. Über die Produktivkraft Eitelkeit hat Walter Mehring den schönsten Essay geschrieben, der über die Eifersucht steht noch aus.

Früher waren es die Briefe, in denen etwa Caroline Schlegel sich bei hämischen Freundinnen belustigte, sie habe sich halb totgelacht über Schillers »Glocke«, oder der essaylange von Rousseau an Voltaire – heute ist es das Telefon; mit dessen Hilfe, für die glückseligen Bezieher des *Spiegel*-Vorausexemplars vornehmlich Samstag abends, werden ferne Planeten wahrgenommen: wenn sie bedroht sind. Nichts ist schöner als das

Kärtchen an den Kollegen: »Ach was, nimm's nicht tragisch – wer liest schon den *Spiegel*, wer kümmert sich schon um einen Verriß.« Es gibt nur die eine Ausnahme – der Autor selber, das eigene Buch.

Dann ist der Verleger gefragt. Ob in Tokio oder im Ehe(bruch)-Bett: Er muß ran, er muß telefonieren, Anzeigen schalten, eine Gegenwerbung von eminenter Wirksamkeit sich einfallen lassen, die großartige Kritik aus dem *Husumer Morgen* und die famose der jungen Kritikerin aus Barcelona zitieren. »Weg?« sagt die Sekretärin. »Er ist weg, nicht da?«, womöglich einen anderen Autor in Paris oder Magdeburg besuchend? Das darf er nicht, nie. Der Verleger hat niemals weg zu sein – Skilaufen in St. Moritz, Hochzeitsreise nach Haifa, Enkelkindtaufe in Rom, Kur in Bad Hohenems: Das gibt es nicht. Ein Verleger hat da zu sein, immer, zu jeder Tages- und vor allem Nachtzeit. Krank? Lächerlich, dieser schwächliche Kerl ist immer krank, wenn man ihn braucht. Auf der Buchmesse in den USA? Ist er verrückt? Jagt wohl diesen unlesbaren amerikanischen Bestsellern hinterher. Zu einer Manuskript-Arbeit in Österreich? Dazu hat die Kanaille Zeit, treibt sich herum mit diesem Nichtskönner B. in vulgären Biergärten; lungenkrank? Gut, gut, wer ist denn nicht lungenkrank? Krank ist ja noch nicht begabt – für den hat er Zeit, für den zieht er die Spendierhosen an; nackt soll er sein.

Der Verleger hat ein wohlgekleideter Nackter zu sein, das Jackett ein wenig ausgebeult links – nein, nicht wo das Herz ist, denn er hat ja kein Herz –, links, wo die Brieftasche sitzt; er hat Zeit zu haben für »mich«, und dieses »mich« gibt es – widerlicherweise – einhundertzwölfmal; er hat, verdammt nochmal, sein Geld zusammenzuhalten und nicht diesem Idioten W. 15 Prozent Honorar zu zahlen, an den er ohnehin, erfolglos natürlich, Riesenanzeigen verschwendet; er hat mir, seinem wichtigsten Autor, eine Taschenbuchausgabe neben der gebundenen zu machen; er hat nicht herumzuhuren mit diesen analphabetischen holländischen (italienischen, spanischen, portugiesischen, polnischen) Schriftstellern, von denen kein Mensch was wissen will, Moderamsch schon morgen, die literarischen Nierentische des nächsten Jahrzehnts; er hat, Gott strafe seine ungeduldige Habgier, zu warten auf den Erfolg, den meine Bücher eines Tages haben werden – seit wann überhaupt ist Erfolg ein literarisches Kriterium!

Dabei erzählt man sich von seltsam zart-nachdenklichen Gesten: Als man kürzlich diesen Dokumentar-Romancier des Plagiats zieh, schickte er dem Auszüge der zeitgenössischen Debatte, in der Diderot des Plagiats an Goldoni bezichtigt wurde. Als der Vater von dem Gedicht-Heini starb, soll er ihm Martin du Gards *La Mort du Père* zugesandt haben. Als dem alten Büchner-Preisträger die Frau weggelaufen war, fand der im Briefkasten ein Foto von Peggy Guggenheim mit einem alten Zeitungsausschnitt: »ihre Tochter nahm ihr in Venedig den Liebhaber weg«. Sogar für seinen schwulen Dramaturgen fand er nach einem Denunziatiönchen eine Vasenbildkarte mit eindeutiger Verführungsszene aus dem Antiken-Museum in Würzburg. Ich habe so was nie bekommen. Mit mir ist er nur ungeduldig.

Geduld. Neben Geist (nicht zu viel), Bildung (nicht zu aufdringlich), Geld (nicht zu offensichtlich), Kenntnissen (nicht zu angeberisch) und Takt (nicht zu viel) soll der Verleger eines haben: Geduld, Geduld, Geduld. Als sei es meine, des Autors Schuld, daß ich mit dem Roman nicht fertig geworden bin, daß mir die schöne schlanke Erzählung auf 980 Seiten anwuchs, daß mein Gedicht zu dünn, mein Drama zu langweilig ist und mein Tagebuch von indiskreten, justitiablen Beleidigungen wimmelt – was versteht denn dieser buchhalterische Legastheniker von Literatur, von Kunst, von einem Künstler; lesen kann er ohnehin nur Zahlen, schreiben kann er nur Schecks. Lektoren hat er wegrationalisiert bis auf diese Kuh, die selbst grauenhafte Gedichte schreibt, statt dessen hat er diese beiden hippen Emanzen mit lila Haaren als PR-Weiber engagiert, die nichts für mich tun, wahrscheinlich schläft er mit beiden.

Geduld also muß er haben. Und Nachsicht. Lächerlich, was dieser Novellist, den er unbegreiflicherweise im letzten Herbstprogramm so rausstellte – er hat doch allen Ernstes für dieses Nichts von einem Buch sogar mit der Stempelmaschine geworben –, da für ein Theater macht: Schreibblock, Ehekrise, Angina pectoris; zum Lachen! Kann er nicht sehen, was ICH durchmache, diese Hölle zu Hause wegen der kurzen Affäre neulich mit der kleinen Buchhändlerin, meine Gürtelrose, diese Quälerei mit dem inneren Dialog im neuen Manuskript. Aber er liest ja meine Manuskripte überhaupt nicht, nicht meine. Und will mir die wichtigste Szene im Roman, eine phantastische Nacht zu dritt, ausreden. Man würde erkennen, wer die Figuren sind, es wäre peinlich und verklatscht.

Der geduldig-nachsichtige Verleger muß nämlich gut in Mathematik sein, jedenfalls die Quadratur des Kreises perfekt beherrschen: Er ist verantwortlich dafür, daß (s)ein Autor deutliche Ferkel-Porträts von zwei schwulen Kollegen im Buch nicht getilgt, daß er ihm nicht abgeraten hat, dieses haßvolle Bild der eigenen Mutter und eine banal-pubertäre Masturbationsszene vor dem Spiegel im Badezimmer zu belassen. Aber er hat nicht dreinzureden. Klappe halten und drucken. Dieser illiterate Koofmich soll mit seinen Vertretern reden, nicht mit Künstlern. Kürzen? Daß ich nicht lache. Hat sich nicht schon der junge Thomas Mann erfolgreich gegen den Vorschlag gewehrt, die *Buddenbrooks* zu kürzen? Und dann kam der Erfolg. Er weiß nichts von leise-delikater Anregung, der sanften kleinen Ermunterung, der zum Beispiel Beethoven 1810 folgte, um sein Violinkonzert als »Klavierkonzert Nr. 6« zu variieren. Das nennt man verlegerische Behutsamkeit. Aber was tut dieser Geschaftlhuber? Er redet von Proportion, er gibt zu bedenken, daß ein 980-Seiten-Roman für 85,– DM nicht zu verkaufen sei. Er lädt mich zu einer Vertretersitzung ein. Weiß er nicht, daß man einen Schriftsteller in Ruhe lassen soll? Weiß er nicht, daß es einen schüttelt angesichts dieser Heringshändler in ihren Fischgrätenjacketts und flott gemusterten Socken, wie sie da sitzen vor ihren orangefarbenen und grünlackierten Schnellheftern, wahrscheinlich lesen die ja am liebsten Pornohefte, wieso gibt es denn in all diesen verschlafenen Provinznestern vermuffelte Spießerbordelle mit Plüschsesselchen und abgepackter Seife neben dem Handtuchhalter? Dieser Naßkämmer, der keinem Brockhaus oder Campe das Wasser reichen kann und keine Ahnung von unsereins hat, von Goethes Ambiguität, Dantes Finsternissen und Kafkas Einsamkeit – der redet nur von Ladenpreis, Auflage und Werbung.

Er nennt es Autorenpflege – und will mich auf eine Lesereise schicken. Das soll er mit seinen alerten Jung-Genies machen, diesen gelenkigen Mikrofonhälsen, die schon in die Kamera grinsen, wenn noch gar kein Film eingelegt ist. Aber ich! Meine Sonette sind in Finnland erschienen, in Reykjavík wird ein Halbstundenporträt von mir gedreht, im Sommer nehme ich an einem internationalen Symposion in Izmir teil. Izmir! Und dieser Seelenverkäufer will mich nach Kassel, Görlitz und Trier hetzen, damit ich vor zwanzig literatursinnigen alten Damen lese und schon beim Signieren Kopfweh wegen des Gavi-Weins kriege, den es hinterher beim »kleinen Italiener« zu panierten Calamares gibt; und morgens die Schuhputzmaschine neben dem Lift vom »Preußischen Adler«, wo ich unter der bastgeflochtenen Lampe nicht mal Tagebuchnotizen machen kann. Alle anderen bringt er im Münchener »Vierjahreszeiten« und im »Adlon« in Berlin unter.

Der wahre Verleger hat überhaupt eigene Hotels. Er besitzt ein paar einflußreiche Zeitungen, deren Tintenkulis – die nennen sich Kritiker! – so schreiben, wie er wünscht, daß über jeden seiner Autoren geschrieben wird, und das heißt: wie jeder seiner Autoren wünscht, daß über ihn geschrieben wird. Er besitzt ein schönes Haus, in dem er mühelos arrangierte kleine Diners für vierundzwanzig Personen anläßlich des Erscheinens jedes neuen Buches gibt, im Flur ein Art-déco-Tisch, auf dem lässig die früheren Bücher, ein paar ausländische Ausgaben, eine Illustriertenreportage gruppiert sind. Er besitzt eine Sekretärin mit soviel Taktgefühl, daß sie nie, niemals einen anderen Autor zu so einem Imbiß einlüde – allenfalls vielleicht Susan Sontag, García Márquez, Nadine Gordimer und Salman Rushdie, aber doch nicht diese x-beliebigen ... Mit mir, natürlich mit mir, hat er sich neulich so eine Taktlosigkeit erlaubt, Krethi und Plethi dazu eingeladen, Bubies, deren Namen keiner kennt, dabei herumgokkelnd in seiner scheußlichen gelben Seidenkrawatte vor dem neuen Assistenten, eine Kellner-Hübschheit, man munkelt ja ... Nun ja, verständlich bei der Frau mit ihrer blondierten Föhnfrisur, die gar nicht begriff, als ein amerikanischer Agent in New Yorker Klatschsucht sich über eine Anti-Clinton-Kronzeugin lustig machte, sie habe einen Busen, massiv genug, um einen Bunker unterzubringen als Unterschlupf für einen rechten Fernsehprediger. Es machte mir Spaß, dem – etwas ausmalend – die Geschichte anzufügen, wie Rousseau, Melchior Grimm und d'Alembert zu dritt eine Minderjährige mißbrauchten; denn ein Verleger muß wissen, daß das Leben von Künstlern anderen Gesetzen unterliegt. Seines auch.

Er besitzt eine – huldvoll ignorierte – hohe Beteiligung an einer südafrikanischen Rohdiamanten-Mine, die ihm erlaubt, jedem Autor einen Normvertrag zu geben mit einem Honorar von 15 Prozent vom Ladenpreis des gebundenen Buches (vom sechsten Tausend ab 17,5 Prozent), einer Nebenrechtsteilung von 90:10 zugunsten des Urhebers, einer garantierten Erstauflage von 15 000 Exemplaren samt anschließender Taschenbuchausgabe und sechs Übersetzungen. Er besitzt selbstverständlich einen Theaterverlag, der die antikischen Tragödien des Lyrikers und die absurden Komödien des Romanciers ohne Schwierigkeiten bei bedeutenden Bühnen und führenden Regisseuren in der Besetzung berühmter Schauspieler ermöglicht. Er besitzt bedauerlicherweise keine Klinik – aber er hat glänzende Verbindungen zu renommierten Neurologen, Gynäkologen, Orthopäden, Kardiologen, Gastroptose-, Ophthalmie- wie Odontitis-Experten.

Das Portrait imaginaire des Verlegers? Es müßte gemalt sein von einem modernen Arcimboldo: ein Papierhütchen aus gefalteten Scheckformularen balancierend über der Stirn, so niedrig wie ein dünner grüner Spargel, aus den gierigen Augen die Initialen eines doppelnamigen Kritikers hervorstechend und die Zähne eine einzige Kolonne der Bestseller-Listen. Dieser Verleger heißt Samuel-Maria Gallimard, uneheliches Kind von Blanche Knopf, in zweiter Ehe verheiratet mit Inge Feltrinelli; aus der Verbindung stammt ein Sohn Siegfried, verheiratet mit Peggy Vanderbilt-Getty, die verschwägert ist mit Bernard Pivot und Oprah Winfrey, deren Fernseh-Talkshow, die beliebteste in den USA, schon durch die Nennung des Titels einem Buch zu einer Millionenauflage verhilft.

Kursbuch

Die nächsten Themen:

Auftritt von rechts *Heft 134 / Dezember 1998*

Reinhard Hesse, Fundamentalismus – Ost und West / *Claus Leggewie*, Die religiöse Rechte in den USA / *Sonja Margolina*, Russische Topologie: Rechts ist die Mitte / *Peter Bumke*, Indien: Faschismus nach Plan / *Martin Pollack*, Haider oder der Design-Populismus / *Rudolf Walther*, Wir wollen nur französisch sein. Auskünfte vom Rive droite / *Klaus Hartung*, Der Protestwähler / *Stefan Breuer*, Deutsches Erbgut: Ideologische Familien / *Claus Offe*, Die deutsche Rechte – führerlos? / *Stefan Welzk*, Rettung durch Sinnersatz / *Sighard Neckel*, Junge Herren von rechts / *Wolfgang Engler*, Die große Wut. Deutsche Jugend im Osten

Die Erbengesellschaft *Heft 135 / März 1999*

Vermögen im Gesamtwert von zwei Billionen Mark werden allein in den nächsten fünf Jahren hinterlassen werden – jedenfalls in der «alten» Bundesrepublik – und einigen von uns in den Schoß fallen; für jeden im Schnitt eine drittel Million Mark. Das hat zweifellos Folgen für die Erbteilnehmer, vor allem aber für deren Nachkommen, die schon in einem gewissen Wohlstand aufwachsen werden. Wird das materielle Vermögen das kognitive fördern oder mindern? Wird eine neue Erb-Elite entstehen, in der die Lebensart gedeiht, der Erwerbstrieb aber verkümmert? Und wie werden die anderen, die Erb-Armen, auf diese Umverteilung reagieren, die womöglich aus der Zweidrittel- eine Eindrittelgesellschaft macht?

Das Kursbuch, begründet von Hans Magnus Enzensberger. Herausgegeben von Karl Markus Michel, Ingrid Karsunke und Tilman Spengler.

Adresse:

____

____

____

Widerrufsgarantie:

Diese Bestellung kann ich innerhalb von zehn Tagen bei Rowohlt·Berlin, Postfach 02 12 16, 10123 Berlin widerrufen. Zur Wahrung der Frist gehört die rechtzeitige Absendung (Datum des Poststempels).

An
Rowohlt · Berlin
Postfach 02 12 16
10123 Berlin

____

Datum / Unterschrift

Ingrid Grimm
Lektorenleben

»Aller Anfang ist prägend« lautet eine alte Volksweisheit. Für mich als Lektorin war der Anfang ein Volontariat in der Fischer Bücherei, und der war sicher so prägend wie nichts mehr später. Es war das Jahr 1961, in dem ich den Semesterferienjob in Frankfurt antreten durfte, das Jahr, in dem der Verlag sein 75. Jubiläum feierte. Da wurde viel geredet von der glorreichen Vergangenheit, von den schwierigen Jahren im Exil und von der erfolgreichen Gegenwart. Die Fischers, das waren Gottfried Bermann Fischer und Brigitte Fischer, leiteten zusammen mit dem damals schon legendären Cheflektor Rudolf Hirsch eines der angesehensten und erfolgreichsten Unternehmen jener Zeit.

Das Klima im Hause wurde bestimmt von Weltläufigkeit und Großzügigkeit, was sicher durch die Feierlichkeiten in jenem Jahr noch gefördert wurde. Bedeutende Autoren und Wissenschaftler gingen aus und ein, ausländische Verleger und Agenten kamen zu Besuch. Und immer ging es um Bücher, um längst erschienene, um geplante, um Unstimmigkeiten mit Autoren, um Krach, um Freude über Erfolge. Das Buch war etwas ganz Besonderes, viele Gedanken des Gründers Samuel Fischer galten noch als Maxime. So zitierte Gottfried Bermann Fischer seinen Schwiegervater in einem Aufsatz für den Almanach *Das 75. Jahr* unter anderem mit Äußerungen, die auch Grundlage seiner Arbeit sein sollten: »Der unmeßbare Wert des Buches weist ihm als gewerblichem Produkt auf dem Markt eine andere Stellung an als jeder anderen Ware, die einen materiell bestimmbaren Wert in sich trägt ... Die Auswahl aus der literarischen Produktion kann ... nicht allein nach kaufmännischen Grundsätzen geschehen, sie ergibt sich aus dem ästhetischen Wert der Arbeit ...« Das gefiel mir. Ebenso der Satz: »Seine (Samuel Fischers) Autoren waren für ihn Geschäftspartner; ihr Wohlergehen galt ihm als natürliche Voraussetzung, so daß er die Rücksicht auf ihre Eigenarten und Schwierigkeiten als notwendig ansah und darin häufig bis zur Selbstverleugnung ging.« Und die Erwähnung der berühmten Lektoren Brahm, Schlenther, Elias, Oskar Bie, Moritz Heimann, Samuel Saenger und Oskar Loerke, die »ihr Leben im wahrsten Sinne dem Dienst an der modernen Literatur gewidmet hatten« und mit denen sich S. Fischer wie mit »einer Schar gleichgesinnter Freunde und Berater umgeben hatte«, machten mich neugierig.

Als ich dann in den Werken, Briefen, Aufzeichnungen vor allem von Moritz Heimann und Oskar Loerke gelesen hatte – viele waren in einer Ausstellung zum 75. Jahr präsentiert –, gab es für mich so etwas wie Vorbilder. Das waren freie Geister, die listig und trickreich zwischen sich selbst, dem Autor und dem Verleger lavierten, die sich als Verbündete der Autoren sahen, aber niemals gegen den Verlag, in dem Falle den Verleger, arbeiteten, die ihr literarisches Urteil durchaus auch einmal zurückstellen konnten, wenn es um den guten Verkauf ging. So schrieb Moritz Heimann an S. Fischer, als er Schnitzler-Fahnen las: »Jetzt Schnitzler ›Märchen‹ und ›Frau des Weisen‹! Nichts, nichts vom Dichter, das muß bei all seiner Liebenswürdigkeit doch gesagt werden. Diese Sache langsam zu lesen, ist eine Tortur ohne gleichen. Welche Sprachverhunzung, welche Mattheit und welche Alka-Cocottensentimentalität!«

Nach drei Monaten stand für mich fest: Ich wollte Lektorin werden, mir Ansehen in einem Verlag verschaffen und so die Interessen der Autoren – natürlich gepaart mit den meinen – durchsetzen. Das war sehr naiv, aber mein Weg wurde nicht versperrt.

Als ich wenig später im Lektorat der Fischer Bücherei angestellt war, geriet ich sozusagen unter die Fittiche von Rudolf Hirsch, der mir, äußerst beredt, mit Witz und Charme beibrachte, was ich wie zu lernen hätte. Zusammen mit den erfahrenen Kollegen im Taschenbuchlektorat erhielt ich eine Ausbildung, wie man sie sich gründlicher nicht vorstellen kann. Ich lernte das Handwerk, eine Grundlage, ohne die effiziente Lektoratsarbeit wohl nicht möglich ist. Was darüber hinaus nützlich ist, ein sicheres literarisches Urteil, die Fähigkeit zur Kommunikation, Einfühlungsvermögen und diplomatisches Geschick, kann man sicher nur zum Teil lernen, vieles ist Erfahrung, vieles hat man, oder man hat es nicht. Und Glück muß man haben, sonst kommt man weder an eine gute Ausbildung noch später an gute Autoren und Bücher.

Die vielen Studienabgänger heute mit dem Berufswunsch Lektor müssen schon Glück haben, wenn sie auch nur eine Praktikantenstelle finden wollen. Viele machen nach dem Studium zunächst eine Lehre und hoffen dann, als Quereinsteiger durch einen Aushilfs- oder Sekretärinnen/Sekretärsjob eine feste Anstellung zu erreichen. Mühsam und wenig erfolgversprechend ist das und abhängig vom persönlichen Wohlwollen der Verlagsdamen und -herren.

Ein Ausbildungsprogramm für Lektoren gab es für einige Jahre bei Bertelsmann. Das war effektiv, jedenfalls was das Erlernen des Handwerks betrifft, Voraussetzung war ein abgeschlossenes Hochschulstudium. Es gab Hunderte von Bewerbern für sehr wenige Ausbildungsplätze – wieder brauchte man Glück und Geschick –, doch wer gewonnen hatte, genoß zwei Jahre lang ein Lernprogramm, das die Grundlagen für die spätere Lektoratsarbeit legte. Das erste Jahr arbeiteten die ›Azubis‹ bei den Publikumsverlagen, im Lektorat des Taschenbuch-, Ratgeber-, Belletristik-, Sachbuchbereichs ebenso wie in der Herstellung, dem Rechnungswesen, dem Vertrieb, der Werbung, der Rechteabteilung. Im zweiten Jahr folgte Gütersloh mit den Bereichen Konzernleitung, Buchclub, Druckerei, Auslieferung. Fast alle Absolventen dieses Ausbildungsprogramms haben sehr gute Arbeitsmöglichkeiten gefunden, manche sind inzwischen leitende Lektoren oder Verlagsleiter im Hause Bertelsmann.

Da aber nicht alles, was gut ist, gefördert wird, vor allem nicht finanziell, drehte der mächtige Konzern zunächst den Geldhahn auf halb und schloß ihn dann ganz. Die eigenen Personalbedürfnisse waren wohl fürs erste befriedigt, und allzuweit voraus wollte man nicht investieren. Das war zu kurz gedacht. Heute müssen sich die Verlagsleiter schon wieder auf dem freien Markt nach geeigneten Mitarbeitern umsehen. Und wirklich gute Lektoren sind dünn gesät.

Was ist das nun für ein Beruf, zu dem so viele streben, der wie ein Irrlicht am Horizont zu schimmern scheint? Lektor – gelegentlich liest man in schlechten Rezensionen, daß der Lektor geschlampt habe, daß das Buch viel besser sein könnte, hätte der Lektor besser aufgepaßt, mehr gekürzt, den Autor vom Schlimmsten abgehalten. Hin und wieder, wie im Falle *Lemprières Wörterbuch* von Lawrence Norfolk, kommt es sogar zu öffentlichen Auseinandersetzungen über die Arbeit des Lektors. Daß der sich dabei durchaus etwas gedacht haben könnte, steht nicht zur Debatte. Zugegeben, manchmal zucke auch ich beim Lesen eines Textes zusammen und meine genau zu wissen, was dringend wie hätte geändert werden müssen. Dabei weiß ich doch gut, wie eingeschränkt die Möglichkeiten des Lektors oft sind. Es gibt eben Autoren – darunter sehr erfolgreiche –, die auf ›Eigenheiten‹ bestehen, die weder orthographisch noch grammatikalisch den Regeln entsprechen. So bitten zum Beispiel viele junge Autoren fast flehentlich darum, auf so manchen Konjunktiv verzichten zu dürfen, weil sich der Text sonst so ›künstlich‹ lese, und auch inhaltliche Diskussionen enden oft mit dem resignierenden Einlenken des Lektors, bevor zuviel Porzellan zerschlagen wird und der Autor sich womöglich einem anderen Verlag mit einem willfährigeren Betreuer zuwendet.

Der Lektor im Zwiespalt zwischen Autor und Verlag, zwischen seinem literarischen Urteil über ein Werk und den Verkaufserwartungen des

Vertriebs, zwischen dem Verständnis für ökonomische Zwänge des Unternehmens und den Forderungen des oft zu Recht uneinsichtigen Autors – ein Zustand, der jeden von uns ein Berufsleben lang begleiten wird. Bescheiden soll der Lektor sein, hilfreich für das Manuskript und die persönlichen Bedürfnisse des Autors, geduldig soll er, oft auch am Wochenende und nachts, zu einer Art Telefonseelsorger werden, der nur das entstehende Buch im Auge hat und sich deshalb dem Wohlergehen des Dichters verpflichtet fühlt. Geburtshelfer soll er sein und Verhinderer von Fehlentwicklungen, Kritiker und Bewunderer. Und er soll Ruhm und Reichtum des Verlages mehren, sich dabei im Hintergrund halten, das Ohr am Puls des Neuen haben, das Bewährte aber nicht vernachlässigen.

Bei all dem meine ich den literarischen Lektor, der hauptsächlich lebende deutsche Autoren betreut, eine Spezies, die im Aussterben begriffen sein soll, wie nicht nur die Betroffenen selbst, sondern auch die Beobachter der Szene konstatieren. Herbert Neumeier (Droemer Verlag) spricht für viele Kollegen: »Ich gehöre zu den letzten Sauriern, meine Sorte stirbt gerade aus.« Die Feststellung Hans Magnus Enzensbergers in seiner Rede bei der Verleihung des Heinrich-Mann-Preises an Karl Markus Michel trifft die Lage deutlich: »... das Lektorat ist in den meisten Verlagen längst zu einer unmaßgeblichen Außenstelle der Vertriebsabteilung geschrumpft. Es handelt sich also um Berufe, die, jedenfalls in ihrer tradierten Form, im Aussterben begriffen sind.«

Ein Berufsstand im Wandel. Vom autorenbezogenen Literaten, wie es Moritz Heimann und Oskar Loerke waren, über die vielen ›Verrückten‹, die Bücher lieben, den Umgang mit der Sprache, die Auseinandersetzung mit dem Autor über Form und Inhalt, bis hin zum ›Produktmanager‹, der marktorientiert in Käuferzielgruppen denkt und die entsprechenden Produkte – Bücher – einkauft. Die größte Rolle spielen in diesem Zusammenhang Lizenzen aus dem Ausland, Bestseller, die im Ursprungsland schon durchgesetzt sind, deren Autoren mit früheren Büchern erfolgreich waren, oder Erstlingsromane, die ›im Trend‹ liegen, ein Zeitgefühl bedienen, Tabus brechen, einen Skandal hervorrufen oder sonstwie von den Agenten hochgespielt werden.

Diese Entwicklung vom traditionellen literarischen Lektor zum modernen Produktmanager hat sich natürlich nicht von heute auf morgen vollzogen. Nachdem sich Ende der fünfziger Jahre die Verlage in Deutschland neu geordnet hatten – Emigranten waren zurückgekehrt, Besitzverhältnisse geklärt, neue Firmen etabliert worden –, begannen sich langsam und von vielen Büchermachern zunächst unbemerkt Konzerne zu entwickeln. Damals spielten Buchclubs eine wichtige und gewinnbringende Rolle, die Menschen hatten Nachholbedarf. Bei den Nazis verbotene deutsche und ausländische Literatur gab's für wenig Geld, vor allem gab es Ersatz für die in vielen Familien durch Kriegseinwirkung verlorengegangenen Nachschlagewerke. Bald schon begannen diese Konzerne, vor allem Holtzbrinck und Bertelsmann, kleinere Verlage zu kaufen, sie aber, zumindest was die Programme betraf, selbständig arbeiten zu lassen. Das erste große Stöhnen ging durch die Branche, als sich Anfang der Sechziger Holtzbrinck den Fischer-Verlag einverleibte. Vorbei war es mit den patriarchalischen Führungsprinzipien der Fischers. Rudolf Hirsch und so mancher, der sich der »Fischer-Kultur« verpflichtet fühlte, verließen das Schiff. Bald gehörten auch Rowohlt und Droemer zum Konzern, doch das interessierte insofern nicht sonderlich, als die Programmvielfalt, die Lektorate und die Autoren weitgehend unbehelligt blieben. 1968 gründete Bertelsmann die Verlagsgruppe, konzentrierte seine verlegerische Kraft in diesem Unternehmen, die kleinen Verlage hörten auf, selbständig zu existieren.

Im Laufe des nächsten Jahrzehnts – die Konzentration machte Fortschritte, kurzfristig war sogar an ein Zusammengehen von Springer und Bertelsmann gedacht – besannen sich die Büchermacher auf ihre angestammten Rechte und Pflichten. Es wurden Verlagsstatute verfaßt und in manchen Verlagen auch durchgesetzt, die unter anderem festlegten, daß Cheflektoren nur mit Zustimmung des Lektorats und der Autoren ein- und abgesetzt werden könnten. Die Lektoren standen ganz auf der Seite der Autoren, gemeinsam mit ihnen wollten sie die Einflußnahme der mächtigen Konzerne verhindern. Zusammen mit den Urhebern von Literatur, ohne die ein Verlag nicht existieren kann, meinten sie, stark genug zu sein, um ihre Vorstellungen durchsetzen zu können.

Bei Bertelsmann ging das am deutlichsten schief. Die AutorenEdition, ein Modell, in dem Autoren und Verlag gemeinsam die Geschicke eines literarischen Programms bestimmen sollten, blieb, trotz bekannter Namen, nicht lange am Leben. Mit Literatur verdient man eben kein Geld. Dem hat der Konzern nicht lange zugesehen. Der Traum von einer gewissen Unabhängigkeit des Lektors, vielleicht nur eine bunte Seifenblase, war schnell vorbei.

Damals ergaben sich in rasanter Folge andere Zwänge, das sogenannte Bestsellergeschäft wurde härter, die Summen, die für bestimmte, hauptsächlich amerikanische Bücher ausgegeben werden mußten, schnellten in die Höhe. Der Lektor mußte sich an Marketingstrategien beteiligen, mußte mit Kalkulationen umgehen können und das Spiel mit den Agenten beherrschen lernen.

Für viele Lektoren bleibt inzwischen immer weniger Zeit fürs literarische Gespräch mit dem Autor, es geht nicht mehr um die Vorlieben oder Abneigungen eines Angestellten, es geht ums Geschäft, damit man auch weiterhin im Geschäft bleiben kann. Der Wunsch des Lesers nach spannender angelsächsischer Literatur muß erfüllt werden. Zunächst war der

Bedarf groß, später mußte er groß gehalten werden. So ist es noch immer. Der Lektor, der in dem großen Spiel mitspielen will, sieht sich genötigt, zum Manager zu werden, zum Vermittler zwischen Agent und Verleger, zum Geschäftsmann, der dem Produkt, das er einkauft, auch zum Erfolg verhelfen muß. Die Kriterien sind nicht mehr allein literarische Qualität, sondern die Höhe der zu erwartenden Auflage, die Einschätzung der Lizenzhonorare, die man erzielen wird. Der Konkurrenzdruck ist groß, und damit hat sich das Geschäftsgebaren drastisch verändert. Um ihr Umsatzziel zu erreichen, produzieren die Verlage immer mehr Titel, es gibt immer mehr Arbeit fürs Lektorat, doch keineswegs mehr Lektoren.

In fast allen größeren Häusern werden Manuskripte an Außenlektoren gegeben, die auf Honorarbasis arbeiten und deshalb billiger sind. Das ist eine zweischneidige Sache. Dreht es sich um das Redigieren von Übersetzungen und die Zusammenarbeit mit dem Übersetzer, dann kann die Arbeit für beide, Lektor und Verlag, befriedigend und sehr effektiv sein. Der Außenlektor muß keine administrativen Dinge erledigen, an keiner Sitzung teilnehmen – davon gibt es schon in mittleren Verlagen einige, in großen dagegen viele –, muß sich wenig mit den anderen Abteilungen absprechen, er kann sich ganz auf den Text konzentrieren. Anders ist es bei einem deutschen Autor mit einem deutschen Manuskript. Der braucht meist schon in der Entstehungsphase den Kontakt zum Verlag, er will zumindest das Gefühl haben, daß sich alle Abteilungen, Vertrieb, Werbung und Presse speziell auf sein Werk freuen, sich frühzeitig damit beschäftigen, den Erfolg vorbereiten. Der Verleger (oder der angestellte Verlagsleiter) kann dieses Verlangen wegen Arbeitsüberlastung kaum noch stillen, also ist der Lektor zuständig, der oben beschriebene bescheidene, aber doch ständig präsente, zurückhaltende, aber doch kritische und erfahrene, aber mit seiner Erfahrung nicht protzende. Ein »Dienstleister« eben, als den sich viele von uns mit kokettem Understatement sehen.

Im Falle des deutschen Autors muß sich der Außenlektor also, wenn alles möglichst perfekt sein soll, mit den Verlagsleuten gut verstehen. Will er seine Mittlerposition zwischen Autor und Verlag erfüllen, geht das eigentlich nur, wenn er oft im Hause ist, an wichtigen Besprechungen teilnimmt oder zumindest über deren Ergebnisse informiert wird und nicht als Quälgeist, sondern als dazugehörig betrachtet wird. Mit dem Abliefern eines noch so guten Manuskripts und den Klappen- und Vorschautexten ist es eben nicht getan. Der Lektor ist meist der einzige, der Autor und Manuskript genau kennt, und dieses Wissen muß der Verlag nutzen und benutzen können. So ist es für einen neuen Autor im Verlag, der noch nicht mit Riesenauflagen auftrumpfen kann, sicher besser, von einem angestellten Mitarbeiter betreut zu werden, der bei vielen Gelegenheiten, auch nebenbei, das Loblied des neuen Werkes singen kann. Der

Durchbruch muß ja zuerst im Verlag erfolgen; erst wenn dort alle von einer Arbeit überzeugt sind, kann das auch nach außen weitergegeben werden.

Der Traumjob, bei dem man zu Hause einen Text redigiert, an keine Bürozeiten gebunden ist, anstehende Probleme mit dem Autor in einem gemütlichen Restaurant bespricht und bei Besuchen im Verlag stets freundlich empfangen wird, bleibt ein Traum. Und doch lieben viele von uns, Angestellte in der Fron und Freie im Ungewissen, ihren Job, können sich keinen anderen vorstellen und wissen, wie wenig zu definieren ist, was sie tun, wie ungenau die Grenzen zwischen guten und schlechten Büchern sind, wie oft sich jeder in seinem Urteil geirrt hat, wie nahe Erfolg und Mißerfolg nebeneinander liegen.

Michael Krüger, der zu Fritz Arnolds achtzigstem Geburtstag eine wunderbare Typologie des Lektors geschrieben hat, sagt: »Den idealen Lektor gibt es nicht. Denn eigentlich soll er sowohl die alte wie die neue Literatur gelesen haben und lieben; er soll Autorität haben, ohne sie ständig zu zeigen; er muß die Zahlen beherrschen und darf doch das Risiko nicht scheuen: er soll hinter dem Autor stehen, sich aber nicht verbergen, mit anderen Worten sichtbar und unsichtbar zugleich sein ...« Und weiter: »Wir gehören zu den Unreinen, zu den Bastarden, und nur selten wissen wir, wer sich mit wem gekreuzt hat, um uns hervorzubringen ...«

Noch gibt es uns aber, und wie immer wir arbeiten, ob angestellt oder frei, ob einem kleinen Privatverlag verpflichtet oder einem großen Konzern, auf uns kann man nicht verzichten, wir sind nötig als Ideenbringer und -verwirklicher, als Beförderer von guter Literatur und Verhinderer von schlechter, als Spürnase fürs Bestsellergeschäft und als Produktmanager, als stiller Schreibtischtäter und als hektisch reisender Einkäufer.

Und selbst wenn immer mehr Übersetzungen, vor allem im Taschenbuch, unredigiert in Satz gehen müssen, wenn der Verleger kaum noch die Zeit findet, zehn Prozent »seiner« Produktion zu lesen, wenn teure Angebote aufgrund von kurzen Exposés gemacht werden, wenn das Geschäft wegen der Konkurrenz immer härter wird und immer neue, aufwendigere Werbe- und Verkaufsstrategien entwickelt werden müssen, wenn kaum noch Zeit bleibt für die altmodische Lektoratsarbeit, selbst dann wird es Lektoren geben, die lieber auf eine zwar kurzweilige, aber nicht ganz wichtige Reise zugunsten eines Autors verzichten. Es wird sie geben, die Lektoren, die an einer verkorksten Seite drei Stunden herumbasteln und sich mit dem Verfasser des Werkes Nächte um die Ohren schlagen, um ein Kapitel, einen Schluß oder einen Anfang zu verbessern, die vom Verleger ein bißchen geliebt, aber wegen ihrer oft intensiven Gespräche auch gefürchtet und vom Besitzer oder Konzernchef wie Wesen von einem anderen Stern betrachtet werden.

Lothar Menne
Vom Salon an die Börse

Über den Handel mit Bestsellern und anderen Büchern

Auf den Modemessen ist das Publikum einfach besser angezogen, und die Händler ordern dort tatsächlich die Klamotten für die übernächste Saison. Auf Filmfestivals sehen die Stars weit attraktiver aus, und ein Erfolg in Cannes oder Berlin kann über das Schicksal eines Films an den Kinokassen der Welt entscheiden. Auf der CEBIT in Hannover oder der COMDEX in Las Vegas ist der Glamour-Quotient zwar auch gering, aber wenn Bill Gates ein neues Betriebssystem präsentiert, weiß Wall Street wenigstens, daß es um Milliarden geht.

Buchmessen hingegen sind in den Zeiten von Bestellungen per Datenfernübertragung, von Fax und E-Mail wirtschaftlich nicht mehr sinnvoll. Weiland bestellten die Buchhändler in Leipzig und Frankfurt die Ware fürs Weihnachtsgeschäft, später verschlangen Verleger in ihren Suiten im Frankfurter oder Hessischen Hof über Nacht verheißungsvolle Manuskripte, man brauchte eine resistente Leber, und das amouröse Messeleben reichte vom heimlichen *fair fuck* bis zur Eheanbahnung.

Heute quälen die kleineren Sortimenter die Verlagsvertreter in ihren Läden mit niedrigen Bestellzahlen und hohen Remissionsbegehren; die Einkäufer der Ketten und Kaufhäuser lassen gleich die Vertriebsleiter antanzen, um ihnen vorteilhafte Konditionen zu oktroyieren; jeder mehr oder minder literarische Agent kann binnen Minuten ein ausgewachsenes Romanmanuskript elektronisch von Boston nach Berlin überspielen. Kein Mensch braucht Buchmessen, aber offenbar gehört es zum nationalen Selbstverständnis eines jeden Landes, seine eigene *International Book Show* auszuloben und die Reisekader der Medienkonzerne zwischen Taipei und Genf, Kairo und Turin, Abu Dhabi und Jerusalem ganzjährig auf Trab zu halten. Nur auf der London Book Fair (März), der

Book Expo America (Juni) und vor allem auf der Frankfurter Buchmesse (Oktober) geht wirklich die Post ab. Da bestätigen sich die Macher ohn' Unterlaß gegenseitig, wie lästig und überflüssig Buchmessen eigentlich seien, aber jeder von ihnen liegt ständig auf der Lauer nach dem dramatischen Deal, und jeder ist fest überzeugt, daß seine Angehörigen mit einer Flut von Kondolenzschreiben rechnen müßten, wenn er sich auf einem der wichtigen Empfänge nicht blicken ließe.

Ihrer materiellen Funktion beraubt, erfüllen Buchmessen womöglich nur noch den universellen Zweck geselliger Rituale. Auf Familienfeiern, Betriebsfesten, Ärztekongressen genießen die Beteiligten ja auch das wohlige Gefühl, zu einer größeren, sinnhaften Einheit zu gehören, in deren Mitte man seine Sehnsucht nach Geborgenheit, Neid und Klatschlust ausleben sowie seine Wunden lecken kann.

Derzeit haben die Buchgewerbetreibenden etliche Wunden zu verbinden; die meisten sind ein allfälliges Ergebnis der überfälligen Erkenntnis, daß der Handel mit Büchern zunächst ein Wirtschaftszweig ist, der sich nur in – mitunter durchaus relevanten und amüsanten – Nuancen von anderen kommerziellen Aktivitäten abhebt. In den meisten Industrien sind die Prozesse von Konzentration und Globalisierung weit fortgeschritten, und wegen der erforderlichen Spitzentechnologie gehören gerade auch die Unternehmen im Kommunikationssektor zu den Branchen, in denen immer weniger Anbieter weltweit agieren und kleinere Konkurrenten absorbieren. Ein Schelm, wer da glaubte, die großen Buchverlage, die durchweg zu größeren Medienkonglomeraten gehören, könnten sich diesem Sog entziehen. Nur löst es bei den Kulturträgern, die das alles schon dutzendfach erlebt haben, noch immer Serien ungläubiger Schocks aus, wenn wieder einmal ein gestandener Verlag geschluckt wird.

Am Eröffnungstag der Londoner Buchmesse 1998 hieß es in einer Zeitung, Bertelsmann werde am nächsten Morgen eine erhebliche Verlagsakquisition in den USA melden. Lust am Untergang in den Augen, standen die grenzübergreifenden Rechtehändler in Grüppchen, spekulierten, wußten aus sicherer Quelle, daß es Random House nicht sein könne. Als am Montag die Meldung veröffentlicht wurde, glich die Messehalle dem Markusplatz, wenn dort gerade ein Rudel Falken gelandet ist. Random House! Der umsatzstärkste Buchgigant der USA hatte in den vergangenen Jahrzehnten einige der traditionsreichsten Verlage daheim und in England zusammengekauft, und jetzt war er selber an die Reihe gekommen. Knopf, Pantheon, Schocken, Cape, Chatto – sämtliche Tochterfirmen nun in der Hand der Teutonen, »die in diesem Jahrhundert zum Teil mehr mit dem Verbrennen als mit dem Verlegen von Büchern beschäftigt waren« (*Vanity Fair*). An diesem Tag war der Rechtehandel im Eimer, die Pubs der Kensington High Street machten das Geschäft ihres Lebens.

Knapp vier Monate später wiederholte sich das Szenario auf der behäbigeren innerdeutschen Ebene, als Bertelsmann die Mehrheit am Berlin Verlag, einem der raren Hoffnungsträger des schrumpfenden Gewerbes, übernahm. Tagelang waren sämtliche Verlagstelefone dauerbelegt, die ordentlich dotierten Kulturpessimisten sahen das Ende der unabhängig sich entfaltenden, blühenden Literaturlandschaften kommen, und die sie begleitenden Feuilletonchefs mutierten im Nu zu ausgebufften Ökonomen, die ihren Lesern den Sinnzusammenhang zwischen Lyrik, Internet und ostwestfälischem Protestantismus erläuterten.

Die Geschichte des Verlagswesens ließe sich auch als Geschichte seiner Krisen schreiben, der echten wie der eingebildeten. Vermutlich hängt das mit dem besonderen Doppelcharakter der Ware Buch zusammen; neben Tauschwert und anständigem Profit ging es stets um Wissenschaft und Literatur, um Risiko und Gefühl, um den Beitrag zur Kultur, um »bar Geld und bar Genie«, wie Julius Campe den ewigen Zwiespalt nannte. Dabei spielte die Marie eine zumindest ebenbürtige Rolle – in der Korrespondenz zwischen erlauchten Verlegern und ihren noch erlauchteren Autoren, zwischen Cotta und Goethe, Campe und Heine, S. Fischer und Thomas Mann, drehen sich die gegenseitigen Vorwürfe an erster Stelle um Honorare, verkaufte Exemplare und ordentliche Abrechnungen. Der Konflikt zwischen Kultur und Kalkül setzt sich auch bei den handelnden Personen fort. »Das Verlagswesen war immer von unterbezahlter und überqualifizierter Arbeit abhängig«, schreibt Ken Auletta in einem Beitrag über »The Impossible Business« im *New Yorker*. »Indirekt wird das Geschäft mit Büchern dadurch subventioniert, daß begabte Leute bereit sind, niedrige Gehälter zu akzeptieren, bloß weil sie unbedingt mit Büchern zu tun haben wollen.«

Talentierte Büchermacher, die für Mickerlöhne dauernd im Einsatz sind, entwickeln gern die legitime Neigung, die Zukunft der Kultur und des eigenen Gewerbes nicht ohne Befriedigung in düsteren Farben auszumalen. In diesem Jahrhundert standen die Literatur und die hehren Verlagstraditionen alle paar Jahre wieder unmittelbar vor dem Ende: Als die ersten Wegwerfbücher (unter den Signets Tauchnitz und Albatros) die Exklusivität des edel gebundenen Buches bedrohten; als Film und später Fernsehen die Massen aus den Buchläden und Bibliotheken in die Kinos und auf die Sofas lockten; als Willy Droemer und Fritz Molden ihr Geschäft auf amerikanische Bestseller konzentrierten und dabei auch noch gleich transatlantische Vermarktungstechniken importierten, um ihre Thriller, Schnulzen und Promi-Bekenntnisse aggressiv zu verkaufen; als die Verlagsgruppe Georg von Holtzbrinck nacheinander die Verlage S. Fischer, Krüger, Rowohlt, Droemer Knaur und Kindler aufkaufte; als Agenten in New York, London, Zürich, München und Garbsen die Marktmacht ihrer Autoren geschickt einzusetzen begannen, um bessere Vertragskonditionen und höhere Vorschüsse für ihre Klienten auszuhandeln; als Privatfernsehen, Videos, CD-Roms, Internet und andere Computer-Angebote das Lesen von Büchern weiter in die Defensive trieben; als der Funktionswandel im Buchhandel zu greifen begann, Kettenläden und Warenwirtschaftssysteme den sympathischen, gebildeten Sortimenter, der sich für unbekannte Autoren einsetzt, zunehmend verdrängten.

Auch wer wohlig-apokalyptische Visionen eher komisch findet, kann nicht übersehen, daß in der Branche kein Stein auf dem anderen geblieben ist. Opas Verlag ist tot, nur haben die Kulturredaktionen noch nicht geschnallt, daß die Berichterstattung über den Handel mit Büchern eher in den Wirtschaftsteil als ins Feuilleton gehört, weil Verlage überleben wollen und die Konkurrenz mit anderen Medien und den Konzernen nur dann durchhalten, wenn sie attraktive Angebote rentabel kalkulieren, gut verpacken und raffiniert verkaufen.

Der materielle Wandel prägt auch das Personal. Wer die allseits gebildeten Verleger und Lektoren mit Geschmack und Empfindsamkeit im Umgang mit Autoren und Texten sucht, wird zwar ein paar ältere Herrschaften aufstöbern, aber wenn er sie abzählen will, muß er gewiß nicht die Finger beider Hände bemühen.

Sei's drum, der Typ ist auch nicht mehr gefragt, der Literaturbetrieb hat sich vom Salon an die Börse verlagert. Die Macht haben weltweit Aktionäre, Aufsichtsräte und Vorstände übernommen, nur in Deutschland und der Schweiz gibt es noch ein paar Fossilien, Verleger, die zugleich Eigner und Lenker ihrer Unternehmen mit beträchtlichem Umsatz sind. Da die smarten Konzernstrategen, die vor lauter Selbstbewußtsein kaum gehen können, kaum in der Lage sind, ihre Waren selber heranzuschaffen, statten sie unsereinen mit einem Happen abgeleiteter (und jederzeit kündbarer) Macht aus, auf daß wir für sie die Brücke zu Autoren, Agenten, Buchhändlern und Feuilletons schlagen. Dieser Söldnertrupp leidlich begabter Gockel nennt sich gern *Players*, weil das im Ölgeschäft und in Hollywood auch so heißt. Was wir tagtäglich treiben, hat eine Menge mit Warentermingeschäften zu tun, nur handeln wir nicht mit Silber oder Soja, sondern mit *»intellectual property«* (der Begriff ist wertneutral), mit den Urheber- und Persönlichkeitsrechten von Autoren, die im Hauptberuf Schriftsteller oder Schauspieler, Frisöre oder Fußballer sein mögen. Wir hängen am Telefon oder sind ständig unterwegs, um die Kursbewegungen zu erschnuppern, spekulieren auf Hausse oder Baisse, Bullen oder Bären. Justiz-Thriller sind nach wie vor sichere Werte, aber die großen Gefühle holen mächtig auf. Der Markt für *Hard-boiled*-Spannung ist überfüllt, aber weiche Tantenkrimis liegen hart im Trend.

Die unmittelbaren Partner der Verlage beim Handel mit Autorenrechten sind die Agenten, für viele traditionshörige Verleger der Alten Welt eine unselige Kreuzung aus Shylock und King Kong. Für uns Verlegerdarsteller sind sie mitunter gewiß auch Kontrahenten, vor allem aber durchweg angenehme Trinkgefährten, ohne die jede Buchmesse erheblich langweiliger wäre. Außerdem legen sich die Bosse von BP oder Shell ja auch nicht mit dem saudiarabischen Ölminister an, und die Internationale der Literaturagenten ist so etwas wie die OPEC der Branche, denn ihre gewichtigeren Mitglieder kontrollieren in unserer Variante des Warenterminhandels den Rohstoff, von dem die Verlage auch im digitalen Zeitalter leben: die Autoren.

In der englischsprachigen Welt lassen Schriftsteller sich seit gut anderthalb Jahrhunderten von »authors' representatives« vertreten; mit dem Aufstieg der Unterhaltungsindustrie erblühten dann die Mega-Agenturen, die sich vom Tingeltangel über den Broadway nach Hollywood ausbreiteten und, eher *en passant*, auch »literary departments« aufbauten, um die multimediale Verwertungskette komplett abschöpfen zu können. Ihre Gegenspieler auf der Industrieseite sind heute ja auch durchweg Konzerne, die Filmstudios, TV-Anstalten, Presse, Musikfirmen und eben Buchverlage kontrollieren.

In der Phraseologie von Wall Street und City gehört das Verlegen von Büchern zum »content business«, und wer die Schöpfer der verkäuflichsten Inhalte in seinem Stall vereint, ist der König des Markts. Verlage müssen obendrein mit einem grundlegenden Handicap leben: Unter den Anbietern von Automobilen oder Sportschuhen sind Mercedes oder adidas die qualitätverheißenden Markenartikelnamen, die den Kaufentschluß inspirieren, aber kein Mensch kauft einen Roman, weil auf dem Schutzumschlag das Logo von Hanser oder Rowohlt prangt; in diesem skurrilen Gewerbe haben auch erhabene Verlagsnamen mit glanzvoller Geschichte als Markenzeichen nur geringen Wert. Die Leser verlangen das neue Buch von Eco oder Updike, die Autoren sind die Marke, und nur wer bewährte oder vielversprechende Autoren im Katalog hat, kann im Wettbewerb bestehen.

Seit dem Ende des Zweiten Weltkriegs hat die kulturelle Hegemonie der USA sämtliche Sparten des *Entertainment* erfaßt, die populäre Literatur macht da keine Ausnahme, und ein gefragter amerikanischer Autor wird in diesem Zusammenhang zur globalen Spitzenmarke. Zum Beispiel John Grisham, der Rechtsanwalt aus Mississippi, der es zum meistgelesenen Autor der neunziger Jahre gebracht hat: Neun Justiz-Thriller, jedes Jahr ein neuer, haben ihm allein in den USA eine Gesamtauflage von 24 Millionen Hardcovers und 72 Millionen Taschenbüchern beschert; im Rest der Welt sind es in 28 Sprachen noch einmal satte 200 Millionen Bücher. Sechs der Romane wurden verfilmt, alle sind auf Hörkassetten zu haben. Der Umsatz des multinationalen Grisham-Business wird auf bislang sechs bis sieben Milliarden DM taxiert, davon können schon ein paar Kompanien Verlagsangestellte, Buchhändler, Drucker, Filmproduzenten, Regisseure, Schauspieler und Marketingstrategen leben. Dem Autor geht es dabei auch nicht schlecht. *Forbes* schätzt sein Jahreseinkommen auf 50 Millionen Mark, und für einen neuen Buch- oder Filmvertrag kann er praktisch jeden Vorschuß und jede Klausel diktieren.

Die Macht der Autoren ist zugleich die Macht der Agenten, die deswegen aber noch lange keine Fürsten der Finsternis sind, sondern in der Regel nichts weiter als verhandlungserfahrene Makler, die für ihre Klienten geschickt die unsichtbare Hand des Marktes führen. Ihr Handwerk besteht darin, die Begehrlichkeiten möglichst vieler solventer Konkurrenten zu wecken, die dann dem Wahn verfallen, gerade dieser Autor werde über Wohl und Wehe des jeweiligen Verlags (und der eigenen Karriere) entscheiden.

Wenn ein Verlag die Werke eines Autors professionell und ertragreich verkauft hat, wird er für dessen neues Buch zunächst exklusiv ein Angebot unterbreiten können. Entspricht der gebotene Vorschuß, der später mit dem prozentualen Vertriebshonorar und den Einkünften aus Nebenrechten (Buchclubs, Taschenbuchverwertung) verrechnet wird, den Erwartungen, wird vielleicht noch ein wenig um Details gefeilscht, aber eigentlich ist der Handel gelaufen. Ist der Agent jedoch unzufrieden, schreitet er meist zur Versteigerung, bei der dann auch Konkurrenten des angestammten Verlags zum Zug kommen. Bei neuen, mehr oder minder verheißungsvollen Autoren, die frei von gewachsenen Verlagsbindungen sind, wählen Agenten häufig von vornherein den Weg der Auktion.

Wenn das Werk dann auf dem Block liegt, geht es vor allem um Nerven, um Hoffnungen und eine Palette anderer Emotionen. Ratio und realistische Markteinschätzung geraten ins Abseits, wenn die Hybris der Rechtehändler die Oberhand gewinnt. Man gibt sein Angebot ab, und eine halbe Stunde später kommt der ersehnte, der mit Schrecken erwartete Rückruf des Agenten, der inzwischen die Konkurrenz abgeklappert hat: Vier andere Interessenten haben mehr geboten, das Höchstgebot liegt bei einer ungemütlichen Vorschußsumme. Will man trotzdem höher gehen, um mindestens zehn Prozent? In diesem Stadium weiß man noch, daß die Forderung bekloppt ist, aber für den nächsten Herbst fehlt einem dringend ein Spitzentitel, der den Vertretern im Handel als Türöffner für den Rest des Programms dient, also geht man noch einen Schritt weiter. So schaukeln die Konkurrenten sich gegenseitig hoch, bis nur noch zwei oder drei Bieter übrigbleiben. Dann kommt der magische Appell: *best offer* bis Freitag mittag Punkt zwölf Uhr. Ein letzter Ruck, denn dem überkandidelten Ekel vom schäbigen Konkurrenzverlag, der gerade mit jener tränenseligen Kitschnummer einen unverdienten Bestseller gelandet hat, gönnt man diesen vielversprechenden Titel auf keinen Fall. *Pissing contest* nennen die Amerikaner diesen Wettstreit aufgeblasener Egos, der Autoren und Agenten zu unverhofftem Einkommen und den Verlagen zu unverträglichen Wertberichtigungen in der übernächsten Bilanz verhilft.

Jeder Rechtehändler, der sich auf dem internationalen Lizenzmarkt tummelt, hat Serien von Leichen im Aktenschrank, niemals eingespielte Vorschüsse, die dann nach dem Flop abgeschrieben werden. Denn das Geschäft ist in der Tat kaum minder spekulativ als die Wetten um die Preisentwicklung der Kakaobohne an der Warenterminbörse. Man redet sich immer wieder ein, die künftigen Trends im Publikumsgeschmack erschnuppern zu können, aber dann kommt alles anders. Umgekehrt hat jeder sich auch schon in die entgegengesetzte Richtung verhauen, die kommerziellen Qualitäten eines neuen Autors verkannt und dann voller Bitterkeit den Erfolg beim Konkurrenten miterleben müssen. Deshalb lassen wir uns auch auf der nächsten Messe, bei der nächsten Auktion wieder von der Aussicht auf den John Grisham der kommenden Dekade einwickeln.

Eberhard Delius
Die Schwarze Kunst – heute

Über Buchmacher und Buchmacherei

Was sieht ein lesender Mensch, der Romane aus den letzten vier Jahrzehnten in die Hand nimmt? Nimmt er lesend oder blätternd Bleisatz, Fotosatz, Macsatz, Buchdruck, Offsetdruck wahr? Merkt er, daß der Roman von 1998 mit völlig anderen Techniken produziert wurde als der von 1958 und daß er in viel kürzerer Zeit hergestellt werden konnte? Soll er davon überhaupt etwas wissen? Wohl nicht. Er soll zum Kaufen verführt werden, nicht nur durch die Verpackung (und die Inhalte), sondern auch durch die Gestalt des Buches. Form und innere Gestalt – so bilden wir Buchmacher, Typographen, Hersteller es uns ein – haben allerdings auch noch eine weniger schnöde Bedeutung: das kontinuierliche Lesen oder kontinuierliche Benutzen eines Buches möglichst angenehm und funktional zu machen. Die Mittel, die wir dafür anwenden, sind subtil und unauffälliger als die der Werbemenschen und Zeitungsmacher. Die Techniken, die uns dabei zur Verfügung stehen, verändern sich unaufhörlich; sie dennoch stilsicher, sachgerecht und kostenbewußt anzuwenden, ist unser Anteil an der Schwarzen Kunst. Das ist keine Kunst.

»Es hat immer gut gemachte und schlecht gemachte Bücher gegeben, das hat mit der Technologie nichts zu tun, nur mit Können und Wissen«, sinniert Götz Gorissen, ein Altmeister der Typographie. Wie aber, wenn das für das Buchmachen wichtige Können und Wissen sich nicht mehr so leicht tradiert wie einst, wenn sich in der graphischen Industrie nicht nur Technologien, sondern auch Berufsbilder ständig radikal verändern, wenn in Verlagen rationalisiert wird, wenn die Vorstellung von den Aufgaben der Hersteller von Verlag zu Verlag divergieren, wenn oft den Controllern nichts als der billige Einkauf wichtig erscheint?

Die neuen Technologien haben es in den letzten Jahrzehnten immer ermöglicht, schneller, rationeller und vorübergehend billiger zu produzieren, sie haben aber keineswegs automatisch Qualitätsverbesserungen mit sich gebracht, manchmal eher Rückschläge. Häufig war man als Hersteller mit Unausgereiftem konfrontiert und vor bösen Überraschungen nicht gefeit, besonders dann nicht, wenn man sich nicht die jeweils besten und teuersten Systeme, Firmen und Materialien leisten konnte. Tröstlich, daß sich auf Dauer die Systeme durchgesetzt haben, die auch in bezug auf Qualität permanent weiterentwickelt werden. Gegenwärtig produziert die Technik weniger offensichtliche Fehler. Von Rückschritten in der Schwarzen Kunst kann man ernsthaft nicht mehr sprechen.

Heute haben die Buchmacher sogar neue, aufregende Möglichkeiten, direkt in den Produktionsprozeß einzugreifen. Und wenn wir uns die Zukunft unserer Arbeit vorstellen, können manche von uns sich als omnipotente kreative Gestalter und kundige Macher sehen, die die Erfahrungen und Aufgaben mehrerer untergegangener Berufe genial in sich und auf einem Arbeitsplatz vereinen.

Bevor wir uns in dieser schönen neuen Welt vergaloppieren, ein Rückblick aufs vergangene und gegenwärtige Buchmachen. Erinnern wir uns an die Phasen der Produktion und an die Materialien: das Setzen, die Lithographie, den Druck, das Binden, das Papier. Zu organisieren hat das alles der Hersteller, aber nicht selber zu machen. – Vor 30 Jahren wurde der Verlagsbuchhändlerlehrling zum Praktikum in eine Druckerei geschickt; ich half beim Zurichten der Druckmaschine, ich stand vor dem Setzkasten und versuchte einen Text in den Winkelhaken zu setzen. Ich wußte: das waren andere Berufe.

Bleisatz und Buchdruck

In den fünfziger und sechziger Jahren unseres Jahrhunderts wurden die meisten Bücher (auch die ersten Jahrgänge des *Kursbuchs*) noch im Bleisatz gesetzt und im Buchdruck (= Hochdruck) gedruckt. Bis dahin hatte sich an Gutenbergs Methoden nicht viel geändert.

Er hatte etwa in der Zeit zwischen 1440 und 1454 den Druck mit beweglichen, gegossenen Einzellettern erfunden. Indem er Schriftzeichen in Metall als positive Stempelformen schnitt, diese in Kupfer trieb, entstanden negative Formen (Matrizen), die sich in einem von ihm entwickelten Gießinstrument mit Blei ausgießen ließen. Die Abgüsse, die Lettern, spiegelverkehrte hochstehende Buchstabenformen also, wurden von Gutenberg zu Zeilen und Kolumnen (Seiten) zusammengefügt und in den Karren, einen ausziehbaren Teil der hölzernen Druckpresse, gestellt. Dort wurden die Kolumnen eingefärbt, Papier darüber gelegt, das anschließend in der Presse durch den Tiegel, eine dicke hölzerne Platte, mit großem

Druck angepreßt wurde, so daß sich die Farbe aufs Papier übertrug. Gutenbergs Werkstatt druckte bei seinem ersten Druck eines Buches, der Bibel (1452–1455), nacheinander je zwei Kolumnen auf die beiden Seiten eines Papierbogens. Dann wurden die Bogen gefalzt und so ineinander gesteckt, daß sich die korrekte Seitenabfolge ergab, und schließlich mit anderen zum Buch zusammengebunden.

Im Lauf der Entwicklung wurden die Pressen etwas größer und in Details verbessert, so daß mehrere Seiten auf einmal gedruckt werden konnten. Es entwickelten sich Standardformate für Bücher, Folio, Quart, Oktav, die sich aus der Häufigkeit des Falzens und der Größe der Pressen und Papierbögen ergaben. Die Pressen aber blieben Handpressen.

Erst 1814 lief die erste Schnellpresse, die den Karren mechanisch hin- und herbewegte sowie das Einfärben, die Papierzufuhr und den Druck mechanisch erfolgen ließ.

Gutenberg hatte noch Letter für Letter mit der Hand gesetzt, erst Ende des 19. Jahrhunderts kommt Maschinensatz hinzu, im Linotypeverfahren (Guß von ganzen Zeilen) oder im Monotypeverfahren (bei dem einzelne Buchstaben gegossen und zu Zeilen formiert wurden). Beide Verfahren waren bis zum Niedergang des Bleisatzes in den sechziger Jahren gebräuchlich.

Ein Blick zurück in die anachronistische Werkstatt von Franz Greno, die Mitte der Achtziger gegründet wurde: ein Versuch, die alten Techniken, die zu der Zeit überall schon abgeschafft waren, nicht für eine Handpresse, sondern für die industrielle Buchproduktion wiederzubeleben, nämlich für die Produktion der »Anderen Bibliothek«: Satz im Monotypeverfahren (dessen ästhetische Möglichkeiten differenzierter und größer, dessen Schriften vielfältiger waren als die des Linotype-Zeilengießsystems). Die Texterfassung geschieht auf einer Art mechanischer Schreibmaschinentastatur mit Zusatztasten, ohne jede direkte Sichtkontrolle; durch das Tasten wird, durch Preßluft unterstützt, ein Lochstreifen gestanzt, der die Gießmaschine steuern wird.

In der Gießerei wird eine Gießmaschine mit dem Matrizenrahmen der für dieses Werk ausgewählten Schrift eingerichtet. In diesem Matrizenrahmen sind die einzelnen Negativformen der ca. 250 Zeichen (Versalien, Kleinbuchstaben, Kapitälchen, Zahlen, Satzzeichen, Sonderzeichen – in gerader und kursiver Version) dieser, sagen wir, »10 Punkt Bodoni« eingespannt. Die Gießmaschine, durch Elektromotoren getrieben, durch den Lochstreifen gesteuert, bewegt mit wild ratternder Präzisionsmechanik den Matrizenrahmen vor dem Gießmund hin und her, der heißes Blei in die angesteuerte Einzelmatrize hineinspritzt; in hoher Geschwindigkeit werden dann die Lettern einzeln von der Maschine ausgespuckt und zu Zeilen formiert.

Der Umbruch, also das Formieren zu Seiten mit gleichmäßig hohen Satzspiegeln, geschieht erst beim Metteur, hier werden auch, meistens im Handsatz, die Paginas (Seitenzahlen), Kolumnentitel, Überschriften hinzugefügt. Die fertigen Kolumnen werden umschnürt, um nicht in ihre zwei- bis dreitausend Einzelteile zusammenzufallen. Korrekturabzüge werden auf einer kleinen Abziehpresse gedruckt. Korrekturen werden ausgeführt, indem einzelne Buchstaben mit Pinzette und Ahle entfernt bzw. hinzugefügt oder Absätze und Zeilen neu gegossen und ausgetauscht werden – komplizierte sensible Handarbeit in jedem Fall.

Nachdem die korrigierten Seiten zum Druck freigegeben sind, werden sie für die Druckmaschine ausgeschossen. Normalerweise sind es sechzehn Kolumnen, die so exakt und auf den Punkt genau in der Druckform angeordnet werden, daß, nachdem der Druckbogen gefalzt und im Buch eingebunden ist, die Seiten in der richtigen Reihenfolge erscheinen und auf jeder Seite Bundsteg und Kopfsteg bzw. die weißen Flächen rund um den gesetzten Text gleich groß sind und somit auf den zweiseitig bedruckten Blättern die Zeilen exakt auf gleicher Höhe, d. h. registerhaltig stehen.

Damit das Druckbild jeder Seite, jedes Bogens, des ganzen Buches gleichmäßig schwarz aussieht, muß jede Druckform, nachdem sie durch Farbwalzen eingefärbt und ein Probeandruck gemacht worden ist, individuell zugerichtet werden, d. h. an bestimmten Stellen muß der Preßdruck des Papiers auf die Druckform verstärkt werden. Das erfordert ein geschultes Auge des Druckers und große Fingerfertigkeit beim Zurichten. Nach intensiver Vorbereitungszeit und etlichen Probedrucken kann die Auflage gedruckt werden.

Hier beim Druck und in allen anderen Bereichen dieser Werkstatt arbeiteten Fachleute, deren Qualifikationen nicht durch Selbststudium oder Schnellkurse zu erwerben waren. Jahrelange Praxis, Wissen und Erfahrung bei der Arbeit an Büchern: auch das ist Buchkultur.

Ich erstarre nicht in Ehrfurcht vor jedem in Bleisatz gesetzten und im Buchdruck erstellten Buch. Auch da ist oft gepfuscht worden, gab es Betriebe und Auftraggeber mit bescheidenen Ansprüchen. Aber ich gehöre zu den Leuten, die nicht ohne Sentimentalität meinen: Ein im Bleisatz gut gesetztes und im Buchdruck schön und gleichmäßig gedrucktes Buch erzeugt – durch die leicht ins Papier eingeprägten Buchstaben, durch die Quetschränder (Farbe, die der ausgeübte Druck leicht nach außen übers Buchstabenprofil treibt) – ein plastisches Schriftbild, das der Offsetdruck nicht erreicht. Das Bemühen um Gleichmäßigkeit und die offensichtliche Unmöglichkeit, sie absolut zu erreichen, die kleinen material- und technologiebedingten Abweichungen von der Norm und auch die sichtbaren Verschleißerscheinungen tragen zum besonderen Charme und zur Lebendigkeit dieses Setz- und Druckverfahrens bei.

Fotosatz und Offsetdruck, die einander bedingen, traten Ende der fünfziger Jahre auf den Plan und hatten Anfang der Siebziger Buchdruck und Bleisatz bei der Buchproduktion weitgehend abgelöst.

Beim Fotosatz werden Zeichen und Buchstaben auf Fotomaterial belichtet. Endergebnis ist ein transparenter Ganzseitenfilm, auf dem die Schrift als lichtundurchlässige Schicht steht. Die ersten Fotosatzgenerationen waren fotomechanisch bzw. fotoelektronisch. Scheiben und Platten aus Glas oder Kunststoff dienten als Schriftbildträger, durch mechanische oder optische Verstellvorgänge wurden die Negative der Buchstaben oder Zeichen einzeln angesteuert und belichtet.

In der nächsten Generation folgten die digitalelektronischen Kathodenstrahlröhren- und Laseranlagen. Ein durch sie erzeugter feiner Lichtstrahl schrieb den Buchstaben Linie für Linie auf das Fotomaterial. Hier sind die Zeichen nicht mehr als Materie vorhanden, sie werden durch Impulse programmiert. Anfänglich dienten zur Speicherung der gesetzten Texte Loch- oder Magnetbänder, später wurden die Fotosatzanlagen mit Laufwerken für Floppy-Disks (flexible Magnetspeicherplatten) ausgestattet.

Die Arbeit der Setzer war zunächst keineswegs einfacher als beim Bleisatz. Viele altgediente Setzer schafften die Umstellung nicht. Neben dem Erfassen des eigentlichen Textes mußte eine Fülle von Codierungen eingegeben werden, die Schriftgrößen, Zeilenbreiten, Abstände usw. regelten. Fehler konnten während der laufenden Arbeit nicht erkannt und korrigiert werden. Bei den ersten Maschinen sahen die Setzer während des Setzens gar nichts, dann auf kleinen Bildschirmen einzelne Zeichen, dann ganze Zeilen, später mehrere Zeilen, aber nicht in Echtschrift, sondern in einer Standardmaschinenschrift. Erst Mitte der Achtziger gab es Systeme, die auf dem Bildschirm annähernd darstellten, was gerade gesetzt wurde.

Kontrolliert werden konnte anfangs nur am Endprodukt, dem belichteten Film oder Fotopapier. Viel später kam der Laserausdruck als kostensparendes Kontrollmedium hinzu.

Der Fotosatz bot von Anfang an neue Möglichkeiten: Schriften beliebig vergrößern, sperren, enger stellen, verzerren; oder Buchstaben räumlich beliebig zueinander positionieren – Eigenschaften, die ihn vor allem für die Werbewelt höchst attraktiv machten und damit seine Durchsetzung vorantrieben. Für den Hersteller von Büchern waren der Preis und die Geschwindigkeit, mit der er nun seine Texte im Fotosatz gesetzt bekam, von größerem Gewicht. Es gab auch Nachteile, oft wirkten die Schriften, die einfach aus dem Bleisatz kopiert wurden (mangels Quetschrand beim Offsetdruck) zu spitz, das Zoomen von einem einzigen Schriftnegativ auf alle Größen machte diese Schriften in kleinen Graden zu eng, in großen zu weit. Sie verloren an Lesbarkeit.

Der Wettbewerb der verschiedenen Systeme und Firmen und der allgemeine Fortschritt in der Elektronik führten zu ständigen Verbesserungen der Fotosatzanlagen. Sie wurden schneller, präziser, erlaubten immer mehr ästhetische und umbruchtechnische Voreinstellungen. Zu jedem System gehörten nicht nur Setz- und Belichtungsmaschinen, sondern ein systembezogenes Schriftenprogramm. Jeder benötigte Schriftschnitt mußte zu einem hohen Preis (ca. 1000 DM) einzeln vom Systemproduzenten bezogen werden. Da die Schriften nur auf dem jeweiligen System anwendbar waren, gab es auch einen Wettbewerb des Schriftenangebots und seiner Qualität.

Dem Hersteller bieten sich zu allen Zeiten Setzereien an, die sich unterscheiden in ihrem Schriftenangebot, ihren Preisen, ihrer Satzqualität. Das kann an den verschiedenen Satzsystemen liegen oder daran, daß die Ansprüche, die diese Firmen an sich selbst und die Qualifikation ihrer Mitarbeiter stellen, extrem unterschiedlich sind. Am Endergebnis ist allerdings der auftraggebende Buchmacher nie ganz unschuldig. Der Gipfel an Fotosatzqualität wurde Ende der achtziger Jahre in den Layoutsetzereien erreicht, die sich gründliche Ästhetikkorrekturen bei jeder Arbeit zur Pflicht machten. Das zu bezahlen konnten sich allerdings Buchverlage nur selten leisten.

Offsetdruck

Zum Druck kommt der im Fotosatz gesetzte Text, indem in der Druckerei die aus der Setzerei gelieferten Seitenfilme in Handarbeit mit höchster Präzision standgenau auf große Folien geklebt und damit zu Bogen montiert werden. Im nächsten Arbeitsgang, der Plattenkopie, wird diese Bogenmontage flach auf die Druckplatte – dünnes Aluminium mit einer lichtempfindlichen Beschichtung – gelegt und mit starkem UV-Licht belichtet. Anschließend kommt die Platte in ein Entwicklerbad: ihre unbelichteten Teile werden ausgeschwemmt. Nur da, wo die Buchstaben der Montagefolie über der Platte gestanden haben, reagiert diese später chemisch so, daß sie Wasser abstößt und Fett (= Druckfarbe) annimmt. Für den Druck wird die flexible Platte in der Druckmaschine über einen Zylinder gespannt, von einer Wasserwalze angefeuchtet und von der Farbwalze eingefärbt. Von einem gegenläufigen, mit einem Gummituch bespannten Zylinder wird die Farbe aufgenommen und von dort auf einen über einen Zylinder laufenden Papierbogen aufgetragen. So das Prinzip des Offsetdrucks (oder auch Flachdrucks).

Vorteile der Offsetdruckmaschinen gegenüber den alten Buchdruckmaschinen sind kürzere Einrichtungszeiten, genauere Justierungsmöglichkeit, höhere Druckgeschwindigkeit und das viel einfachere Lagern der Bogenmontagen und Druckplatten für eventuelle Nachauflagen.

Die meisten Bücher werden auf Bogenoffsetmaschinen gedruckt, die je nach Maschinengröße Papierbogen im Höchstformat von 72 x 104 cm, 100 x 140 cm oder 110 x 160 cm bedrucken können. Höhere Auflagen werden auf Rollenoffsetmaschinen gedruckt. Hier wird das Papier endlos auf Rolle durch die Maschine geführt, was höhere Druckgeschwindigkeiten erlaubt; außerdem sind die Druckzylinder wesentlich größer als bei den Bogenoffsetmaschinen, mit einer Zylinderdrehung können bis zu 64 Seiten auf einmal gedruckt werden. Oft sind auch noch Bindeaggregate angekoppelt, so daß in einem Takt ein Taschenbuch von 480 Seiten gedruckt, gefalzt und gebunden werden kann.

Lithographie – Bilder druckbar machen

Um Halbtonbilder (z. B. Photographien, die ja aus unzähligen Grauabstufungen zwischen ganz weiß und ganz schwarz bestehen) druckbar zu machen, müssen sie aufgerastert werden in meist nur noch mit der Lupe erkennbare kleine Punkte, die verschieden dick sind und je nach Rasterweite verschieden dicht nebeneinander stehen. Schwarz gedruckt ergeben diese Punkte wieder stufenlose Hell- und Dunkelwirkungen. Erzeugt werden die Raster bis in die siebziger, Anfang der achtziger Jahre durch Reprokameras, riesige schwingungsfrei gelagerte Geräte, die zwischen dem aufzunehmenden Objekt und dem Belichtungsträger Kristallglasplatten tragen, in welche gleichmäßige Raster eingraviert sind. Mit der Verstellung der Optik kann zudem das gewünschte Format erzeugt werden. Für den Offsetdruck wurden so gerasterte Filme hergestellt, für den Buchdruck über einen fotomechanischen Umweg Klischees, das waren Metallplatten, aus denen hochstehende Rasterpunkte geätzt wurden.

Um diese Klischees richtig herzustellen, bedurfte es großer handwerklicher Erfahrung, egal, ob einfarbig oder mehrfarbig gedruckt werden sollte. Nachkorrekturen an Klischees konnten kaum gemacht werden, oft mußte der Produktionsgang wiederholt werden, wenn man mit dem Ergebnis des Probedrucks unzufrieden war. Um ordentliche Ergebnisse zu erzielen, wurden für Bilder bzw. Bildteile eines Buches im Buchdruck meist spezielle, besonders glatte Kunstdruckpapiere benutzt. In jedem Fall erforderte das endgültige Drucken der Klischees vom Drucker eine ganz besondere Sensibilität.

Der Offsetdruck machte es grundsätzlich leichter und billiger, Bilder zu drucken. Das trug wesentlich zum Tempo bei, mit dem er den Buchdruck verdrängte. Überhaupt hat der Buchmarkt nur wenig Einfluß auf die graphische Industrie, er macht heute nur etwa 10 Prozent ihres Umsatzes aus. Auch zur Lithographie für den Offsetdruck gehörte großes Wissen und der erfahrene Blick der Leute, die die Reprokameras bedienten, ebenso wie die Geschicklichkeit derer, die Nachkorrekturen ausführten, indem sie in den fertigen Filmen einzelne Segmente durch Ätzen und Umkontakten abschwächten. Dennoch, wenn es um die Lithographie von farbigen Bildern ging, waren in der Regel ein oder mehrere Korrekturandrucke trotz allen Sachverstandes unumgänglich.

Farbige Bilder werden mit vier Grundfarben (Cyan, Gelb, Magenta und Schwarz) gedruckt, die nacheinander aufs Papier kommen (meist sind in einer Maschine vier Druckwerke hintereinandergeschaltet), ihr Zusammendruck erzeugt das bunte Bild. Jeder Farbton darin ist, unter der Lupe betrachtet, ein Konglomerat von neben- und übereinander gelagerten Rasterpunkten dieser vier Grundfarben. Die Reprokamera zerlegte in vier Arbeitsgängen durch vorgeschobene Farbfilter die Bildvorlage in die Grundfarben, und dementsprechend wurden für jedes Bild vier Filme belichtet.

Seit Anfang der Achtziger werden Reprokameras durch Scanner ersetzt. Diese tasten mit einem Lichtstrahl jedes kleinste Segment der Bildvorlage ab, schreiben ein Protokoll über den Anteil der Grundfarben in diesem Segment und geben entsprechend gerasterte belichtete Filme für die vier Grundfarben aus. Auch Scanner werden ständig weiterentwickelt, werden schneller, präziser, bieten mehr Möglichkeiten von Voreinstellungen. Seit Ende der achtziger Jahre sind sie so vernetzbar, daß ihre eingescannten Daten, noch vor dem Belichten von Druckfilmen, am Bildschirm korrigiert werden können. Trotzdem arbeiten sie nicht vollautomatisch. Zu ihrer Bedienung bedarf es geschulter Menschen, die Bildvorlagen (und auch deren Schwächen) analysieren können und bei der Voreinstellung des Scanners, heute noch mehr bei der Korrektur am Bildschirm, eine Vorstellung vom gedruckten Bild und von den Eigenschaften des für den späteren Druck ausgewählten Papiers haben. Heute ist es bei den besten Geräten möglich, direkt aus den Scannerdaten Proofs von solcher Qualität zu machen, daß auf zeitaufwendige Probe- oder Kontrollandrucke verzichtet werden kann.

Zum guten Druck von Bildern gehören eine supergenaue Bogenmontage, damit im Druck die vier Farbformen exakt übereinander drucken, bestens gewartete Maschinen, die trotz hoher Geschwindigkeit den Papiertransport und das Drucken paßgenau durchhalten, und gute Farbsteuerung. Unentbehrlich ist dafür nach wie vor das geübte kontrollierende Auge des Druckers, das inzwischen durch verschiedene elektronische Meßgeräte, die die Farbführung und segmentweise auch die Farbdichte prüfen, unterstützt wird. Während früher die Farbführung per Hand an vielen kleinen Schrauben an jeder Farbwalze reguliert wurde, wird sie heute vom elektronischen Steuerpult aus gemessen, reguliert und sogar gespeichert, sobald man sich einig ist, wie der zu druckende Bogen aussehen soll. So kann die Farbführung während des Drucks der Auflage stabil gehalten und außerdem für eine mögliche Nachauflage auf einem Datenträger archiviert werden. Bei den guten Druckmaschinen werden somit auch die Einrichtungszeiten immer kürzer.

Papier

Papier ist nicht zu ersetzen. Solange wir Bücher machen, brauchen wir Papier. Für die Buchproduktion sind das Papiere, die sich gut bedrucken und falzen lassen, die optisch und haptisch angenehm sind. Werkdruckpapiere für Textbücher und glattere, gestrichene Papiere, die sich für den Druck von Bildern noch besser eignen.

Von Fortschritten in der Papierindustrie profitieren wir Büchermacher kaum. Papier wird im Prinzip nicht billiger. Die Preise schwanken heftig, sind viel weniger langfristig voraussehbar als irgendein anderer Kostenfaktor bei der Buchproduktion. Die Konzentrationsprozesse in der Papierindustrie schreiten voran, die immer größeren Anlagen aber haben nur den Effekt, daß die Vielfalt der Sorten seit Jahrzehnten immer geringer wird. Das ist heute spürbar, aber noch keine Katastrophe. Die Zukunftsaussichten stimmen allerdings nicht froh, denn die Buchbranche macht schon heute nur noch einen einstelligen Prozentsatz des gesamten Papierumsatzes aus. Die Papiere, die in der Werbung Mode sind, sind für das Buchmachen nicht immer geeignet. Wir Buchmacher wissen, was dem lesenden Auge weh tut.

Der einzige kleine Fortschritt in der Papierindustrie ist, daß ihre Herstellungsmethoden heute in Ansätzen umweltfreundlicher sind als früher und daß es möglich ist, ressourcenschonender mit Papier zu arbeiten. Durchgesetzt wurden diese bescheidenen Innovationen nicht durch die Industrie selbst, sondern durch öffentlichen Druck, zu dem Buchverlage, Buchhersteller und Buchkonsumenten kaum beigetragen haben. Verlage geben nur dann gern ein bißchen an, wenn es nichts kostet, z. B. mit »chlorfrei gebleicht« – heute eine Selbstverständlichkeit in allen europäischen Papierfabriken, die unseren Markt beliefern. Leider nehmen es manche Papierfabriken und Händler mit der Etikettierung »Recyclingpapier« nicht genau genug – abgesehen davon, daß es verschiedene Definitionen gibt, sind sich Fachleute einig, daß ein Papier nur dann ernsthaft als Recyclingpapier klassifiziert werden kann, wenn es zu einem Hauptteil aus »Postconsumerwaste« besteht, also aus bedrucktem oder benutztem Papier, das einer Wiederverwertung zugeführt wurde. Die Buchbranche hat sich bisher mit dem Argument »Wir können unsere schönen Bücher doch nicht auf graues Klopapier drucken« ziemlich taub und dumm gestellt. Nur durch Initiative einiger weniger Verlage und Druckereien sind schon seit einiger Zeit echte Recyclingpapiere auf dem Markt, die genauso gut aussehen wie andere Werkdruckpapiere und sich ebenso gut bedrucken und verarbeiten lassen. Inzwischen bieten sich sogar beim gestrichenen Papier verschiedene Sorten mit hohem Recyclinganteil an, seit allerneuestem sogar ein Papier mit 95 Prozent Anteil, das sich auch bei exzellentem Farbdruck schon bewährt hat. Selbst unter den farbigen Schmuck- und Ausstattungspapieren kann man heute viele wunderbare Recyclingpapiere mit besonderem ästhetischen Reiz entdecken. Einziger Nachteil all dieser Recyclingpapiere: die Verlage, die sie konsequent und ausschließlich benutzen, müssen, solange die Nachfrage noch so gering ist, zwischen 15 und 30 Prozent mehr zahlen als für herkömmliche Papiere.

Recyclingpapier aus einem ewigen Recyclingkreislauf ist nicht machbar. Auch wäre es gegenwärtig technisch gar nicht möglich, zum Beispiel den gesamten Werkdruckpapierbedarf mit Recyclingpapier zu decken. Daß es aber möglich und nötig wäre, durch Konsumentenverhalten und politische Vorgaben den Anteil von Frischfasern in unseren Papieren zu reduzieren, steht außer Frage.

Bindung

Voran geht das Falzen auf Falzmaschinen mit drei oder vier Stationen, die aus einem großen Planbogen einen gefalzten meist 16- oder 32seitigen Bogen machen, der dann in der Bindeanlage entsprechend seinem Platz im Buch stationiert wird. Erst die Bindung macht den gedruckten Text zum Buch. Und die seit Jahrhunderten beste Bindemethode bleibt die beste, kann nicht übertroffen werden: Ein Deckenband (fester Einband) und Fadenheftung garantieren optimale Lesefreundlichkeit und, auch bei häufiger Benutzung, lange Lebensdauer.

Ein Lobgesang auf alle Verlage, die Fadenheftung nicht nur da einsetzen, wo es unumgänglich scheint. Leider ist sie etwas aus der Mode gekommen, in vielen Verlagen scheint es nicht bemerkt worden zu sein, daß der Preisunterschied zwischen klebegebundenen und fadengehefteten Hardcoverbänden gar nicht mehr so groß ist wie vor zehn, zwanzig Jahren, als die Fadenheftung noch weniger automatisiert war als heute.

Über die Einband- bzw. Überzugsmaterialien von Hardcoverbänden läßt sich eher streiten. Je nachdem, was sie versprechen sollen – Schutz, Stabilität, Wertigkeit, Geschmack –, werden sie ausgewählt und mehr oder weniger geschickt gestaltet: Leder oder Leinen mit Prägungen, bedruckte Kunststoffe, die Leder oder Leinen imitieren oder auch nicht, bedrucktes Überzugspapier, das zusätzlich mit Schutzfolien kaschiert ist, oder gar unlackiertes, schlichtes Recyclingüberzugspapier – und all das mit oder ohne zusätzlichen Schutzumschlag. Verlage haben ihre Gründe, in diesen Bereichen mehr oder weniger Geld auszugeben.

Deutlich billiger als fadengeheftete oder klebegebundene Festeinbände sind klebegebundene Broschuren, wie dieses *Kursbuch*, wie alle Taschenbücher. Sie werden nie so stabil und so flexibel wie Hardcoverbände sein, sie haben aber ihre Berechtigung, solange sie bei normaler Benutzung nicht auseinanderfallen, worauf man heute wohl vertrauen kann. Denn es werden hierzulande bei der Buchproduktion fast nur noch Dispersionsleime eingesetzt, nicht mehr Hotmelt-Leime, die den Buchrücken besonders steif und nach einer gewissen Zeit auch brüchig machen, aber den produktionstechnischen Vorteil haben, schnell zu trocknen. Die Industrie hat eine Zeitlang auf Kosten der Verlage experimentiert, manche falsche Versprechung gemacht und überrascht getan, wenn sich wieder zu spät herausstellte, daß zwischen bestimmten Leimen und bestimmten Papiersorten die Chemie nicht stimmte. Das größte Trauma meines Herstellerlebens bescherte mir in den Siebzigern eine Buchbinderei, die eine Fünfzigtausender Auflage, obwohl Dispersionsklebebindung bestellt war, mit Hotmelt gebunden hatte. Als die ersten Bücher auf meinem Schreibtisch lagen und die Hälfte von ihnen auseinanderfiel, waren bereits 30 000 Exemplare an den Buchhandel ausgeliefert ...

Computer

Anfang/Mitte der Achtziger tauchten die ersten PCs und Macs auf. Der Buchmacher konnte sie benutzen, um seine Büro- und Rechenarbeiten effektiver zu machen, der Autor konnte sie benutzen, um seine Texte zu erfassen und zu bearbeiten – aber für die direkte Herstellung von Druckvorlagen schienen sie ungeeignet. Die Schriften, die benutzt werden konnten, waren zwar vom Fotosatz adaptiert, wirkten aber deutlich häßlicher – sie waren versimpelt, weil sie auf nicht sehr hochauflösenden Bildschirmen und von primitiven Tintenstrahldruckern dargestellt werden mußten, und vielleicht auch, weil die Computererfinder nichts von Typographie wußten. Gute Gründe, die Nase zu rümpfen.

Es ging viel schneller weiter, als die meisten von uns ahnten. Rechenkapazitäten wuchsen sprunghaft, das ermöglichte die ständige Verbesserung der Rechner, Bildschirme und Drucker, ebenso die Entwicklung von immer komplizierterer Software. Schon Ende der Achtziger gab es Layout- und Desktopprogramme wie QuarkXPress, mit denen auf dem Mac bei der Textbearbeitung, der Schriftgestaltung und beim Umbruch Ähnliches möglich war wie mit den großen Anlagen in den Fotosetzereien. Das Wichtigste aber war, daß Bild und Text auf einer digitalen Ebene zusammengeführt, bearbeitet und ausgegeben werden konnten. Erinnern wir uns: bis dahin mußten Text- und Bildfilme erst bei der Montage in der Druckerei zusammengeklebt und nicht selten umkontaktet und neu belichtet werden, um für die Plattenkopie geeignet zu sein.

Wieder waren es Werbung und Graphikdesign, die diese neue Technik schneller zum Einsatz brachten als die Buchherstellung. Für Gestalter und Graphiker waren Planen, Entwerfen und Realisieren nun nicht mehr zeitlich und räumlich getrennte Arbeitsschritte. Schrift konnte beliebig gestaltet werden, und dazu gab es die völlig neuen Möglichkeiten, mit Bildern zu arbeiten, sie zu verändern, neue Bilder zu kreieren oder Schrift und Bild zu integrieren – und all das konnte am eigenen Bildschirm in Originalgröße oder gezoomt und in Farbe oder durch den Ausdruck eines angeschlossenen Druckers kontrolliert werden. Alle Computer und die dazugehörige Software waren weitaus billiger und wesentlich leichter zu bedienen als Fotosatzmaschinen. Vor allem der Mac und die für ihn entwickelte Graphik-Software waren so benutzerfreundlich und schnell erlernbar, daß viele Agenturen, Graphiker und Gestalter binnen kurzem selber mit ihnen arbeiten konnten und ihre Aufträge nicht mehr an Setzereien vergaben.

Computer können Daten austauschen, diese Kompatibilität ist eine ihrer wichtigsten Eigenschaften. Das typische Merkmal der ja nicht minder hochelektronischen Fotosatzsysteme war ihre Inkompatibilität. Fixiert auf die Konkurrenzkämpfe untereinander, zu überheblich und zu verschlafen, um sich rechtzeitig der neuen Computerwelt zu öffnen, wurden sie von der Entwicklung überrollt. Seit Anfang der Neunziger werden keine neuen Fotosatzanlagen mehr gebraucht, marktbeherrschende Herstellerfirmen gingen pleite. Ihre Anlagen und Maschinen werden in manchen Setzereien heute noch benutzt, aber in sie neu zu investieren, wäre absurd. Das einzige, was aus diesen Systemen überleben wird, sind ihre besten Schriften, die für die Computerwelt umgemodelt, d. h. Postscript-fähig gemacht wurden und heute von jedem PC- oder Mac-Besitzer preiswert gekauft und benutzt werden können.

Nachdem Text- und Bildbearbeitung digitalisiert sind, ist gegenwärtig die gesamte Druckvorstufe dran. Für den Einfarbenbereich wie für den hochwertigen Vierfarbdruck gibt es heute Systeme, die die Bogenmontage digital ausführen (CTF = Computer to Film: dabei wird im Rechner ausgeschossen und auf Stand »montiert« und ein einziger Ganzbogenfilm pro Druckform belichtet). Die so erzielte Paßgenauigkeit (die den Vierfarbdruck damit wieder ein Stück verbessert) könnte auch bei bester manueller Montagearbeit nie erreicht werden, hinzu kommt ein enormer Zeitgewinn.

Schon gibt es Systeme, wo die Seiten, ohne die Zwischenstufe Film, direkt auf die Druckplatte übertragen werden (CTP = Computer to Plate). Sie sind im Augenblick noch mit drucktechnischen Mängeln behaftet. Es wird aber erwartet, daß sich ab Ende 1998 diese neuen Platten auch für den hochwertigen Vierfarbdruck eignen. Sie werden übrigens thermisch beschriftet und benötigen keine Entwicklungschemie mehr.

Computer auf dem Herstellerschreibtisch

Was bedeuten all diese technischen Entwicklungen in der Druckindustrie für den Arbeitsplatz des Herstellers? In den Buchverlagen standen die Macs zuerst auf den Tischen der Werbeleute und Umschlaggestalter, heute gibt es wohl keinen Buchhersteller, ob freischaffend oder angestellt, der nicht einen Computer, meist einen Mac, benutzt. Aber was man damit macht, ist noch durchaus unterschiedlich.

Schon lange habe ich keine Schreibmaschine mehr, sondern schreibe, rechne, kalkuliere mit dem Mac und benutze ihn auch, um typographische Vorgaben auszuprobieren; allerdings bin ich bis vor einem Jahr auch ohne den Mac mit den ein- bis zweitausend Bildern fertig geworden, die jährlich über den Schreibtisch wandern, um in Büchern plaziert zu werden. Gestalten läßt sich manches, gerade wenn es um komplizierte Text-Bild-Kombinationen geht, per Klebeumbruch vielleicht immer noch besser (Papier, Schere, Klebstoff, Textkopie, Bildkopie) als auf dem Bildschirm. Aber heute, wo leistungsstarke Rechner und vor allem leistungsstarke und bezahlbare Drucker zur Verfügung stehen, ist auch für mich die Gestaltung von umfangreichen Bildbänden am Bildschirm einfach effektiver und wegen der Digitalisierung der Druckvorstufe auch unausweichlich. Ich setze die kleinen Texte für reine Bildbände selbst, aber immer da, wo es um größere Textmengen geht, ziehe ich die Arbeit von professionellen Setzereien vor (ich weiß noch, was ich an ihnen habe), ihre Textdaten treffen sich mit den Bilddaten, die per CD oder über die ISDN-Leitung aus der Lithographie übermittelt werden, auf meinem Rechner. Ich bringe zusammen, ich umbreche, gestalte, und die Möglichkeiten, dabei Bilder schnell hin- und herzubewegen, Bildformate und Bildausschnitte zu ändern, sind groß und reizvoll.

Auch in dem großen Verlag, in dem das *Kursbuch* erscheint, ist es selbstverständlich, daß alle Herstellerinnen und Hersteller ihre Macs und deren wichtigste Programme beherrschen, sie sollen aber nur bedingt die Arbeit der Setzereien machen. Das Konvertieren, das Setzen, das Umbrechen normaler Textbände, das Eingeben von Autoren- und Lektoratskorrekturen überläßt man prinzipiell denen, die darin routinierter sind. Hersteller haben Wichtigeres zu tun; Umbruch und Gestaltung führen sie nur dann selbst auf den Macs aus, wenn Text und Bilder kombiniert sind, wenn der Hersteller sich sowieso mit den Inhalten intensiv auseinandersetzen muß. Kreativität, den verschiedenen Programmsegmenten angemessene stilistische Vielfalt ist noch gefragt.

Das alles ist für belletristische und Sachbuchverlage, seien sie groß oder klein, wohl nicht außergewöhnlich, wenn auch das Niveau der Herstellungsabteilungen (oder der zuständigen Individuen) unterschiedlich ist. Man kann es sehen. Grobe Geringschätzung von Herstellungsqualität oder Rationalisierungstendenzen sind im Bereich der Wissenschaftsverlage bisher noch stärker zu beobachten. Dazu drei nur wenig fingierte Beispiele.

Bedingt durch die niedrigen Auflagen und begünstigt durch den Drang der Autoren, möglichst häufig zu publizieren, erwartet Verlag X von seinen Autoren, daß sie fertige Druckvorlagen abliefern, zu denen kaum mehr als das Seitenformat vorgegeben wird. So spart man Lektoren und Hersteller, braucht nur noch Programmverwalter, die auch Disketten oder Laserausdrucke an eine Druckerei weiterschicken dürfen. Passend dazu werden die billigsten und schlampigsten Druck- und Bindesysteme ausgesucht. So sehen dann die meisten Bücher meines Freundes Professor F. nicht viel besser aus als die Schülerzeitung, die wir gemeinsam in den sechziger Jahren produziert haben. Er kann nichts dafür, seine Sekretärin auch nicht. Arme Leser.

Im großen Wissenschaftsverlag Y werden die allermeisten Texte zwar nicht mehr lektoriert, aber immerhin werden die Dateien der Autoren auf den PCs der Hersteller konvertiert, bearbeitet und umbrochen oder von studentischen Hilfskräften mit fachspezifischen Auszeichnungen versehen und erst dann zum Belichten an Setzereien oder an Druckereien gegeben. Auf umfassende Qualifizierung der Hersteller wird kein Wert mehr gelegt. So kann es passieren, daß aus diesem Hause extrem stümperhafte, aber auch gut gemachte Bücher kommen, was von Herstellungsleitung und Geschäftsleitung, die nur auf Produktionskosten und Personalkosten fixiert sind, gar nicht bemerkt wird.

Weitsichtiger ist Wissenschaftsverlag Z, auch er bringt jährlich Hunderte von Neuerscheinungen heraus. Er hat standardisiert, indem er fünf Buchtypen definierte. Jedem Typ wurden bestimmte Funktionen und

Zielgruppen zugeordnet, so ergaben sich Standards für Ausstattung, Papier und Format. Eine renommierte Design-Firma, erfahren auch im Gestalten von Büchern, wurde beauftragt, ein typographisches Konzept für jeden Buchtyp zu entwerfen. Darin sind nicht nur Schriftarten, sondern jedes mögliche Detail festgelegt, vom Satzspiegel über die Größe der Zwischenüberschriften und der Bildlegenden bis zu den Formaten, in denen Bilder in die Texte einzusetzen sind. Jede Neuerscheinung des Verlages wird seitdem einer dieser fünf Klassen zugeordnet, und alle Hersteller haben sich bei der Bearbeitung der Dateien bis ins letzte an die typographischen Vorgaben zu halten. Da mögen sich manche Hersteller eingeschränkt fühlen und andere nicht genug gefordert, heraus kommen in jedem Fall Bücher, die durch ihre Qualität und sachliche Modernität weit mehr bestechen als mancher Pfusch aus anderen Häusern. Obendrein verschafft sich dieser international operierende Verlag mit seiner Typisierung so etwas wie eine Corporate Identity.

Herstelleralltag

Kehren wir zu den Verlagen zurück, in denen Hersteller nicht nur Setzer sind. Wo in Verlagen noch ernsthaft an Projekten gearbeitet wird, sind auch die kommunikativen Fähigkeiten des Herstellers gefragt. Manches Buch wird erst durch die Rechenkünste und Ideen der Hersteller machbar. Bei den einen Projekten ist intensive Zusammenarbeit zwischen Lektor und Hersteller vonnöten, bei anderen ist die Zusammenarbeit zwischen Hersteller und Autor wichtiger als die zwischen Lektor und Autor. Manche Autoren, seien sie Photographie-Künstler oder Verfasser von juristischen Lehrbüchern, wissen, was sie an ihren Lieblingsherstellern haben.

Wir wollen das schöpferische Moment in der Herstellerarbeit allerdings nicht überzeichnen. Die Zeiten, in denen man wirklich über typographischen Fragen grübeln kann, sind kurz, der Herstelleralltag ist nicht selten mit Verhandeln, Organisieren, Kalkulieren, stundenlangem Korrekturenzusammentragen, Korrekturenüberprüfen und dergleichen ausgefüllt; Gestaltung hat immer mit Tempo zu erfolgen, und meist wird an mehreren Werken gleichzeitig gearbeitet. Autoren und Lektoren überziehen ihre Termine, der Vertrieb will fertige Bücher, die Hersteller versuchen wettzumachen, was wettzumachen ist, indem sie die technischen Betriebe unter Druck setzen, selber schneller oder weniger sorgfältig arbeiten – es ist das ewig gleiche Spiel, das mit verschiedenen Temperamenten gespielt wird, Chaoten sind immer die anderen.

Daß die technischen Betriebe heute schneller produzieren können, ist längst unmerklich in alle Planungen einbezogen, schafft den Herstellern keineswegs mehr Luft, nur den Overnightkurieren mehr Aufträge; auf der Überstundenskala, die gewiß von den Lektoren angeführt wird, rangiert der Hersteller wohl weiterhin an zweiter Stelle. Leicht verbittert und ein bißchen stolz lassen wir freien Hersteller uns nachsagen, daß man mit uns in bezug auf die Verlängerung des Arbeitstages alles machen kann.

Hersteller werden in den Verlagen respektiert, Unproduktivität kann man ihnen weniger leicht unterstellen als anderen Abteilungen, und außerdem haben sie mehr Geld auszugeben als jedes andere Ressort; aber sie werden nicht präsentiert. Auf den Gruppenfotos und den Events-Artikeln, die von den PR-Abteilungen in die Branchenblätter lanciert werden, tauchen Hersteller kaum einmal auf, da feiern (und spreizen) sich andere. Hersteller dürfen ihren Eitelkeiten allenfalls im Wettbewerb der »Schönsten Bücher« frönen.

Dort werden alljährlich unter der Regie der »Stiftung Buchkunst« etwa 50 Neuerscheinungen ausgewählt und prämiert; die Bücher stehen innerhalb von Sachgruppen – Schulbücher, Kinderbücher, Bildbände usw. – miteinander im Wettbewerb. Gestaltung und technische Qualität vom Satz bis zur Bindung werden beurteilt. Nicht wenige von uns Buchmachern verbringen viele Stunden in den Ausstellungen der Stiftung auf den Buchmessen. Natürlich gibt es im Umfeld dieser Stiftung auch prämierte Gockel, aber doch viel eher beeindruckende Macher. Einer von ihnen ist Hans Peter Willberg, der durch die Bücher, die er für viele Verlage und Ressorts gestaltet hat, durch seine zahlreichen Publikationen, durch Schulungen und seine Lehrtätigkeit als Professor in Mainz seit Jahrzehnten Einfluß nimmt.

Der Erfolg der »Stiftung Buchkunst« ist nicht direkt meßbar, ihre Wirkung auf die Buchkultur aber nicht zu unterschätzen. Dem Hersteller, der ja meist in eher einseitigen als vielseitigen Arbeitsbedingungen und Verpflichtungen befangen ist und trotzdem neugierig bleibt, öffnet diese Arbeit die Augen, nicht minder die persönliche Begegnung mit den besonders kreativen und leidenschaftlichen Leuten am Rande der Branche.

Der Typograph

Uns gewöhnlichen Herstellern war Erik Spiekermann immer voraus. Als man in den Sechzigern überall begann, den Bleisatz zu verschrotten, bettelte und kaufte er sich eine große Sammlung seiner liebsten Handsatzschriften zusammen. Was ihn trieb, war die Begeisterung für viele dieser Schriften, die, wie er ahnte, mit dem Fotosatz für immer verschwinden würden. Er hatte die Vorstellung, diese Schriften eines Tages kommerziell nutzen zu können. Heute bezeichnet er diese Pläne als unausgereift, sie verflüssigten sich eh, als ein Brand die Garage mit allen Schriften vernichtete. Er bildete sich zum Graphikdesigner aus, arbeitete lange in London, Berlin und anderswo, wurde Typograph, auch Buchmacher, entwarf Schriften für angesehene Fotosatzfirmen. Einige dieser Schriften waren Adaptionen und Modernisierungen von Schriften, die in den Zwanzigern modern gewesen waren, Garagenträume. Er gründete Ende der Siebziger eine kleine Graphikdesign-Firma, und als ich das erstemal mit ihm zusammenarbeitete, fand manches, was ich tat, noch Gnade vor seinen Augen. Daß ich aber gelegentlich bei einer Setzerei arbeiten ließ, die aufgrund eines veralteten Systems, deutlich sichtbar, schlechten Satz lieferte, geißelte er heftig. Das Argument, daß politische Sachbücher so billig wie irgend möglich sein müßten, ließ er nicht gelten. In Fragen der Typographie war er kompromißlos und überhaupt immer großmäulig selbstbewußt, wenn er seine ästhetischen Vorstellungen und seine Visionen verkündete.

1984 beschaffte er sich als einer der ersten hierzulande einen Mac aus den Staaten, und bald erzählte er, was man eines Tages mit der kleinen Kiste würde machen können. Während ich ihm im Nördlinger Keller allmonatlich mit Grenos Füllfederhalter Namen, Nummer und Grußwort in seine Vorzugsausgabe der »Anderen Bibliothek« schrieb, heckte er schon Pläne, Computerbenutzern anständige Schriften zur Verfügung zu stellen. 1989 war dann für diesen Zweck eine neue Firma in Berlin gegründet. Schriftlizenzen von Fotosatzfirmen, die das neue Unternehmen nicht besonders ernst nahmen, wurden gekauft und neue Fonts entwickelt. Der erste Katalog richtete sich vor allem an die professionellen Mac-Benutzer. Heute ist daraus ein Firmenverbund mit Sitzen in mehreren europäischen Städten, in Kanada und in den USA geworden. Etwa 30 000 Schriftschnitte (das sind etwa 5000 Schriftfamilien) sind im Angebot. Immerhin 1200 Schnitte sind für die Bücher geeignet, erzählt Erik Spiekermann, was Götz Gorissen allerdings für übertrieben hält.

Auf jeden Fall wunderbare Möglichkeiten für Buchmacher und Typographen. Nicht zu vergessen die Software, mit der man heute Schriften bearbeiten, verändern, ästhetisch verbessern kann. Davon ist seit einem Jahr auch Gorissen überzeugt, seit zwanzig Jahren ein Meister der Mikrotypographie (Abstandsverhältnisse der Zeichen zueinander), der alle in seinem Hause benutzte Mac-Schriften bearbeitet, besser und genauer, als er das je im Fotosatz konnte. Ähnlichen Lobgesang auf die neuen typographischen Möglichkeiten hörte man auch von Franz Greno, als er vor zwei Jahren die »Andere Bibliothek« vom Bleisatz ins Mac-Zeitalter führte.

Die Kehrseite der Sache: Jeder kann sich heute daran versuchen, Schriften zu verändern oder gar neu zu kreieren. Hier wird Erik Spiekermann wieder ernst: die Kunst der Schriftgestaltung sei über Jahrhunderte die einzige Kunst gewesen, die niemals von Dilettanten ausgeübt wurde, das sei nun vorbei. Und Spaß-Schriften gehören natürlich auch zum Angebot der Fontfirma, auch Eriks markante Handschrift. (Wenn diese uns im Fernsehen auf einem Parteitagstransparent ins Auge springt mit »Mach's noch einmal, Helmut!«, können wir sagen: »Viel zu weit gesperrt« oder »Das hat er nun davon«.)

Ob denn alle Schriften, die einst in der Garage verbrannten, irgendwann im Angebot sein werden? Das bezweifelt er. Eine Schrift ernsthaft aufzuarbeiten, zu zeichnen, kostet selbst mit den modernsten Hilfsmitteln hundert hochprofessionelle Stunden; die niedrigen Verkaufspreise, ein Markt, der vor allem das Supermoderne sucht, machen es nicht leicht, neue, eher klassische Schriften einzuführen.

Mit der Firma, die die Schriften vertreibt, hat er nur noch wenig zu tun. Seine Graphikdesign-Firma aber beschäftigt inzwischen 170 Leute, hinterläßt Spuren im öffentlichen Nahverkehr und im Internet und zählt noch immer auch Verlage zu ihren Kunden. In den letzten Monaten hat er persönlich zwei große Bild-Text-Bände gestaltet, das meiste am Mac natürlich, aber zwischendurch auch mal Teile im Klebeumbruch mit Papier, Schere und Klebstoff ausprobiert, das höre ich mit Genugtuung. Mit größerer Verzückung als über den Mac redet er über die Präzision der neuesten Druckmaschinen.

Und das Buch? Natürlich überlebt es! Lesen – ein einmaliger, ein natürlicher Vorgang! Reflektierendes Licht auf einem Blatt Papier, nicht von hinten durchleuchtet! Er steckt ein Buch ein für den Flug nach San Francisco, wo er einer internationalen Design-Konferenz zu präsidieren hat: »Beyond typography« – Multimedia, Web-Design und so weiter.

Bilderwelten

Dieter Kirchner redet mit leiser Stimme über die Physik des Auges und über die Chemie der Druckfarben. Er kann stundenlang über Farbdichten und Gradationskurven dozieren. Einer, der am Fenster steht und über das blaue Licht des Himmels nachdenkt, der über das Sehen philosophiert und über Bilder. Er möchte, daß gedruckte Bilder nicht mehr als »Druckwerke«, sondern als »Bilder« wahrgenommen werden können, das klingt bei ihm kein bißchen banal.

Seit Mitte der Siebziger betreibt Kirchner in Berlin eine Reprofirma, die sehr schnell zu den besten und nie zu den billigsten Adressen gehörte. Nach wenigen Jahren schon war der Empfangsbereich mit zahlreichen Urkunden der »Schönsten Bücher« und des »Kodak-Foto-Buch-Preises« behängt, hier waren nicht nur die Werbekunden willkommen. Sobald

Scanner auf den Markt kamen, entwickelte er das zweifarbige (Duplex- oder Duoton-)Drucken von Schwarzweißbildern weiter und setzte auch hier schon früh Maßstäbe, war immer auf dem neuesten Stand nicht nur der Reprotechnik, sondern auch der Drucktechnik. Ich habe ihn schon früh an fremden Druckmaschinen erlebt als einen, der rausholt, was andere sich und ihren Maschinen nicht zutrauen.

Er, der Chef eines Kleinbetriebes, und nicht die Entwicklungsabteilungen der Technologiekonzerne oder Maschinenhersteller, heckt schließlich Bahnbrechendes aus. 1995 überrascht er die internationale Fachwelt mit einem neuen Scan- und Druckverfahren (NovaSpace, Novaton), das den Offsetdruck von farbigen und Duoton-Bildern um Riesenschritte voranbringt. Bilder bekommen Tiefenwirkungen und Plastizität und enthalten Farbtöne, die bis dahin nicht möglich waren, neue Farbräume und Druckdichten werden erschlossen. Nach wie vor wird nur mit vier Grundfarben (Cyan, Gelb, Magenta, Schwarz) gedruckt, allerdings werden neue Druckfarben eingesetzt, deren Entwicklung von Kirchner initiiert und lange experimentell begleitet wurde. Hinzu kommen der Einsatz einer speziellen Scansoftware (Resultat jahrelanger Versuche) und bestimmte Steuerungsvorgaben für den Druck.

Inzwischen gibt es Verlage vor allem im Fotokunst-Bereich, die ihre Eigenproduktionen nur noch bei Kirchner lithographieren und unter seiner Regie drucken lassen; sie zahlen dafür vielleicht mehr, haben aber Bücher, die weltweit kaum besser und schöner gedruckt werden könnten.

Die von Kirchner initiierten Druckfarben sind seit einigen Jahren frei auf dem Markt zu haben, jeder Drucker kann damit experimentieren. Ein relativ kleiner Betrieb in Göttingen (Steidl), wo Scantechnik und Drucktechnik eng miteinander verzahnt sind, wo Forscherdrang von zwei Leuten und Leidenschaft für Kunst und Photographie hinzukommen, hat inzwischen mit eigenen Scan-Experimenten, mit der Verwendung von stochastischen Rastern (die auch von manch anderer Firma eingesetzt werden), mit den Novaspace-Farben und neuartigen Druckmaschinen (Trockenoffset) Ergebnisse erzielt, die auch diesem Betrieb einen Platz in der Weltspitze sichern. So verwundert es den Kundigen nicht, daß auch Ausstellungskataloge berühmter amerikanischer Museen oder Bildbände englischer Verlage dort gedruckt werden und immer wieder Künstler selbst aus den USA zum Druck ihrer Bücher angereist kommen.

Von deutschen Kunstbuchverlagen und Produzenten von Ausstellungskatalogen werden die neuesten Möglichkeiten der Drucktechnik bisher kaum genutzt, sei es, weil die öffentliche Hand immer nach dem billigsten Angebot greift, sei es, weil in den Verlagen kreative Phantasie und Risikobereitschaft weniger gefragt sind als Rechenkünste und die Angst vor dem Markt größer ist als die Lust, ihn mit neuer Qualität zu betören. Ich glaube, daß das, was den Künstlern unter den Photographen jetzt schon auffällt, auch bald den Hütern der Kunst auffallen wird.

Es gibt heutzutage viele Möglichkeiten, Bilder zu bearbeiten, zu verändern, zu verfärben, zu verfälschen. Wir sehen das in der Werbung, und auch bei der Schutzumschlaggestaltung ist es angebracht, gelegentlich auch bei illustrierenden Bildern in Büchern. Die wahre Herausforderung für die Buchmacher ist es allerdings nicht, den »flüchtigen Bildern« bessere Effekte zu liefern, sondern den »stillen Bildern«, wie Kirchner es ausdrückt, die sich erst durch wirkliches Hinsehen erschließen, gerecht zu werden, sie im Druck so vollkommen zu bringen, daß die Bücher zu Welten werden, die den Betrachter nicht mehr loslassen. Auch solche Bücher, die durch keinen virtuellen Spaziergang in Museumsarchive ersetzt werden können, werden zum Überleben der Gattung beitragen.

Noch einmal Zukunftsmusik

Prognosen sagen voraus, daß die Digitalisierung auch des Druckes noch weiter voranschreiten wird; zwangsläufig auch gerade hier in diesem Land, in dem 93 Prozent aller in der Welt verkauften Druckmaschinen produziert werden. Es gibt Prognosen, daß nur 5 bis 10 Prozent aller Druckbetriebe sich die anstehenden Zukunftsinvestitionen werden leisten können. Bisher ist die Druckbranche weitgehend mittelständisch strukturiert. Im Jahr 2007, heißt es, werden nur noch halb soviel Leute in der graphischen Industrie arbeiten wie heute (ca. 180 000).

Absolute Digitalisierung des Drucks heißt, daß eines Tages die Daten ohne irgendwelche Zwischenstufen wie Filme und Druckplatten direkt vom Computer auf den Druckzylinder übertragen werden. An den Stellen, wo der Druckzylinder elektrostatisch aufgeladen wird, nimmt er Druckfarbe an. Die Daten laden den Druckzylinder nur so lange auf, wie dieser druckt, und können übergangslos durch neue Daten ersetzt werden.

Das ist faszinierend, wenn man an Druckerzeugnisse in Riesenauflagen denkt, aber eher erschreckend, wenn man sich den Druck von Büchern mit ihren normalerweise kleinen Auflagen vorstellt. Die Hüter dieser fixen Maschinen werden uns zu Standardisierungen zwingen bei den Formaten, bei den Papieren und vielem mehr. Oder uns ausgrenzen. Wohin? In kleine, teure Büchernischen, wo die uralten Systeme von 1998 noch laufen?

Vielleicht aber werden Bücher immer mehr von »Print on Demand«-Automaten gedruckt werden, die auch heute schon für Kleinstauflagen im Wissenschaftsbereich (in den USA auch schon für kleine Nachauflagen vorher digital gesetzter Bücher) eingesetzt werden. Mit ihnen werden nur noch diejenigen Bücher (in Fotokopierer-Qualität) ausgedruckt und klebegebunden, die gerade bestellt worden sind.

Und der Herstellerarbeitsplatz in zehn Jahren? Die Gestaltung am Computer wird ähnlich aussehen wie heute; die jungen Leute, die jetzt als Media Designer ausgebildet werden, werden auch setzen, es wird wohl kaum mehr reine Setzereien geben. Scanner werden noch besser und noch billiger sein als heute, und der normale Buchmacher wird sie neben seinem Schreibtisch stehen haben. Spitzenqualität wird aber vermutlich nach wie vor nur in speziellen lithographischen Betrieben erziehlt werden können, wo komplexes Wissen und teure Software zusammenkommen.

Gestalten, setzen und ein bißchen scannen, das wird der kreative Buchmacher leicht verkraften. Aber wer sitzt ihm dann in der Druck- und Papierindustrie gegenüber? Wird er sich nach der Kontinuität guter alter Geschäftsbeziehungen sehnen, die es erlaubten, daß eine Zeitschrift wie das *Kursbuch* seit 30 Jahren von der gleichen Setzerei und Druckerei produziert wird, obwohl die gastgebenden Verlage viermal wechselten? Wird das *Kursbuch* in 10 Jahren nur noch im Internet anzutreffen sein, von wo es sich seine Abonnenten herunterladen und auf kleinen Automaten ausdrucken und zusammenkleben lassen? Oder werden die subversiven Leser die »richtigen Bücher« erzwingen? Eine junge Bekannte, Kimberly Rotcop, die sich in den letzten Jahren zu einem kleinen Star im Web-Design entwickelt hat, heute wöchentlich 60 Stunden am Bildschirm arbeitet und dabei (oder deshalb) ein passionierter Lesemensch geblieben ist, ist fest davon überzeugt, daß es auch in 50 Jahren noch Bücher gibt: »Ich würde nie meinen Laptop mit ins Bett nehmen.«

Literaturhinweise

Sehr anschaulich, detailliert und empfehlenswert ist Hans Peter Willbergs Text »Buchkunst im Wandel der Technik« (in: H. P. Willberg/Stiftung Buchkunst, *40 Jahre Buchkunst*, Frankfurt/M, 2. überarb. Auflage 1991). Er beschreibt insbesondere die Entwicklung von den fünfziger bis Mitte der achtziger Jahre aus der Sicht eines erfahrenen Buchmachers. Nützliche Hinweise verdanke ich auch Renate Stefans Text »Technik der modernen Buch- und Broschürenherstellung«, in: Handbücher zur Sprach- und Kommunikationswissenschaft, *Medienwissenschaft*, Band 2, Berlin – New York 1998. Zu den Fragen der Buchherstellung nach ökologischen Grundsätzen gibt eine Fallstudie aus dem Steidl Verlag viele Anregungen: Öko-Institut e. V. (Hg.), *Schwarze Kunst auf grünen Pfaden*, Göttingen 1997.

Mein Dank gilt allen Kolleginnen und Kollegen sowie den Menschen aus der Technik, die mir in letzter Zeit für Gespräche zur Verfügung standen; insbesondere sind das: Elke Enns (Rowohlt Verlag), Götz Gorissen (Offizin G. Gorissen), Uli Hölz (Buchbinderei Lachenmaier), Bernd Fischer (freier Hersteller), Dieter Kirchner (NovaConcept), Hans Schröpel (Druckerei Wagner), Erik Spiekermann (MetaDesign), Gerd Steidl (Steidl Verlag und Druck) und Renate Stefan (Herstellerin).

Helmut Dähne
Das Buch als Ware

»Ein gutes Buch macht seinen Weg!«
Verlegerweisheit

Behutsam erbrechen Buchhändlerhände schützendes Einschlagpapier. Feinplatzend lösen sich Seiten im Schnitt. Ein zarter Hauch von Leim und Druckfarbe weckt Ahnungen, verheißt subtile Genüsse. Dies, gnädige Frau, lege ich Ihnen ans Herz, Leidenschaften aus Sprache erschaffen, ein wenig leichtfertig vielleicht, wie unsere Zeiten, nicht für das Fräulein Tochter, wenn Sie wissen … Ein großer Roman, ein junger Schriftsteller, eine kraftvolle Stimme, unbedingt ein Buch für Sie. Und dies dem Herrn Gemahl, Aufbruch zu neuen Ufern, Blick hinter Horizonte, gleichwohl die Tradition im Herzen. Verlegerträume.

Über 70 000 Neuerscheinungen bieten deutsche Verlage im Jahr an. Beschränken wir uns im Folgenden, um die Übersicht nicht zu verlieren, auf die ungefähr 10 000 belletristischen Titel, also Literatur und Unterhaltung im Gegensatz zu Sachbuch und Wissenschaft, und betrachten wir hier auch vorrangig das gebundene Buch.

Gigantische Fortschritte in der Kommunikationstechnik haben eine Vielfalt möglich gemacht, die als besondere Kulturleistung nicht genug bewundert werden kann. Das Problem ist nur, wie damit umgehen? Wie erreichen alle diese Botschaften in Buchdeckeln ihre Empfänger?

Der Buchhandel ist als Vermittler zwischen den Verlagen und dem Leser offenkundig überfordert. Der Leser honoriert die Vielfalt, kann aber immer weniger auf die Empfehlung des Buchhändlers rechnen, weil dieser nur einen winzigen Bruchteil der neuen Titel selber zu prüfen vermag. Seinem spezifischen Selbstverständnis als Vermittler von Inhalten, von Kulturgut, nicht aber als Händler einer beliebigen Ware, kann der Buchhändler angesichts des unüberschaubaren Titelangebots immer weniger entsprechen. Frustration ist daher im Buchhandel weit verbreitet. Die eigenen hochgesteckten Ansprüche werden von den realen Bedingungen des Buchmarktes gnadenlos in den Bereich der Utopie befördert.

Das Medienhaus schafft der Vielfalt das Forum. Der Buchhändler sorgt für Programm und Inszenierung, die Künstler müssen sich selbst Gehör verschaffen. Nur wenigen wird der Buchhändler als Fürsprecher seine Aufmerksamkeit und seine Fürsorge schenken können. Die weitaus meisten sind auf sich und ihren Verleger gestellt. Der Buchhändler als Berater wird zur Ausnahme, zum besonderen Glücksfall. Der Verleger muß zusätzlich neue Wege zum Leser finden. Verkaufsstrategien gilt es zu entwikkeln und zu optimieren. Marketing, das Buch als Ware.

Das ist Neuland für den traditionellen Verleger, verachtet gar als Krämertum, der Inhalte unwürdig. Gleichwohl beklagenswert notwendig. Der Verleger im Marktgetümmel, hin- und hergerissen zwischen Ästhetik und Kommerz. Rührende Versuche allenthalben, ästhetische Kriterien mit Marketingerfordernissen zu versöhnen, gleichsam hehren Ansprüchen irdische Gestalt zu verleihen.

Betrachten wir das Buch als Ware. Ein Toaster ist ein Toaster ist ein Toaster. Seine Form variiert. Der Produktnutzen ist jedoch eindeutig und sofort verständlich. Beim Buch mag gleichfalls die Form variieren, der Produktnutzen ist jedoch weder eindeutig noch sofort verständlich. Ein Blick auf die Toptitel der Bestsellerlisten zeigt, daß sich Gemeinsamkeiten nur auf sehr hohem Abstraktionsgrad feststellen lassen. Welten liegen zwischen Pilcher, Grisham, Høeg und Fredriksson. Was zeichnet also einen Toptitel aus? Liegen dessen Eigenschaften schon im Manuskript begründet? Oder werden sie dem Titel durch eine geschickte Verlagsstrategie hinzugefügt? Macht ein gutes Buch unter allen Umständen seinen Weg, oder ist die Kunst des Verlegers entscheidend? Ein auch unter Verlegern im Grunde ungelöstes Rätsel. Daß immer wieder belanglose Bücher die Spitzen von Bestsellerlisten erreichen, spricht für die Bedeutung einer zielgerichteten Verkaufsstrategie. Daß andererseits auch anerkannt gute Bücher bei umfassendem Marketingeinsatz nie zu Bestsellerruhm gelangen, relativiert die Instrumente der Verkaufsstrategen.

Marktforschung könnte Sicherheit für den richtigen Marktauftritt verschaffen, doch eignen sich deren Methoden wenig, um sichere Prognosen über den Verkaufserfolg eines Buches zu gewinnen. Jeder Titel ist ein Unikat. Selbst zwei Titel des gleichen Autors unterscheiden sich und haben unterschiedliche Verkaufserfolge. Erfahrungen mit bereits erschienenen Titeln lassen nur sehr eingeschränkte Rückschlüsse auf die Verkaufserfolge künftiger Titel zu. Selbst wenn eine repräsentative Anzahl von Testlesern von einem Roman begeistert ist, verheißt das nicht mit Sicherheit Verkaufserfolge. Der Leser kann von einem anderen Buch im Augenblick begeisterter sein. Und wenn er sich mit einer Pilcher in seinen Ohrensessel zurückzieht, bleibt ein noch so packender Grisham eben liegen. Entscheidend ist also nicht allein die Qualität des Textes, sondern die Situation im unmittelbaren Konkurrenzumfeld. Der schönste Text kann den Verleger in einem ungünstigen Konkurrenzumfeld maßlos enttäuschen. Das gute Buch ist also darauf angewiesen, daß sein Verleger es auch gegen konkurrierende Titel durchsetzt.

Aus den Marketing-Instrumenten Produktpolitik, Preispolitik, Absatzpolitik und Werbung gilt es, eine erfolgreiche Verkaufsstrategie zu entwikkeln. Beschränken wir uns hier auf die ersten drei Instrumente, da Werbung und Promotion im folgenden Beitrag behandelt werden.

Vergegenwärtigen wir uns zunächst die traditionelle Verkaufspolitik der Verlage. Die Verlagsroutine ist auf ein Frühjahrs- und auf ein Herbstprogramm zugeschnitten. Vereinzelt sind Verlage bereits auf kürzere Programmfolgen übergegangen. Die jeweiligen Programme erscheinen am gleichen Tag, meist jedoch innerhalb von wenigen Wochen. Etwa drei bis vier Monate vor Erscheinen beginnen die Verlagsvertreter ihre Reise durch den Buchhandel, bei der sie rund 3000 Kunden besuchen. Der Buchhandel wird kurz vor Reisebeginn durch eine umfangreiche Programmvorschau und gegebenenfalls Leseproben oder Leseexemplare über die beabsichtigten Neuerscheinungen informiert und auf das Vertretergespräch vorbereitet. Gleichzeitig beginnt die Handelswerbung in Branchenblättern für Einzeltitel oder Teile des Programms, um den Handel auf die Bedeutung des Programms einzustimmen und Händler, die nicht vom Verlagsvertreter besucht werden, das sind rund 4000 weitere Unternehmen, zu Bestellungen anzuregen. Gleichzeitig werden die einschlägigen Medienredaktionen mit der Programmvorschau und zusätzlichem Informationsmaterial bedacht, um sie zur Anforderung von Rezensionsexemplaren anzuregen.

Mit dem Erscheinen des Programms beginnt die Publikumswerbung in mehr oder weniger umfassender Vielfalt. Lesereisen und Fernsehauftritte von Autoren werden organisiert und Rezensionen angemahnt. Verkaufserfolge stellen sich ein oder auch nicht.

Produktpolitik

Der einzelne Titel erscheint stets im Programmkontext des Verlages. Ob Halbjahres-, Vierteljahres- oder Monatsprogramm, das jeweilige Programmumfeld des Verlages hat wesentlichen Einfluß auf die Erfolgschancen des Einzeltitels. Das Einzeltitelmarketing beginnt daher bereits bei der Programmzusammenstellung.

Das nahezu unüberschaubare Titelangebot der Verlage zwingt den Buchhändler zu einer ausgeprägt defensiven Einkaufspolitik. Die Zeiten, in denen der Händler das gesamte Programm zumindest der wichtigsten

Verlage vertrauensvoll einkaufte, sind vorbei. Beschränkung auf die Rosinen bestimmt die Orderpolitik. Doch welches sind die Rosinen?

Hier kann der Verleger ansetzen. Erster Schritt ist, das Verlagsprogramm dramaturgisch aufzubereiten mit dem Ziel, dem Handel eine möglichst breite Verkäuflichkeit der angebotenen Titel zu vermitteln. Spitzentitel werden herausgestellt und geben dem Programm Kontur. Unterhaltung, Literatur, Spannung, Poesie, Lebensbilder werden mit möglichst überzeugenden Zugpferden besetzt, die in der Regel die übrigen Titel des Programms mit sich ziehen. Diese Strukturierung erleichtert dem Buchhändler die Orientierung und schafft damit günstige Bedingungen für den Einkauf. Eine klare Programmstrategie ist daher Grundlage einer erfolgreichen Verkaufsstrategie.

Keine Frage, daß dies dem Verleger Ärger mit seinen Autoren einbringt, die sich nicht im Vordergrund finden. Schwierige Gespräche folgen, in denen der Verleger oft genug gegen eigene Überzeugungen seine Autoren mit den tatsächlichen oder vermeintlichen Gesetzen des Marketing zu versöhnen sucht.

Mit Spitzentiteln allein ist es jedoch nicht getan: Die Feinstrukturierung des Programms erfordert es, inhaltlich und verkäuferisch etwa gleichwertige Titel möglichst nicht nebeneinander zu stellen, da sie sich bei selektiver Einkaufspolitik unweigerlich neutralisieren. Der Buchhändler tendiert dazu, nur einen der Titel zu kaufen. Der Verleger hat es also in der Hand, entweder einen Titel achtbar zu verkaufen oder zwei Titel mit unbefriedigenden Verkaufsergebnissen zu beklagen. Vier starke Romane werden im gleichen Programm insgesamt niedrigere Auflagen erreichen als bei einer Verteilung dieser Titel auf zwei oder gar vier verschiedene Programme.

Reine Theorie, werden hier erfahrene Verleger einwenden. Autoren drängen auf Veröffentlichung. Gezahlte Vorschüsse wollen amortisiert werden. Ein starkes Programm beweist Leistungsfähigkeit. Schlechte Chancen also für eine zeitliche Programmstrukturierung. Und der Ausweg ist schnell gefunden: Ein neuer Verlag oder zumindest ein neues Imprint muß her, dann lassen sich die Spitzentitel auf die Imprints verteilen.

Tatsächlich wächst die Zahl der Verlagsimprints rasch. Der Buchhändler reagiert mit Unmut, durchschaut er doch, daß diese Politik oft genug allein auf die Änderung seiner Einkaufspolitik abzielt, nicht jedoch auf den Leser, dem der Verlagsname eher zweitrangig, wenn nicht gar gänzlich bedeutungslos ist. Erst wenn ein neues Imprint auf neue Programmsegmente oder neue Leserzielgruppen hin definiert ist, wird sich auch der Buchhandel unter Einkaufs- und Marketinggesichtspunkten vom Nutzen des neuen Verlagsnamens überzeugen lassen.

Während die Strukturierung des Programmumfelds vorrangig auf den Handel ausgerichtet ist, wendet sich die Buchausstattung des Einzeltitels unmittelbar an den Buchkäufer. Der Verleger tut gut daran, den Unterschied zwischen Buchkäufer und Buchleser für seine Marketingentscheidung zu berücksichtigen. Tatsächlich wird ein Drittel der Bücher zu Geschenkzwecken gekauft, also nicht für den Eigenbedarf. Der Leser stellt im allgemeinen andere Anforderungen an die Buchausstattung als der Schenker, der dazu tendiert, viel Buch fürs Geld in repräsentativer Ausstattung zu bevorzugen. Die Berücksichtigung dieser Aspekte erfordert eine sehr subtile Ausstattungsstrategie.

Tatsächlich eröffnet sich hier für das Buchmarketing ein weites Feld. Und wieder treffen Ästhetik und Kommerz meist unversöhnlich aufeinander. Der gleiche Text kann in einer Vielzahl von Erscheinungsformen präsentiert werden. Ledergebunden oder broschiert, großzügig gesetzt oder auf vollgestopften Seiten, auf dickem Papier oder in elegantem Dünndruck, im Großformat oder als schmales Taschenbuch, einfarbig oder mehrfarbig, illustriert oder schlicht, schwergewichtig oder leicht, mit Lesebändchen und Schutzumschlag oder als laminierter Pappband, matt lackiert oder hochglanz-kaschiert. Alles ist möglich und will sorgfältig entschieden werden.

Während ästhetische Kriterien eine harmonische Entsprechung zwischen Text und Ausstattung fordern, kennt das Buchmarketing nur ein Ziel: eine Ausstattung zu finden, die den Titel aus der Masse der in der Buchhandlung angebotenen Titel hervorhebt und erreicht, daß der Buchkäufer gerade dieses Buch zur Hand nimmt, aus welchem Grund auch immer. Um den vom Buchhändler beratenen oder ausreichend vorinformierten Käufer braucht sich der Verleger keine Sorgen zu machen, seine Aufmerksamkeit muß dem ungezielt Suchenden oder dem Spontankäufer gelten.

Der erste Kontakt wird über den Umschlag hergestellt. Autorenname, Titelei und Bildwirkung sind die Kommunikationskanäle zum flüchtigen Betrachter. Der eingeführte, bekannte Autor ist zweifellos der sicherste Blickfang. Der Verleger wird daher unter Umständen zu Lasten der Gesamtästhetik den Autorennamen gut lesbar auf dem Umschlag erscheinen lassen, und zwar besser auf der oberen als auf der unteren Umschlaghälfte, weil bei der häufig anzutreffenden gestaffelten Titelpräsentation die unteren Umschlagregionen meist verdeckt werden.

Der Autorenname spricht den Käufer eher intellektuell an. Titelei und vor allem die Bildgestaltung zielen auf die emotionale Ansprache. Gut zu wissen also, daß etwa zwei Drittel der Buchkäufer und Leser, aber auch der Buchhändler weiblich sind. Wenn es denn wirklich Wahrnehmungsunterschiede zwischen den Geschlechtern gibt, ist der Verleger gut beraten, sich auf die Kommunikation mit Frauen einzustellen. Tatsächlich lehrt die verlegerische Erfahrung, daß Titel mit einer im landläufigen Sinne maskulinen Ausstattung meist weniger erfolgreich sind.

Hat die Umschlaggestaltung das Buch in die Hände des potentiellen Käufers gebracht, ist das erste Ziel erreicht; weitere Ausstattungskomponenten können im Dienst der Verkäuflichkeit wirksam werden. Neben der visuellen Ansprache gerät das gesamte Spektrum sinnlicher und intellektueller Wahrnehmungskanäle in den Wirkungsbereich des Verkaufsstrategen, und alle Komponenten wollen im Interesse einer erfolgreichen Titelpromotion im einzelnen bedacht und gestaltet sein. Format, Gewicht, haptische Qualitäten, Satzbild, Umfang, Seitenfall, Geruch. Ist das Format angenehm und handlich, entspricht das Gewicht den Erwartungen, ist der Seitenumfang eher enttäuschend oder etwa abschreckend, ist das Satzbild lesefreundlich, Augenpulver oder unseriös luftig, sind Umschlag und Einband handschmeichlerisch oder irgendwie unsympathisch, riechen Papier, Leim und Einband angenehm oder eher unangenehm ...

Herstellerisch ist heute fast alles machbar. Der eher schmale Text kann als voluminöser Band daherkommen, ausufernde Texte lassen sich in handlichen Bänden unterbringen. Höhere Preise werden durch ein höheres Gewicht des Buches und eine optisch wertigere Ausstattung verkäuferisch plausibler. Format, Umfang, Rückenstärke und Gewicht sind heute wesentliche Elemente des Verlagsmarketing. Die Papierindustrie ist dem Verleger mit einem vielfältig differenzierten Angebot von Papierstärken bei identischem Gewicht dienlich. Nicht jedes dicke Buch hat viele Seiten, und nicht jedes seitenstarke Buch hat viel Text. Entscheidend für den Verleger ist, die Erwartungen der Zielgruppe des jeweiligen Titels möglichst weitgehend zu erfüllen.

Neben die sinnliche Ansprache des potentiellen Käufers tritt die intellektuelle. Klappentext und Rückseitentext müssen eindeutig in den Dienst der Verkaufsstrategie treten. Subtile Inhaltsangaben, emotionsgeladene Textproben und marktschreierische Superlative stehen durchaus gleichgewichtig nebeneinander. Wen die Inhaltsangabe oder die Textprobe nicht erreicht, der kann zuweilen durch die zitierte Empfehlung der *New York Times* oder des »Literarischen Quartetts« noch zum Kauf bewogen werden.

Und es ist keineswegs gleichgültig, wo diese Elemente eingesetzt werden. Reine Textproben auf der Rückseite – bei literarischen Titeln sehr beliebt – lassen den potentiellen Käufer, aber auch den Buchhändler meist ratlos. Der Verleger hat nicht bedacht, daß die meisten Bücher zu ihrem Schutz bis zum Verkauf eingeschweißt in Klarsichtfolie präsentiert werden. Bis zum Klappentext dringt der Interessent aus diesem Grund meist gar nicht vor. Aus dem ästhetischen Vergnügen kann auf diese Weise leicht ein verkäuferischer Mißerfolg werden.

Das gesamte Spektrum der Produktgestaltung im Dienst der Verkaufspolitik einzusetzen, ist in der Buchbranche noch nicht allgemein akzeptiert. Was in anderen Wirtschaftsbereichen selbstverständlich zum Marketing gehört, wird eher zögerlich mit dem Kulturgut Buch in Verbindung gebracht. Die traditionell vorwiegend inhaltsorientierte Sichtweise von Verlegern und Autoren stellt die Produktgestaltung vorrangig in den Dienst des Textes mit dem Ziel, das Buch als Gesamtkunstwerk zu gestalten.

Diese Politik setzt auf den aktiven, informierten Buchkäufer, sie vergibt eine wesentliche Chance, zusätzliche Käufer und Leser aus eigener Kraft zu gewinnen. Da das Buch im Medienkonzert zunehmend auf sich gestellt ist, ein kostspieliger Luxus. Ziel der Produktgestaltung bei Büchern muß daher sein, Konzepte zu entwickeln, die Marketingerfordernisse und ästhetische Ansprüche gleichermaßen befriedigen.

Preispolitik

Bücher haben feste Preise: Slogan einer Kampagne zur Verteidigung der Preisbindung für Bücher, zugleich aber auch Glaubensbekenntnis der Buchbranche in Deutschland. Verlage und Buchhandlungen eint die Gewißheit, daß das engmaschige Buchhandelsnetz, die bunte Vielfalt der Verlage und die vorbildliche Branchenlogistik entscheidend durch die Zulässigkeit der Preisbindung für Verlagserzeugnisse garantiert werden. § 16 des Gesetzes gegen Wettbewerbsbeschränkungen (Kartellgesetz) gestattet als Ausnahmeregelung den Verlagen, die Endverbraucherpreise ihrer Verlagsobjekte festzulegen. Dabei muß zwingend gewährleistet sein, daß die gebundenen Preise auf dem gesamten Markt lückenlos eingehalten werden.

Über 90 Prozent aller in Deutschland erscheinenden Bücher sind preisgebunden. Verlage und Buchhandlungen sind durch ein Netz vertraglicher Vereinbarungen untereinander verpflichtet, die Lückenlosigkeit der Preisbindung unter allen Umständen sicherzustellen. Der Preiswettbewerb auf der Einzelhandelsstufe wird damit unterbunden. Die Buchhandlungen konkurrieren untereinander über die Sortimentsbreite, die Sortimentstiefe, die Beratung und sonstige Serviceleistungen.

Wettbewerbspuristen ist die Preisbindung für Bücher naturgemäß ein Dorn im Auge. Sie sehen Bücher durch fehlenden Preiswettbewerb auf der Handelsstufe für den Verbraucher unnötig verteuert. Starke politische Kräfte auf europäischer Ebene sind daher angetreten, die Buchpreisbindung zu beseitigen.

Die Befürworter der Preisbindung halten dagegen, daß die von den Wettbewerbspolitikern befürchteten wirtschaftlichen Auswirkungen empirisch nicht belegbar sind, daß der Preiswettbewerb auf Verlagsebene aufgrund der Vielzahl der Verlage voll intakt ist und daß die im Zweifelsfall höherrangigen kultur- und bildungspolitischen Ziele, der Bevölkerung regional engmaschig ein breit gefächertes Buchangebot zu gewährleisten, durch die Preisbindung ganz wesentlich unterstützt werden.

Im Selbstverständnis der Buchbranche als eines der Kulturpolitik verpflichteten Wirtschaftszweigs ist die Buchpreisbindung fest verankert. Das gesamte Netz vertraglicher Beziehungen zwischen Verlagen, Autoren, Buchhandlungen, Großhandlungen, Logistik- und Auslieferungsunternehmen in der Buchbranche ist zu wesentlichen Teilen an den festen Ladenpreis geknüpft. Die Honorare der Autoren, die Rabatte der Buchhändler, die Provisionen der Vertreter, die Gebühren von Auslieferern und Logistikunternehmen sind nahezu durchweg an den Ladenpreis des Buches gekoppelt. Dieses System garantiert eine hohe Transparenz aller Abrechnungsvorgänge und schafft damit eine sichere Basis für die Zusammenarbeit zwischen den Branchenteilnehmern.

Die Preispolitik der Verlage muß all diesen Beziehungszusammenhängen Rechnung tragen. Veranschaulichen wir uns dies einmal an einem Beispiel für ein durchschnittliches Buch, einen aus dem Amerikanischen übersetzten Roman mit einem Umfang von 320 Seiten, gebunden in einem Deckenband mit einem vierfarbigen, mattfolien-kaschierten Schutzumschlag und einem Ladenpreis von 42,00 DM.

Von jeder Mark Ladenpreis dieses Buches erhält der Finanzminister etwa 7 Pfennig, der Buchhandel durchschnittlich 45 Pfennig, der Autor 10 Pfennig, der Vertreter 3 Pfennig und der Auslieferer 5 Pfennig. Die restlichen 30 Pfennig verbleiben beim Verlag zur Deckung der Druckkosten und der Verlagskosten.

Mehrwertsteuer, Handelsspanne, Autorenhonorar, Vertreterprovision und Auslieferungsgebühr sind vertraglich mittelbar oder unmittelbar an den Ladenpreis gebunden und haben daher praktisch keinen Einfluß auf die Preisbildung. Entscheidend für den Preis eines Buches sind also im wesentlichen die Druckkosten und die Verlagskosten. Die reinen Druckkosten, auch Fortdruckkosten genannt, umfassen Papier, Druckvorgang und Bindung für das Einzelexemplar. Sie sind im wesentlichen für jedes Exemplar einer beliebig hohen Auflage gleich. In unserem Beispiel belaufen sich die Fortdruckkosten unseres Hardcoverbandes zur Zeit auf etwa 3,50 DM.

Zu den Druckkosten hinzu kommen die allgemeinen Herstellkosten. Sie umfassen die Übersetzung, die mit etwa 11 000 DM zu Buche schlägt, den Satz und die Korrekturen, die etwa 7000 DM kosten, den Umschlagentwurf und seine Lithographierung mit durchschnittlich 3000 DM sowie die Kosten der Druckplatten, der Einrichtung der Druck- und Bindemaschinen, die für unseren Hardcover-Band mit durchschnittlich 10 000 DM anzusetzen sind. Insgesamt entstehen also allein an allgemeinen Herstellkosten vor Druckbeginn etwa 31 000 DM. Nehmen wir der Vollständigkeit halber noch eine leichte redaktionelle Bearbeitung des Textes mit Kosten von etwa 4000 DM hinzu, belaufen sich die Herstellkosten unseres Buches auf 35 000 DM.

Für die Preisfindung ist nun entscheidend, auf welche Auflage sich diese Herstellkosten verteilen lassen. Wird mit einer Auflage von 1000 Exemplaren gerechnet, entfallen 35,00 DM auf jeden einzelnen Band, bei 5000 Auflage sind es nur noch 7,00 DM und bei 10 000 Auflage nur noch 3,50 DM. Rufen wir uns ins Gedächtnis zurück, daß nach Abzug aller ladenpreisgebundenen Fremdkosten dem Verlag je DM Ladenpreis 30 Pfennig Deckungsbeitrag bleiben, in unserem Fall also 12,60 DM, wird schnell klar, daß dem Verlag bis zu einer verkauften Auflage von 4000 Exemplaren nichts für die Deckung der allgemeinen Verlagskosten übrigbleibt. Selbst bei einer Auflage von 10 000 Exemplaren kann der Verlag erst seinen Personalkostenanteil von durchschnittlich 20 bis 25 Prozent vom Umsatz bezahlen. Ein Deckungsbeitrag für Sachkosten, Finanzierungskosten oder gar Gewinn steht noch nicht zur Verfügung. Wenn es also nicht gelingt, für unseren Hardcover-Titel Auslandsrechte, Taschenbuchrechte, Vorabdruckrechte oder Buchklubrechte zu verkaufen, bleibt die wirtschaftliche Bilanz für diesen Titel selbst bei der stolzen Auflage von 10 000 verkauften Exemplaren noch negativ.

Vergegenwärtigt man sich, daß für einen zeitgenössischen Lyrikband durchschnittlich 1000 bis 1500 verkaufte Exemplare, für einen literarisch anspruchsvollen Titel 2000 bis 4000 Exemplare und für einen Unterhaltungsroman 6000 bis 8000 Exemplare auf dem deutschen Markt durchaus realistisch sind, werden die Probleme des literarisch orientierten Hardcover-Verlages überdeutlich. Wenn er es nicht schafft, den einen oder anderen Titel in deutlich höhere Auflagenregionen zu bringen oder ein starkes Lizenzgeschäft zu entwickeln, ist seine ökonomische Lage außerordentlich schwierig.

Den kalkulatorischen Notwendigkeiten stehen relativ klar ausgeprägte Preisobergrenzen des Marktes gegenüber. Lyrikbände dürfen heute zwischen 25,00 und 30,00 DM kosten. Populäre Sachbücher werden zu Preisen zwischen 28,00 und 39,00 DM angeboten. Der Unterhaltungsroman liegt meist in der relativ engen Marge zwischen 40,00 und 45,00 DM. Nur in sehr speziellen Ausnahmefällen sind Preise oberhalb dieser Margen denkbar. Entscheidend Kosten sparen kann der Verleger nur, wenn er sich auf die Veröffentlichung von deutschen Texten beschränkt, wenn er für die Umschlaggestaltung auf preisgünstige Archivware zurückgreift, preisgünstigere Materialien für die Herstellung einsetzt oder den Druck in Billiglohnländer vergibt.

Druck in fernen Ländern, sofern er denn die bei deutschen Buchkäufern traditionell extrem hohen Qualitätsanforderungen erfüllt, bringt den Verlag jedoch in eine unglückliche Lage, wenn überraschend Nachfrage nach dem betreffenden Titel einsetzt. Eine lobende Erwähnung im »Literarischen Quartett«, und der Verlag kann von heute auf morgen nicht mehr lieferfähig sein. Ein Nachdruck liegt dann buchstäblich in weiter Ferne. Der dabei eintretende Umsatzausfall ist später nicht mehr nachzuholen und läßt die eingesparten Druckkosten dann tatsächlich als Peanuts erscheinen.

Beim Taschenbuch ist die Situation ähnlich. Eine Originalausgabe oder eine deutsche Erstausgabe stellen den Taschenbuch-Verleger vor die gleichen Probleme wie den Hardcover-Verleger. Der Erwerb einer Lizenzausgabe läßt dagegen Einsparungen bei Übersetzungskosten, Lektoratskosten, ja sogar Satzkosten in erheblichem Umfang zu. Der Königsweg beim Taschenbuch ist also die Lizenzausgabe. Doch das wissen alle Taschenbuch-Verleger. Die Nachfrage der Verlage nach einigermaßen erfolgversprechenden Lizenztiteln ist heute so groß, daß die Lizenzgebühren in Form von Garantie- oder Vorschußzahlungen in schwindelnde Höhen geklettert sind. Einigermaßen erfolgversprechende Lizenzrechte werden heute durchaus zuweilen mit 100 000 bis 250 000 DM bezahlt. Mutmaßliche Bestseller überschreiten bereits die Millionengrenze. Und die Verlage müssen ehrlicherweise bekennen, daß diese Beträge in den seltensten Fällen auch wieder eingespielt werden. Aber immerhin, der Verlag hat gegenüber dem Handel Flagge gezeigt, ein marketingstrategischer Coup, der das Ansehen des betreffenden Verlages beim Buchhandel steigern kann und sich durchaus positiv auf die Verkäufe der Titel seines übrigen Programms auswirkt.

Entscheidend für die Preisfestsetzung des Verlages ist also im wesentlichen die Prognose der verkauften Auflage. Auch für erfahrene Verlagsleute ein außerordentlich schwieriges Unterfangen. Der Euphorie des Lektors steht die marktgehärtete Skepsis des Vertriebs gegenüber. Schlüsse aus Erfolgen oder Mißerfolgen vorangegangener Titel sind nur sehr eingeschränkt möglich, da jedes Buch letztlich ein Unikat ist. Die Auflagenprognose ist daher stets mit einem hohen Maß an Unsicherheit behaftet.

Die Einführung von Warenwirtschaftssystemen im Handel hat diese Unsicherheit in den letzten Jahren weiter vergrößert. Während in früheren Zeiten während der Vertreterreise die eingehenden Vertreterbestellungen erfahrenen Vertriebsleuten eine vergleichsweise sichere Auflagendisposition ermöglichten und folglich noch vor Erscheinen des Titels Korrekturen der Druckauflage, aber auch des Ladenpreises vorgenommen werden konnten, hat die Vertreterreise als Indikator im elektronischen Zeitalter ihre Bedeutung weitgehend verloren. Der Buchhändler ordert nicht mehr wie in früheren Jahren sein voraussichtliches Verkaufsvolumen, sondern er bestellt nur noch einige Schnupperexemplare, um bei erwiesenen Verkaufserfolgen des Titels rasch die notwendigen Mengen nachzubestellen.

Unsicherheit bestimmt also die Preisentscheidungen der Verleger. Die Konkurrenzsituation bekommt damit einen sehr hohen Stellenwert. Den Markterfolg eines Titels durch eine im Konkurrenzvergleich möglicherweise überzogene Preisforderung zu gefährden, kann sich kein Verleger erlauben. Die tatsächliche Preisfestsetzung ist daher meist von Zurückhaltung und Vorsicht bestimmt.

Aus Sicht des Buchhandels sind die meisten Buchpreise ohnehin verkehrt festgesetzt. Solche Vorwürfe können nicht wirklich überraschen. Urteilt der Buchhandel doch von einem anderen Informationsstand aus. Ein einheitlicher, für das gesamte Verbreitungsgebiet festgesetzter Preis kann regionale Kaufkraftunterschiede nicht berücksichtigen. In einkommensschwachen Regionen wird der Buchpreis daher meist als zu hoch empfunden, während in kaufkraftstarken Gebieten häufig höhere Buchpreise gefordert werden. Selbst innerhalb von Stadtgebieten tritt eine solche Situation zuweilen auf. Der Verleger kann diesem Phänomen bei der Festlegung seines Preises nicht Rechnung tragen.

Im übrigen sieht der Buchhändler unmittelbar die Verkaufserfolge. Bei einem Bestseller wird daher meist bemängelt, er hätte auch einen höheren Preis vertragen, während verkäuferische Mißerfolge oft auf vermeintlich überhöhte Preise zurückgeführt werden.

Der Verleger trägt diesen nicht enden wollenden Klagen Rechnung, indem er die Preise für Bestseller bei Nachauflagen stillschweigend anhebt. Den regionalen Preisempfindlichkeiten kann durch preisgünstige Sonderausgaben oder durch höherpreisige, edler ausgestattete Geschenkausgaben entsprochen werden. Letztlich dient vor allem die Abfolge der Rechteverwertung vom höherpreisigen Hardcover über die Hardcover-Sonderausgabe, die Paperback-Ausgabe, die Buchklubausgabe, den Aktionstitel, die Jubiläumsausgabe und das Taschenbuch dem Ziel, Kaufkraftunterschieden des Marktes ausstattungsmäßig und zeitlich differenziert Rechnung zu tragen. Auch unter den Bedingungen der Preisbindung ist den Verlagen daher eine vielfältige und differenzierte Preispolitik möglich. Ein Blick auf den Markt zeigt, daß der Kreativität der Verleger in diesem Punkt kaum Grenzen gesetzt sind. Entscheidend ist allein, daß die ausstattungsmäßig gleiche Ausgabe eines Titels nicht zu unterschiedlichen Preisen am Markt gehandelt wird.

Warenwirtschaft ist das Zauberwort, das dem Buchhändler die Lösung seiner Probleme verheißt. Die Informationstechnologie stellt für den Buchhandel Warenwirtschaftssysteme bereit, die vom Bestellvorgang über die Lagerhaltung bis zum Verkauf alle Prozesse regeln und die unübersichtliche Vielfalt transparent machen. Welche Titel laufen und müssen nachbestellt werden? Welche Bücher liegen wie Blei, fressen Kapital und besser nutzbare Regalfläche? Wo wird verdient und wo wird zugesetzt? Was sollte in welcher Menge beim Verlag oder beim Barsortiment nachbestellt werden? Bei Ladenschluß liegen die Antworten vor und lassen rasches Reagieren auf Marktentwicklungen zu. Die Lagerhaltung kann reduziert werden, die Versprechungen der Verleger relativieren sich, aber auch die eigenen Neigungen des Buchhändlers. Transparenz setzt Kräfte für gezielte Verkaufsaktivitäten frei, deren Erfolg unmittelbar kontrolliert werden kann. Marketingideen sind gefragt. Der Verleger ist als Marketingpartner gefordert.

Die zunehmende Einführung von Warenwirtschaftssystemen im Buchhandel hat die Verleger zunächst verunsichert. Nicht ganz zu Unrecht befürchten sie, Effizienz und Ökonomie könnten literarischen Anspruch als kostspieligen Luxus entlarven. Was geschieht, wenn der Buchhändler Abend für Abend schwarz auf weiß vorgehalten bekommt, daß das von ihm selbstverständlich vorrätig gehaltene Werk der Weltliteratur, das er zweimal im Jahr verkauft, Regalfläche in Anspruch nimmt, die er besser mit Titeln belegen würde, die sich weit häufiger verkaufen lassen? Wird nicht der Buchhändler in zunehmendem Maße seine Einkaufspolitik allein an ökonomischen Kriterien orientieren?

Inzwischen sind die Ängste nüchterner Betrachtung gewichen. Warenwirtschaftssysteme schaffen Transparenz und Freiraum für verkäuferische Aktivitäten, die sowohl dem Buchhandel als auch den Verlagen zugute kommen. Manch ein Buchhändler mußte erstaunt feststellen, daß nicht die aktuellen Bestseller sein Geschäft maßgeblich bestimmen, sondern der stetige, nicht im Mittelpunkt seiner Aufmerksamkeit stehende Backlistverkauf.

Die Warenwirtschaft im Buchhandel stellt neue Anforderungen an die Verkaufsstrategie der Verlage, eröffnet aber auch völlig neue Marketingchancen, die erkannt und genutzt werden. Vorrangig muß der Verlag in der Lage sein, sich in die elektronischen Arbeitsabläufe der Buchhandlung problemlos einzuklinken und darüber hinaus Problemlösungen anzubieten, die den unmittelbaren Geschäftsverkehr zwischen Sortiment und Verlag für den Buchhändler besonders attraktiv machen.

Der Verlag konkurriert dabei unmittelbar mit den Barsortimenten, den

Großhandelsbetrieben der Buchbranche. Die Barsortimente haben sich als Pioniere der Branchenrationalisierung und insbesondere der Nutzung elektronischer Systeme im Buchhandel profiliert. Ihre Terminalsysteme stehen nahezu in jeder Buchhandlung und erlauben schnellstmöglichen Bestellverkehr und Informationsaustausch. In Verbindung mit ihren Bücherwagendiensten als Transporteuren sind sie Träger einer vorbildlichen Branchenlogistik, die es in Deutschland möglich macht, nahezu jedes Buch von heute auf morgen, spätestens aber innerhalb von wenigen Tagen, dem Kunden zur Verfügung zu stellen.

Je stärker der Buchhandel durch Warenwirtschaft seine Lagerhaltung reduzieren und je effizienter er seine Abläufe gestalten kann, desto mehr steigt die Bedeutung des Großhandels als Hintergrundlager für den Einzelhandel. Die Gewißheit, nahezu jedes fehlende Buch vom Großhandel innerhalb eines Tages geliefert zu bekommen, ermöglicht dem Buchhändler, seine Lagerhaltung so knapp wie möglich zu gestalten. Dem theoretischen Ideal der Just-in-time-Belieferung ist der Buchhandel dank einer ausgefeilten Branchenlogistik schon sehr nahe.

Wenn der Verlag nicht vom Großhandel vollends aus der Lieferantenrolle verdrängt werden will, muß auch er dem Buchhandel Schnelligkeit und Sicherheit in den Lieferabläufen garantieren können. Die Optimierung der Bestell- und Lieferlogistik kann dem Verlag daher entscheidende Wettbewerbsvorteile bringen. Das beginnt bei der Ausrüstung der Verlagsvertreter mit Laptop-Computern, die alle notwendigen Titel- und Kundeninformationen für das Verkaufsgespräch abrufbar bereitstellen. Mit täglichen oder mindestens wöchentlichen Updates (Aktualisierungen) ist der Vertreter jeweils auf dem letzten Informationsstand und gegenüber dem Kunden zuverlässig auskunftsfähig. Darüber hinaus wird das Verkaufsgespräch positiv unterstützt, wenn Umsatz und Bestelldaten des Kunden unmittelbar abrufbereit vorliegen und Hinweise für aktuelle Bestellprobleme geben können. Die Kundenbestellung wird sofort erfaßt und via E-Mail dem Verlag übersandt.

Der Buchhändler kann die Daten seinerseits elektronisch übernehmen und in seinem eigenen System bereitstellen. Der Verlag kann die Bestelldaten unmittelbar ohne jede weitere Bearbeitung für die Fakturierung, die Kommissionierung und die Auslieferung des Auftrages verarbeiten. Die Auftragsbearbeitung wird damit auf das denkbare Minimum verkürzt.

Die elektronische Vernetzung der Buchbranche macht es möglich, daß heute nahezu sämtliche Großhandelsbestellungen elektronisch abgewickelt werden. Bei den Verlagsbestellungen bringen es einzelne Verlage in der Spitze bereits auf 80 Prozent aller Bestellungen, doch liegt der Branchendurchschnitt weit darunter. Hier bestehen für die Verlage nicht nur

Rationalisierungspotentiale, sondern auch ungenutzte Marketingmöglichkeiten.

Schrankfertige Belieferung ist das Schlüsselwort für die Auftragsabwicklung der Zukunft. Der Wareneingang, das heißt das Entgegennehmen, Auspacken, Kontrollieren, Auszeichnen und Einordnen der Buchsendung, verursacht im Buchhandel vergleichsweise hohe Kosten. Verlage und Großhandel haben dies erkannt und bieten dem Buchhandel an, die Büchersendungen verkaufsfertig ausgezeichnet und nach Abteilungen oder gar Regalbereichen gegliedert anzuliefern. Das Angebot schrankfertiger Belieferung wird damit zu einem wichtigen Faktor der Verkaufsstrategie.

Weitere strategische Potentiale werden in einer Beschleunigung der Kommissionierung im Auslieferungslager und in einer Beschleunigung der Transporte gesehen. Der gesamte Bereich der Verlagsauslieferung wird damit zu einem wesentlichen Marketinginstrument.

In der Regel haben die Verlage ihre Lagerhaltung und die Bestellauslieferung spezialisierten Auslieferungsunternehmen übertragen. Von der reinen Lagerhaltung über den Packservice bis zum Full Service einschließlich Rechnungsstellung und Inkasso geht das nutzbare Dienstleistungsspektrum. Full-Service-Angebote entlasten den Verlag von nicht unbedingt verlagstypischen Aufgaben. Gleichwohl gilt: Je fuller der Service, desto größer die Marktferne. Kundennähe und damit Marktnähe sind jedoch unter Umständen wettbewerbsentscheidende Faktoren. Die Verlagsstrategie ist daher in zunehmendem Maße darauf ausgerichtet, die Vorteile des Outsourcing (Auslagerung von Arbeitsbereichen) mit möglichst umfassenden zeitnahen Kundeninformationssystemen zu verbinden.

Warenwirtschaft und Elektronik haben gravierende Auswirkungen auf die Arbeit der Verlagsvertreter, deren traditionell starke Rolle als Vermittler zwischen Verlag und Sortiment relativiert wird. Die Vertreterarbeit wird in weiten Bereichen des Buchhandels zu einem frustrierenden Geschäft, setzt doch der Buchhändler auch bei flammendster Vertreteransprache in die Mengenspalte des Bestellzettels immer häufiger die Zahl eins, um seine Lagerhaltung zunächst niedrig zu halten. Der Vertreter, als Verkäufer angetreten, sieht sich faktisch in der Rolle des Sortimentsberaters. Der Verlag sieht dünne Auftragsblocks und stellt im Hinblick auf den Vertretereinsatz die Sinnfrage: Warum einen teuren Verkäufer auf die Reise schicken, wenn es unter Umständen ein Programmberater des Verlages auch tut.

Auf der Buchhandelsseite reifen ähnliche Erkenntnisse: Warum einen Vertreter empfangen, wenn ohnehin nur eine Standardbestellung dabei herauskommt. Die Programminformation kann auch über die Vorankündigungen der Verlage ausreichend stattfinden. Der Gedanke, auf Vertreterbesuche im Buchhandel zu verzichten, ist schon allein aus zeitökonomischen Gründen attraktiv. Vertretergespräche mit einer in der Regel relativ großen Zahl von Verlagen binden erhebliche Mitarbeiterkapazitäten, die der Buchhandel lieber im Verkauf eingesetzt sehen möchte.

Ungeachtet dieser Entwicklungen tendieren die Verlage dazu, ihren Außendienst eher zu verstärken. Schon wird es als nicht mehr zeitgemäß empfunden, den Kunden nur zweimal im Jahr zu besuchen. Die intensivierte und differenzierte Kundenansprache soll die Bindung zwischen Verlag und Buchhandel verstärken.

Die Verlage besinnen sich darauf, die unterschiedlichen Betriebstypen ihrer Kunden stärker ins Kalkül zu ziehen. Medienhäuser stellen andere Anforderungen als die kleine literarische Buchhandlung. Kaufhäuser sind in ihren Arbeitsabläufen anders strukturiert als der mittelständische Buchhandel. Spezielle Key-Account-Manager der Verlage kümmern sich um die buchhändlerischen Großbetriebe, vereinbaren und organisieren Werbeaktionen, veranstalten Programmvorstellungen und Autorenlesungen, kümmern sich um logistische Probleme, organisieren Verkaufsaktionen und Markttests, konzipieren gemeinsame Werbemittel, analysieren mit den Buchhandelskunden die Geschäftsentwicklung und suchen verkaufsstrategische Ansatzpunkte, um das Programm des Verlages und die Spitzentitel in den Läden der Großkunden erfolgreich zu verkaufen.

Kaufhausvertreter sind auf die speziellen logistischen Anforderungen der großen Kaufhauskonzerne spezialisiert. Hier liegt der Schwerpunkt weniger auf der Programmvorstellung als auf der Logistik und der Regalpflege bis hin zum Merchandising.

Der mittelständische Buchhandel dagegen setzt eher auf den programmorientierten Verlagsvertreter. Aktive Regalpflege oder Präsentationsunterstützung ist hier in der Regel nicht gefragt. Während der Kaufhausvertreter häufig mit dem Schlüssel zur Lageraufnahme in den Keller geschickt wird, sollte der Verlagsvertreter beim mittelständischen Buchhandel über umfassende literarische Kenntnisse verfügen.

In den Verlagen wachsen gleichzeitig die Anforderungen an die Kundeninformationssysteme als Voraussetzung für eine individuelle Kundenansprache. Kundendatenbanken speichern Eigenarten und persönliche Vorlieben und ermöglichen so dem Vertreter und auch dem Verlag jederzeit eine sehr persönliche Kundenansprache. Informationsmaterialien und Leseexemplare werden gezielt verschickt. Nachfaßsysteme ermöglichen eine differenzierte Erfolgskontrolle der kundengerichteten Aktivitäten des Verlages. Call-Center-Systeme machen Kundendatenbanken für den Telefondienst der Verlage unmittelbar verfügbar. Kundenanrufe werden bereits vor Gesprächsannahme vom System identifiziert und automatisch an den richtigen Mitarbeiter im Verlag weitergeleitet, dem mit dem Anruf auch die entsprechenden Kundendaten auf seinem Bildschirm bereitgestellt werden.

Dies sind nur einige Beispiele für die tiefgreifenden Veränderungen in der Branchenlogistik. Neue Informationstechnologien stellen die Beziehung zwischen Verlagen und Buchhandel und die Zusammenarbeit zwischen den Branchenpartnern auf eine völlig neue Grundlage. Der Informationsaustausch wird dichter, die Zusammenarbeit enger, die Wege des Buches vom Verlag zum Leser werden noch einmal kürzer. Routineabläufe werden automatisiert, Freiräume für verkäuferische Aktivitäten entstehen und stellen erhöhte Anforderungen an das Verlagsmarketing.

Verlegerträume im Herzen, bemüht, den gesellschaftlichen Diskurs für ästhetische, literarische und intellektuelle Herausforderungen zu öffnen, aufzuklären, zu erschüttern und Schönheit in die Welt zu bringen, stellt sich der Verleger dem Verlagsalltag. Dort dominiert der Warencharakter des Buches. Ernüchterung allenthalben. Kommerz regiert, gleichwohl nicht unbesiegbar. So spricht der Verleger also die Sprache des Marketing, ohne seine Träume an den Zynismus zu verraten. Ein überraschend durchgesetzter Titel, ein preisgekrönter Autor, dankbare Buchhändler, ein anerkennendes Feuilleton und glückliche Leser geben die Gewißheit, daß Verlegerei jenseits der Ökonomie eine besonders befriedigende Tätigkeit bleibt.

Veit Heinichen
Den Büchern Beine machen

»Es gibt keine Geheimregeln und magischen Formeln, um Erfolg mit der Verlegerei zu haben. Wer sagt, er wisse, wie man einen Bestseller macht, redet Stuß.« (Alberto Vitale, Random House: Interview in *La Repubblica*, 12. Juli 1998)

Auf die Frage, ob man mit engagierter, zielgerichteter und ausgiebiger Werbung nicht doch noch mehr bewegen könnte, betonte mein alter Lehrherr immer: »Die beste Werbung für ein gutes Buch ist ein gutes Buch, und das Rezept zum Erfolg ist das richtige Buch zur richtigen Zeit.« Dabei bemühte er sich um einen möglichst abwesenden Gesichtsausdruck, tat noch einen Zug an seiner Zigarette, um dann, sich abwendend, den Rauch entsteigen zu lassen und mit seiner linken Hand eine kleine wegwerfende Bewegung zu machen, die man nur sah, wenn man ihn schon länger kannte. »Versucht's ruhig«, hieß das, »vielleicht bringt's doch was, nur, ich glaub nicht dran!«

Marketing war in der Buchbranche lange Zeit ein Begriff, den man mit spitzen Fingern anfaßte, obgleich Verlage seit jeher alle Instrumente des Marketings zum Teil virtuos gespielt und sie in großer Selbstverständlichkeit eingesetzt haben. Selbstredend betrieb man schon immer extensiv Pressearbeit, machte sich Gedanken über Werbung, pflegte gute Kontakte zum Buchhandel und sorgte sich darum, möglichst schnell liefern zu können. »Marketing« als Begriff und feste Größe zog ein, nachdem andere Branchen es zum Glücksbringer erklärt hatten und seitdem sich der Buchmarkt rapide verengte, die Zahl der jährlichen Neuerscheinungen und der Verdrängungswettbewerb zunahmen, die Zahl klassisch funktionierender Buchhandlungen kleiner wurde und die Medien dem Buch immer weniger Platz einräumten. Selbst der Umfang der Literaturbeilagen richtet sich heute nach den eingegangenen Anzeigenaufträgen, die die Seiten finanzieren sollen.

In dieser Notlage sollte Marketing die Rettung bringen und wurde auf einmal beschworen wie ein magischer Zauber.

Dabei weiß niemand genau zu sagen, welche Besprechungen die Verkäufe so deutlich fördern, daß ein Durchbruch gelingt, oder welche Anzeigenwerbung man sich von vornherein besser gespart hätte, weil die Verkäufe weit hinter den Erwartungen zurückblieben. Entschieden wird dagegen festgestellt, was gefehlt hat und was schlecht war oder nicht ausreichend getan wurde. Richtig große Bucherfolge stellen sich meist ganz anders ein – fast so, als wären sie nicht zu verhindern, es sei denn, man zöge das Buch aus dem Verkehr. Ein Titel liegt dann so gewaltig im Trend, wie ihn weder die größte Rezensionsflut noch die aufwendigste Werbekampagne hätten herstellen können. Wie tröstlich wäre es schon, wenn man mit Bestimmtheit wüßte, daß man mit den Instrumenten des Marketings wenigstens die Initialzündung gegeben hatte.

»Daß der ›Doktor Schiwago‹ von Boris Pasternak gewisse Erfolgschancen hatte, war mir klar, als ich die deutsche Übersetzung las ... Ich sah nun, was mir in die Hände gefallen war, eines jener einmaligen Romanwerke, die zu den großen Dokumenten einer Epoche heranwachsen können. Da ich einen Erfolg für möglich hielt, entwarf ich einen vielfältigen Propagandaplan und setzte die erste Auflage auf 20 000 Exemplare an. Mein Optimismus wurde von meinen Mitarbeitern jedoch nicht geteilt. Während meines Sommerurlaubs reduzierten sie die Erstauflage auf 10 000 Exemplare, unter dem Eindruck einer ihnen im Manuskript vor Veröffentlichung des Buches bekannt gewordenen Besprechung eines der einflußreichsten Rezensenten, die nicht viel von ›Doktor Schiwago‹ übrigließ. (Daß es keine göttliche Strafe für solch ruinöse Irrtümer gibt!)
Was sich dann bei Erscheinen des Buches im Herbst 1958 ereignete, läßt sich nicht durch Werbemaßnahmen des Verlages erklären ...
In ›Doktor Schiwago‹ hatten sich sämtliche Faktoren, die zu einem Erfolg führen können, auf glückliche Weise vereint. Ein außergewöhnliches Werk, das zur richtigen Zeit erschien, dessen Autor durch sein besonderes Schicksal in den Mittelpunkt des allgemeinen Interesses rückte, die Verleihung des Nobelpreises und seine erzwungene Ablehnung – alles kam zusammen und rief eine so vehemente Nachfrage hervor, daß der Verkauf der anderen zu dieser Zeit publizierten Bücher, unserer eigenen wie die anderer Verlage, darunter zu leiden hatte. Manche Buchhändler gingen so weit, dem Verlag die Störung des Weihnachtsgeschäftes vorzuwerfen, in der sehr ehrenvollen, aber völlig falschen Meinung, wir hätten mit unserer Werbung diese Springflut hervorgerufen. ...«
(Gottfried Bermann Fischer, *Bedroht – Bewahrt. Weg eines Verlegers*, Frankfurt/Main, Neuausg. 1981)

Solche Ereignisse sind leider selten, und vor allem die kulturbeflisseneren unter den Verlegern müssen lange oder auch vergebens auf eine derartige Vereinigung sämtlicher Glücksfaktoren warten. In der Tat ist die Zahl wirklich großer literarischer Bestseller in den letzten Jahren durchaus überschaubar gewesen. Trotzdem werden von Programm zu Programm Strategien entwickelt, die den Absatz beflügeln sollen, auf potentielle Top-Seller setzen, bestimmen, welche Titel im Mittelfeld beworben werden und welche man durchziehen will, in der Hoffnung, daß diese Autorinnen und Autoren sich irgendwann einmal durchsetzen. Und auch, wie man sich am besten von anderen, konkurrierenden Verlagen abhebt. Die Diskussionen sind endlos. Was sich für das eine Buch als richtig erweist, kann für das nächste völlig falsch sein.

Marketing muß Wirkung zeigen, schließlich kostet es viel Geld, und wenn es nicht funktioniert, dann haben es immer alle gleich gewußt. Was nützt Marketing wirklich, was darf man erwarten?

Sicher ist, daß ein Buch mehr Chancen hat, wenn die Marketingabteilungen gut funktionieren. Presse, Werbung und Vertrieb müssen perfekt aufeinander abgestimmt sein, schnell reagieren können und möglichst reibungslos arbeiten. Sie sind die Transporteure des Programms, sorgen für eine schnelle und flächendeckende Belieferung mit Büchern und Informationen. Neben der Logistik betreiben die Marketingabteilungen vor allem Kommunikation, streng nach dem Motto »Tue Gutes und rede darüber«. Wenn dies gelingt, durch gute Kontakte zu den Medien und permanente Gespräche mit Journalisten, durch Werbung bei Handel und Publikum, durch aktive Partnerschaft mit dem Buchhandel, der so gut informiert, frühzeitig einbezogen, gehegt und gepflegt sein will, dann kann ein Buch durchaus die »Pole-Position« im halbjährlichen Neuerscheinungs-Grand-Prix erreichen.

Die Marketingabteilungen ebnen dem Programm, dem Buch den Weg durch die Instanzen, tragen die Ware in den Markt, hin zum Käufer und hoffentlich nicht zurück ins Lager und nachher in den Ramsch. Kommt die Werbung zu früh oder zu spät und sind die Bücher nicht in möglichst vielen Buchhandlungen vorrätig, dann laufen die positivsten Rezensionen ins Leere. Die größte und originellste Werbekampagne verhallt ungehört, wenn der Titel kaum distribuiert ist oder das Buch zu spät oder gar nicht besprochen wird.

Manchmal hat allein der Titel eines Buches mehr Anteil am Erfolg als Inhalt, Werbekampagne und Rezensionen zusammen. *Suche impotenten Mann fürs Leben* oder *Beim nächsten Mann wird alles anders* und *Gute Mädchen kommen in den Himmel* ... haben sich im Verkauf verselbständigt, und derlei gibt es öfter.

Auch die Herstellungsabteilung leistet ihren Beitrag, sofern die Ausstrahlung eines Buches – seine Haptik, das verwendete Papier, das Einbandmaterial und die Bindeart, Vorsatzblatt und Schutzumschlag – dafür sorgt, daß es sich von der Masse der anderen Produktionen unterscheidet. Das kann durchaus ein Kaufargument sein.

Im wesentlichen bedient sich auch die Buchbranche zweier Strategien, die das Wirtschaftslexikon für allgemeingültig hält. Bei der »Pull-Strategie« soll »mittels Kommunikationspolitik gegenüber dem Letztverbraucher sowie Marken- und Markierungspolitik bei den Absatzstufen ein Nachfragesog erzeugt werden«. Literarische Verlage setzen dafür durchschnittlich etwa 10 Prozent ihres Umsatzes für Werbemaßnahmen ein, vom Gesamtverzeichnis über Anzeigen und Werbekostenzuschüsse bis zur Präsenz auf der Frankfurter oder Leipziger Buchmesse.

Um den genannten Nachfragesog zu erzeugen, werden in einem überschaubaren Kreis von Medien Anzeigen geschaltet: Da sind zunächst die Kernwerbeträger *Zeit, Spiegel, FAZ* und *Süddeutsche Zeitung*. Wer mehr Geld hat, belegt noch die *taz*, die *Frankfurter Rundschau* oder denkt über die *Welt am Sonntag* nach; manche meinen, *Focus* brächte was, und viele sind davon überzeugt, daß *Brigitte* das Zaubermittel für alle Bücher ist, die besonders ein weibliches Publikum ansprechen – gut 20 000 Mark die Drittelseite können viele Buchverlage allerdings nicht entbehren, um im Umfeld doppelseitiger Anzeigen von Dior, Lagerfeld, L'Oréal und anderen übersehen zu werden. Dann gibt es noch die Theorie der Literaturbeilagen, *FAZ, Zeit* und *Süddeutsche* fabrizieren vier im Jahr, und wer glaubt, daß die Reichweite dort kleiner sei, weil nicht jeder Leser dieser Blätter auch die Literaturbeilage liest, wirbt trotzdem dort und nennt es später »Pflichtanzeige«. Alle diese Anzeigen sollen Käufer in die Buchhandlungen treiben und für den gewünschten Absatz sorgen.

Die »Push-Strategie« versucht in Verbindung mit der »Pull-Strategie« durch verstärkten Einsatz von Preisgestaltung und Konditionenpolitik gegenüber dem Handel, persönlichen Verkauf und Lieferservice den Absatz zu erhöhen. Auch Werbekostenzuschüsse gehören dazu; man versucht damit, bei den Werbeaktivitäten, die von den Buchhandlungen ausgehen, mit im Spiel zu sein und die Titel, die man dafür anmeldet, besser als andere präsentieren zu lassen.

Allerdings kann man sich manchmal des Eindrucks kaum erwehren, daß die Buchbranche oft genug auf eine dritte, im Lexikon begreiflicherweise nicht zu findende Strategie setzt: die »Push-out-Strategie«. Sie besteht im wesentlichen aus den Instrumenten Anti-Ästhetik, Ignoranz und Unfreundlichkeit. Das Unternehmensziel scheint zu sein, möglichst viele Kunden abzuschrecken. Unzählbar sind die Beispiele dafür: grauslig gestaltete Schutzumschläge, wirr strukturierte Vorschauen und Prospekte, unverständliche Texte in miserabel lithographierter Anzeigenwerbung usw. Und ewiges Gejammer gegenüber jedem, der's nicht hören will, über Zustände, die nicht neu sind: Überproduktion und volle Lager, die ständige Jagd nach Neuerscheinungen und die Vernachlässigung der Backlist – all dies ließ sich im *Börsenblatt für den deutschen Buchhandel* schon vor hundert Jahren nachlesen.

Arbeit und Ernsthaftigkeit, Professionalität und der Glaube an ein klares Profil helfen am ehesten aus der Misere. Erkennbarkeit, Beharrlichkeit, Kontinuität und Glaubwürdigkeit zahlen sich langfristig aus. Ein Anzeigenquickie zwischendurch bringt wenig und kostet nur Geld, wenn eine solche Aktion nicht Teil einer Strategie ist, die konsequent durchgehalten wird und die anderen Verlagsbereiche miteinbezieht. Allerdings ist ihre Alibifunktion kaum zu überschätzen: endlich hat man etwas getan, egal, was es bringt, die Auswirkungen sind ja nicht meßbar.

Auch »Gerechtigkeit« übers ganze Programm hilft wenig: In der Werbung sind Schwerpunkte wichtig, also Dramatisierung, so wie sie von den Medien vorgemacht wird – keine zwei Bücher erhalten dieselbe Anzahl gleichwertiger Rezensionen. Den Autoren sei geraten, von ihren Verlagen lieber keine Werbung zu fordern – oder eine ganze Kampagne, die sich gewaschen hat. Mal eine Anzeige in der *Zeit* ist rausgeworfenes Geld und führt nicht zu mehr Zufriedenheit. Was an Präsenz in der Presse und im Handel nicht vorhanden ist, gleicht keine Werbung aus. Sie ergänzt die anderen Mittel, so wie sie selbst durch diese ergänzt wird.

Telefonieren, Rabatte rauf- und runtersetzen, Anzeigen schalten, Programmvorschauen und Prospekte verschicken kann jeder. Aber wozu? Allenthalben zeigt sich die geringe Leselust und damit die mangelnde Produktkenntnis. Es scheint immer unpopulärer zu werden, das Programm oder wenigstens die Schwerpunkte zu kennen und die publizierten Bücher zu lesen. Wie kann man für sie professionell Kampagnen machen, ohne sie zu kennen? Hilfreich wäre schon, wenn mehr Verlagsleute sachkundig mit Journalisten oder Kunden sprechen könnten und für die Werbung, für Anzeigen, Prospekte und Klappen keine Texte mehr gemacht würden, die sich so lesen: »Luzide und oszillierend zwischen Anziehung und Ablehnung, unternimmt dieser fieberhafte Text den Versuch ...«

»In jedem Frühsommer und jedem Winter wird klar, daß dem Freund des Buches ausschließlich großartige Literatur zugeleitet wird. Dutzende von Verlagen schicken dann ihre Vorschauen und breiten ihrerseits einen großen Reigen auf weit über 1000 Seiten aus. Außerordentlich geht es da zu, und die Fabulierlust ist groß.« (Wolfgang Korth, *Berliner Zeitung*, 27.6.1998)

Angekündigt werden die neuen Programme durch halbjährlich, Mitte Mai und Mitte Dezember, an Presse und Handel verschickte Programmvorschauen, oft begleitet von einigen Vorab-Leseexemplaren, die der bereits gedruckten Auflage entnommen wurden und lediglich im Titelbogen den Vermerk tragen, der ihren Zweck anzeigt. Über Journalisten und Buchhändler bricht also jedes halbe Jahr eine wahre Flut von Werbebroschüren herein, Aberhunderte an Prospekten im DIN A 4-Format, die der Empfänger nur bewältigen kann, wenn er aussortiert.

Der Werbeguru Walter Lürzer besteht in einem *Spiegel*-Interview darauf, daß es eines der Geheimnisse guter Werbung sei, das Publikum zu integrieren, es zum Spielen einzuladen. Gute Werbung müsse wahr sein, alles andere werde schnell entdeckt. Die Integrationsversuche der Verlage, das kokette Spiel mit dem Käufer sind erstaunlich: Volk & Welt sagt es existentiell: »Lesen ist wie atmen«, und Hanser befiehlt: »Ab jetzt wird Tag und Nacht gelesen!« »Die schönsten Sachen der Welt« verspricht man bei Aufbau und stößt mit Droemer Knaur ins gleiche Horn: »Weihnachtsbücher – wünsch ich mir«. Bei dtv will man »besser lesen«, bei Fischer sollen »Frauen lesen«, und im katholischen Herder Verlag dürfen »Starke Frauen lesen«. Auch Econ & List wissen, daß Männer weniger Bücher kaufen: »Frauenwelten – Starke Frauen gehen ihren Weg«. Suhrkamp setzt natürlich aufs Patriarchat: »Männerbilder – Fünfzehn Landkarten des Lebens«. Wer sich auf diesen Landkarten nicht zurechtfindet, dem hilft Heyne: »Nehmen Sie diese Bücher mit ins Boot«; ist keines da, hilft der Europa Verlag: »Bücher bauen Brücken«. »Wagnis und Weite – Grenzenloses Lesen« im Fischer-Taschenbuch wird inhaltlich überholt von Knaurs Lenor-Werbung »Wohlfühlbücher – ich fühl mich gut«. »Du darfst«, will man antworten ...

Und dann gibt's da noch das Locken mit buchfernen Verheißungen: »Wer liest, gewinnt!« versprach beispielsweise Bertelsmann und verloste pünktlich zum erfolgreichen Elchtest drei Mercedes-Automobile der A-Klasse. »Wer liest, genießt!« versprachen Beck, Berlin, Diogenes, Hanser und Kiepenheuer & Witsch; diese literarischen Verlage versuchten Kunden durch ein Preisausschreiben in die Läden zu treiben, Hauptgewinn war eine Reise nach Luxor – islamische Fundamentalisten haben die Sache kräftig vermiest. Unvergeßlich bleibt der Slogan: »Matisse hat die Sonne im Bauch und die Bücher von Ammann auch!«

Diese Beispiele zeugen von der Hilflosigkeit der Versuche, den Leser für sich zu gewinnen. Hat einer mal mit einem netten »Lesen ist schön«-Spruch angefangen, dann machen es alle anderen nach. Gewiß, innovativ zu bleiben und ständig neue Strategien zu entwickeln, ist ein endloses Unterfangen; keinem gelingt es, dauerhaft Erfolg zu haben. Die Navigation von Wellenkamm zu Wellenkamm führt stets durchs Wellental.

Wahre Erfolge entstehen ganz anders, und für sie können wir nichts. Warten hilft, werben allein grundsätzlich weniger, als es Geld kostet – Verzweiflungstaten überall: Wir brauchen halbjährlich sowas wie *Smilla, Sophie* und *Schnee, der auf Zedern fällt.* Wir schlagen Pfauenräder und balzen wie die Wilden, damit beim nächsten Buch alles anders wird. Doch ist alles längst gesagt und auch getan, selbst die Preispolitik war schon lange erprobt, bevor es Mille-Lire-Bücher gab, oder Bücher für zwei Mark bei Rowohlt, fünf Mark bei dtv und Diogenes.

»Erst mit Hilfe einiger wichtiger Buchhändler, die keinen anderen Ausweg aus dem Dilemma sahen als ich, gelang es mir, S. Fischer umzustimmen. Grollend gab er seine Zustimmung, die ›Buddenbrooks‹ als Volksausgabe für 2,85 RM herauszubringen, und Thomas Mann erhielt selbstverständlich seine Honorargarantie von 100 000 RM für 1 Million Exemplare [die ihm der Konkurrenzverleger Droemer in einem vorherigen – gescheiterten – Abwerbeversuch bar auf den Tisch gelegt hatte].

Auf die erste Ankündigung dieses umwälzenden Ereignisses setzte ein so gewaltiger Hagel von Bestellungen ein, daß wir die Verteilung rationieren mußten. Es war das erste Mal, daß ein Buch in knapp zwei Monaten eine Auflage von 700 000 Exemplaren erreichte.
Ich weiß nicht mehr, wie viele Druckereien von rasch hergestellten Matern gleichzeitig druckten, und wie viele Bindereien in Leipzig nur noch die ›Buddenbrooks‹ banden; doch erinnere ich mich, daß wir die Matern mit Flugzeugen von Leipzig nach abgelegenen Druckereien in die Provinz flogen – eine damals noch ungewöhnliche Transportmethode –, um den Anforderungen nachkommen zu können. Die Autokolonne von vierzig Lastwagen, die die Berliner Buchhandlungen am Erscheinungstag belieferten, war in allen Illustrierten als Sensation abgebildet …
S. Fischers erbitterter Widerstand hatte natürlich seine tieferen Gründe. Er wußte, daß es sich nicht nur um eine Episode im Konkurrenzkampf handelte, sondern um einen Einbruch in das traditionelle Verlagswesen, der zu neuen Verlags- und Vertriebsformen führen würde …
So sehr fürchtete er hier bei diesem tausend Seiten umfassenden Roman, der eine sichere Einnahmequelle für Autor und Verlag darstellte, eine Erschütterung des gesamten Preissystems.
… Die Beunruhigung griff sogar auf die Autoren über. Ich wurde vom ›Schutzverband der deutschen Schriftsteller‹ aufgefordert, die Prinzipien, die uns bei diesem ungewöhnlichen Unternehmen, ein urheberrechtlich geschütztes Werk zu einem so niedrigen Preis herauszubringen, geleitet hätten, und die sich für die Schriftsteller daraus ergebenden Konsequenzen darzulegen.«
(Gottfried Bermann Fischer: *Bedroht – Bewahrt. Weg eines Verlegers*)

Zahlreiche Untersuchungen belegen, daß Leser Intensivnutzer aller Medien, auch des Fernsehens sind. Viele Jahre lang galt das Fernsehen als Zaubermittel, zur Durchsetzung von Büchern verliert es allerdings mehr und mehr an Kraft. Was waren das für schöne Zeiten, als gute Besprechungen in NDR-Bücherjournal, TTT, Aspekte, Kulturweltspiegel ansehnliche Absätze nach sich zogen. Wenn die Sendungen noch existieren, dann werden sie mittlerweile zu solch späten Terminen ausgestrahlt, daß die Quoten sich halbiert haben und ganz sicher wieder einmal kein Schwein guckt. Allein das Literarische Quartett macht uns noch bangen und manchmal ein wenig hoffen, auch wenn die Unberechenbarkeit der Beteiligten sich längst von aller literarischen Qualität emanzipiert hat.

Die Talkshows von Gottschalk, von der Lippe und wie sie alle heißen bringen gar nichts. Dort kann ein Autor sein Buch noch so lange in die Kamera halten, das Publikum ist das falsche. Als aber Hannelore Elsner bei Biolek darüber palaverte, daß *Machiavelli für Frauen* sie sehr beeindruckt habe, ging man bei Krüger, dem S. Fischer-Unterhaltungslabel, offensiv damit um: man verwendete für die Werbung flugs das Konterfei der Schauspielerin statt der Autorin und hievte so das Buch auf die Bestsellerlisten.

Und aus der Versenkung stöhnt Wolf Wondratschek im *Zeitmagazin*: »Alles Interesse hat sich krankgeschrumpft auf das ›Literarische Quartett‹.«

Sicherlich als Reminiszenz an jene Tage, da der aufmerksame Zuschauer des Quartetts noch ohne Unbehagen die Empfehlungen der Runde zur Kenntnis nahm und ihren Unterhaltungswert schätzte, als Javier Marías dort zum Erfolg gemacht, als Ingo Schulzes erstes Buch hochgehalten wurde als Zeichen dafür, daß man in Deutschland wieder erzählen lerne, als Begley, Kertész, Isler und Bober empfohlen wurden, sicher als Reminiszenz an jene Zeiten erfand soeben die Marketingesellschaft der größten Buchhandlungen der Republik, die ›Buchwerbung der Neun‹, den »Dank an Reich-Ranicki« in Form eines Taschenbuchreaders:

»Aus den 250 vom Literarischen Quartett jemals besprochenen Titeln hat die Bwd9 53 ausgewählt und auf 496 Seiten mit Leseproben, Autorenporträts und Pressestimmen vorgestellt. Das Buch, das den Titel *Spitzen-Quartett* trägt und von ZDF-Literaturchef Manfred Eichel eingeleitet wird, ist dem Buchhandel zum Einzelpreis von 3,50 DM angeboten worden. Als VK wird 9,50 DM empfohlen.« (Buchreport)

Die Kraft des Buchhandels wird dringend gebraucht, wenn ein Programm oder ein Einzeltitel erfolgreich durchgesetzt werden soll. »Über 60 Prozent der Kaufentscheidungen werden im Laden getroffen«, lautet das Ergebnis einer Marktuntersuchung. Ohne das besondere Engagement von vielen Buchhandlungen, die – über die Tatsache gewährter Rabatte und Zahlungsziele hinaus – Verlage und ihre Titel mittragen, gäbe es kein Gelingen. Es hat sich tief im Bewußtsein der Verlage verankert, daß es hilft, wenn der Handel ihnen gewogen ist. Darum verschickt man beispielsweise wie der Diogenes Verlag im Weihnachtsgeschäft eine Kiste Orangen, in der Hoffnung, daß dadurch in der heißesten Phase ja keiner krank wird. Man legt sich so gewaltig ins Zeug, daß selbst die Presse darüber berichtet:

»Zuweilen wird aber auch schon mal ein Bonus in Form von Naturalien gewährt. So versprach Ullstein in der Vergangenheit Abnehmern von mindestens 100 Exemplaren des Bandes ›Oktober Leserfest‹ ein Set mit Original-Löwenbräu-Oktoberfestbier sowie einen Ullstein-Oktober-LeseFest-Bierkrug. Im Rahmen einer Tierbuch-Aktion versprach Ullstein im Frühjahr 1997 den Bestsellern von mindestens 120 Büchern aus einer Reihe einen eigens für diese Aktion kreierten Stoffdackel namens Lorbaß – Wert rund 100 Mark.
Eine sehr wirkungsvolle und überdies äußerst preiswerte Marketingaktion stellen die Aufrufe zu Schaufenstergestaltungen in den Buchhandlungen dar. Gleichermaßen kleine wie große Verlage winken dabei mit zum Teil lukrativen Preisen. So verspricht Kiepenheuer & Witsch gegenwärtig allen Buchhändlern, die sich mit einer Schaufensteraktion zum 100. Geburtstag von Erich Maria Remarque beteiligen, im Rahmen eines Gewinnspiels eine Reise ins Tessin oder ins Erich-Maria-Remarque-Archiv nach Osnabrück. Überdies locken ›attraktive Buchpakete‹.
1995 konnte man bei Kiepenheuer & Witsch ein Wochenende für zwei Personen in Wien gewinnen. Wem das nicht attraktiv genug erschien, dem wurde angeboten, am Rosenmontagszug in Köln auf dem Wagen von Kiepenheuer & Witsch mitzufahren. Als zweiter Preis winkte ›Real-Satire‹: ›Ein Tag im deutschen Bundestag‹. Andere Verlage haben Lissabon, Rom oder London im Programm.« (Detlef Gwosc, *taz* vom 24. Februar 1998)

Im französischen Buchhandel gibt es neuerdings eine Initiative »kritischer Buchhandlungen«, die es offensichtlich leid sind, daß »von den 30000 Neuerscheinungen des vergangenen Jahres nur ein gutes Hundert das allgemeine Interesse der Leser fanden, weitere hundert exzellente Produkte gingen unter im Wust des Angebotes. Vor allem die wollen wir durch unsere Notizen pushen, vor anderen, die dies nicht wert sind, warnen wir. Ein bissiger Kommentar kann hilfreicher sein als die langatmige Kritik eines Experten.« So ist es für die ›kritischen Buchhandlungen‹ wichtig, ihrem Publikum vor allem jene Bücher nahezubringen, die nicht in den Medien erscheinen. Man organisierte sich lose und versucht ein eigenes Profil herauszuarbeiten, das die Läden vom Gros der Konkurrenz abhebt und auch für die Kunden wieder interessanter macht.

»Aus Frankreich, nicht eben ein Land geballter buchhändlerischer Innovation, kommen neue Töne. Hier machen Buchhändler neuerdings Front gegen die nivellierenden Tendenzen des Bestsellermarkts und setzen ihren eigenen Lesergeschmack dagegen. Es verschlägt einem den Atem: Da gehen Buchhändler an der Schwelle zum dritten Jahrtausend her und lesen nicht nur Bücher, um dem Verlag in Aussicht eines Losgewinns mitzuteilen, wie toll sie das Buch fanden, sondern um mit ihren Lesefrüchten Marketing zu treiben. Handschriftlich wird dem Publikum in der Auslage die eigene Lesermeinung angedient, die nicht nur über den grünen Klee lobt, sondern auch schon mal kräftig dazwischen fährt (›Lockenwickler-Literatur‹). Vielleicht eine Rückbesinnung auf die eigentliche Sortimenterfunktion, die sich bei uns in den letzten Jahren zunehmend darin ausgedrückt hat, daß Bücher mit Werbeversprechen ein- und solche ohne Werbeunterstützung aussortiert wurden. Das Beispiel Frankreich rückt die hierzulande gern zitierte buchhändlerische Kompetenz ins Zwielicht: Drückt sie sich in erster Linie im risikolosen Angebot jener werbebewehrten Titel aus, oder konstituiert sie sich vielleicht doch durch die selbstbewußte, individuelle Empfehlung?
Nie war es so wichtig wie heute: Auch im Zeitalter gleichmacherischer Massenkultur hat der Buchhändler die Chance, neben ›Literarischem Quartett‹ und Bestsellerliste seine Meinung, seine Empfehlung ins Spiel zu bringen. Wo kaum noch individuelle Kommunikation erwartet wird, wo ansonsten Fremdbestimmung vorherrscht, überrascht er das Publikum mit selbsterzeugter Meinung. Die ›kritischen Buchhandlungen‹ in Frankreich machen mit ihrem Marketing beste Erfahrungen. Ob sie sich auf die andere Rheinseite exportieren lassen?« (*Buchreport* vom 4. Juni 1998)

Profil und Sichtbarkeit, Charakter, Kontinuität, Beharrlichkeit und ein unerschütterlicher Glaube daran, daß Qualität sich letztlich durchsetzt, dazu ein paar Bestseller, die das Ganze finanzieren – dies scheint des Rätsels Lösung für Gegenwart und Zukunft zu sein. Die Funktion aller Promotion, an die wir auch weiterhin glauben wollen wie an eine magische Zauberformel, liegt darin, das Programm und das einzelne Buch möglichst erfolgreich zu transportieren. Alles Marketing liegt in der Raison des ganzen Verlags, jeder muß sich darum kümmern und es befördern.

Jens Rehländer
Die Entsorgung

Kommen Sie bitte näher, verehrte Leserin, verehrter Leser! Noch näher! Stecken Sie Ihre Nase mal so richtig tief in dieses *Kursbuch*! Nun, was riechen Sie? Etwa zermahlene Fichte aus Finnland oder Schweden? Druckerschwärze? Den Schweiß von Schriftstellerstirnen und Schriftsetzerhänden? Wer seine Nase in Bücher steckt, lebt gefährlich. Ein klein bißchen jedenfalls. Lesen gefährdet die Gesundheit. Kein Gesundheitsminister läßt das auf die Buchumschläge drucken – und darüber kann man sich eigentlich bloß wundern. Früher enthielten Bücher Chlor, Dioxin, Formaldehyd, Schwermetalle, kurz, alle Ingredienzien, deren Erwähnung selbst jenen Gänsehaut bereitet, die von Chemie kein Ahnung haben. Aber bevor Sie dieses *Kursbuch* jetzt erschrocken aus dem Fenster werfen und zum Wasserhahn laufen, um sich die Hände zu waschen, will ich Ihnen Trost spenden: Die Produzenten beteuern, die Zutaten ihrer Papier-Cocktails seien stets viel geringer dosiert gewesen als von den Gesundheitsbehörden erlaubt. Keine Papierallergie habe nachgewiesen werden können, keine Erkrankung der Atemwege infolge giftiger Gase, die man beim Lesen inhaliert. Darum, so mag man mutmaßen, sind bis heute auch keine öffentlichen Büchereien ausgeräumt worden und auf die Sondermülldeponie gewandert wie asbestverseuchte Behörden und Kindergärten.

Die Zeiten haben sich gewandelt. Seit ein paar Jahren gibt es den Blauen Umweltengel, den sich jede Druckerei gern ins Papier stempelt. Das ist öko-modisch, verspricht einen Wettbewerbsvorteil, erfordert aber die Einhaltung strikter Auflagen. »Rowohlt«, sagt Elke Enns, die Herstellungsleiterin des Verlages, »wirbt nicht mit dem Blauen Engel im Impressum. Stellen Sie sich mal vor, ein Zulieferer mischt unserem Papier doch mal Schadstoffe unter – und Greenpeace kriegt das raus!«

Streng genommen ist jedes Buch ein Umweltfrevel. Für jeden Titel, der dem Waldsterben gewidmet ist, werden Bäume gefällt. Jedes gedruckte Gedicht, das ein Naturidyll besingt, wird zur Axt im Wald, weil die Auflage für eine Einschlagschneise im Forst sorgt (wenn auch nur für eine kleine Schneise, weil sich Lyrik schlecht verkauft).

Wie das Buch aus der Welt kommt, will ich Ihnen hier erzählen. Doch das geht nicht, ohne daß ich ein paar Sätze darüber vorausschicke, was das sprichwörtlich geduldige Papier erdulden muß, bevor es Wiederauferstehung erfährt – als recycelter Rohstoff.

Im Unterschied zu Zeitungen und Illustrierten, die bereits völlig aus gebrauchten Papieren hergestellt werden, verlangen teuer ausgestattete und teuer angebotene Bücher nach strahlend weißer »Primärfaser«, nach einem Papier von reinster Qualität. Und obwohl jede Sorte aus einem Holzsud geschöpft wird, unterscheidet der Experte »holzhaltige« und »holzfreie« Varietäten. Der Grund: Holzhaltiges Papier enthält das in den Stämmen gebundene Lignin-Harz, das Vergilbung verursacht, etwa wenn das Buch sich in zu hellem Licht sonnt. Holzfreien Qualitäten hat man das Lignin ausgekocht; das Papier vergilbt nicht.

Es ist der Mengenverbrauch, der schwindlig macht. Zu wissen, daß die Papierindustrie jedes Jahr achteinhalb Millionen Tonnen herstellt, ist das eine. Aber im Papierlager der Druckerei Clausen & Bosse zu stehen, neben einer dicken weißen Säule, deren Gewicht auf dem Lieferschein mit 1165 Kilo angegeben ist, und zu hören, diese Rolle sei in etwa zehn Minuten durch die Druckmaschine gelaufen – das ist eine sinnliche, beinahe furchterregende Erkenntnis.

30 000 Tonnen druckt Clausen & Bosse jährlich. Umgerechnet auf das Gewicht jenes Bändchens, das Sie gerade in Händen halten, ergäbe das 95 Millionen *Kursbücher*! Dabei ist dies beileibe nicht die größte Druckerei im Lande, wohl aber einer der größten Betriebe in Nordfriesland, in der Ortschaft Leck gelegen, nicht weit von der Nordseeküste und der Insel Sylt.

Es röhrt, zischt und rattert in großen Hallen. Mächtige Stöße von Druckbögen liegen neben den Maschinen. Kindler läßt das *Jahr der Graugans* von Konrad Lorenz nachdrucken, Knaur das *Guildo-Horn-Kultbuch* auflegen; Bärenreiter publiziert einen Orgelführer; aus Suhrkamps *Tao der Liebe* wird gerade das Kapitel »Steuerung der Ejakulation« gedruckt, und die nackten Mädchen dort hat Stammkundin Beate Uhse aus dem nahen Flensburg bestellt.

Größter Auftraggeber aber ist der Rowohlt Verlag, der seit Jahrzehnten hier alle seine Taschenbücher drucken läßt. 8000 Exemplare zählt eine gewöhnliche Auflage; dafür braucht die Druckerei nur einen Tag. Ja, sagt Geschäftsführer Artur Kuntz, auch wegen Greenpeace sei das Buch ökologisch verträglich geworden und komplett recycelbar. Keine synthetischen Kleber mehr, sondern biologisch abbaubarer Leim; statt Lesebändchen aus Plastik nun Baumwolle; statt stinkender, UV-strahlengehärteter Lacke nun wasserlösliche Dispersionsfarben, die geruchsfrei sind. Und die Plastikfolien für die Lagerung der Hardcover sind nicht mehr aus PVC, sondern Polyäthylen, das sich nach Gebrauch einschmelzen und neu verwenden läßt – als Videocassetten, Kleiderbügel oder Kunststoff-Zaunpfähle.

»In mir schlägt nicht nur das Herz eines Grünen«, sagt der 61jährige Kuntz, »sondern auch das eines Kaufmanns, der bis auf drei Stellen hinterm Komma kalkulieren muß. Trotzdem will ich sicher sein, daß meine Enkel keine Karzinome bekommen, wenn sie an einer Ecke ihrer Kinderbücher kauen.«

»Qualitätsmanagement« heißt Kuntz' scharfe Kontrolle aller Zutaten, aus denen Bücher werden sollen. Zehn Prozent des Papiers, vor allem Bogenbeschnitte, bleiben als Ausschuß übrig. Dazu kommen Papierschnitzel, etwa vom Formatschnitt in der Schneidestraße. Alle diese unbedruckt gebliebenen Reste fliegen klimpernd und klöternd durch Vakuumrohre in den Müllkeller. Dort landen die Papierfetzen in einer Anlage, die sie zu großen Ballen für das Recyclingwerk bündelt. Selbst der Staub wird volumensparend »verdichtet« und zu federleichten weißen Briketts gepreßt. Demnächst, so hofft Artur Kuntz, werde die EG in Brüssel dem Betrieb ein Umweltgütesiegel zubilligen. Clausen & Bosse pflegt sein Image als ökologischer Musterbetrieb – rechtzeitig, bevor aus Bonn kommende Richtlinien ohnehin zu Veränderungen zwingen.

Nun landet aber nicht alles, was Rowohlt bei Clausen & Bosse bestellt, tatsächlich in den Bücherregalen der Kundschaft. Mehr als hundert Hardcover und sechs- bis siebenhundert Taschenbücher bringt der Verlag jedes Jahr auf den Markt. Da bleiben »unverkäufliche Überbestände« nicht aus, wie Rowohlt-Vertriebsleiter Lutz Kettmann die Ladenhüter nennt. Besonders riskant sind Sachbücher mit hoher Aktualität. »Während des Golfkrieges«, erzählt Kettmann, »verkauften wir in unserer rororo-aktuell-Reihe einen Themenband sagenhafte fünfzigtausendmal pro Woche. Dann war der Krieg plötzlich aus, und wir saßen mit über hunderttausend Restexemplaren da.«

Wie wird man so viele Bücher wieder los? Wie bekommen die Verlage ihre Läger leer? – Sonderangebote sind im Buchhandel verboten, wegen der Preisbindung. Pfiffige Unternehmen umgehen das Verdikt und schaufeln Restauflagen als »Mängelexemplare« in den Buchhandel – obwohl die Bücher in Wahrheit tadellos sind. An solchen Graumarktgeschäften beteiligt sich Rowohlt nicht. Aber auch hier kommt der »Ramschverkauf«

vor der »physischen Entsorgung« (Kettmann). Die Auslauftitel können Buchhändler für zehn Prozent vom ursprünglichen Ladenpreis erwerben und dann nach Gusto anbieten.

Tatsächlich werden Bücher in großer Zahl vom Handel als beschädigt remittiert. »Die Kunden sind anspruchsvoll«, hat Kettmann beobachtet, »die lassen sich die Plastikfolie abreißen, um ein Hardcover kurz mal durchzublättern. Dann wollen sie kaufen – aber nur ein eingeschweißtes Exemplar.« Als fatal erwies sich ein Gag der Rowohlt-Grafiker: Sie versahen den Schutzumschlag des Romans *Die Putzfraueninsel* von Milena Moser mit einem Fettfleck. »Der Handel remittierte wie irre«, erinnert sich Kettmann, »mit aufgedrucktem Fettfleck war das Buch kaum absetzbar.«

So schlägt irgendwann die letzte Stunde für Druckwerke, die keiner haben will – für Flops, verschnittene, verklebte, verheftete, vom Lkw gefallene, vom Gabelstapler angefahrene Partien. Im Durchschnitt enden fünf Prozent jeder Auflage auf dem Müll, sprich: in der Wiederverwertung. »Oder die Scientologen, zum Beispiel, erwirken eine einstweilige Verfügung«, sagt Kettmann, »dann können wir die ganze Auflage einstampfen.«

Während regulär ausgemusterte Bestände ohne besondere Fürsorge dem Altpapierhändler anvertraut werden, geschieht die Entsorgung geheimer Papiere – etwa einzustampfender Auflagen, gegen die zum Beispiel Scientologen eine Einstweilige Verfügung erwirkt haben – auf beinahe konspirative Weise. In einem solchen Notfall rückt der »Datenschutzwagen« der KG Ludwig Melosch-Vertriebs-GmbH & Co. an: ein gelber, fensterloser Kasten-Lkw, auf dessen Seitenwänden tatsächlich »Datenschutzwagen« steht. Metallcontainer und verschließbare Mülltonnen werden unter Aufsicht von Rowohlt-Gesandten im Zentrallager in Hamburg-Lurup mit der heißen Fracht beladen, die kein Leser je lesen darf. Auf dem Betriebsgelände von Melosch in Ahrensburg stoppt der Lkw dann vor einem eisernen Rolladen, über dem »Datenschutzraum« steht. Der Werksleiter öffnet den Rolladen, der Wagen fährt hinein, der Rolladen senkt sich scheppernd hinab. Kein Unbefugter darf im Raum sein, wenn der Fahrer, von Videokameras überwacht, ganz allein den Inhalt der Mülltonnen in den Schredder schaufelt, der die verbotene Literatur wahlweise zu Konfetti stanzt oder zu schmalen Streifen vom Format jener Zettelchen, die man aus chinesischen Glückskeksen zieht.

Nach § 5 des Datenschutzgesetzes müßte ich »erst vereidigt werden«, sagt Einkaufsleiter Thorsten Duwe, um beim Schreddern hautnah dabei sein zu dürfen. So bleibt mir nur der Blick auf das zitternde Schwarzweißbild im Monitor, das die spukhafte Fahrergestalt am Reißwolf zeigt. Am Ende bekommt Rowohlt von der Firma Melosch ein Zertifikat, in welchem die ordnungsgemäße Vernichtung der Bücher attestiert wird.

»Einmal tauchte ein Zeitschriften-Dummy in der Öffentlichkeit auf. Natürlich geriet sofort der Entsorger in Verdacht – bis aufgedeckt werden konnte, daß es – man muß schon so sagen – organisierte Kriminalität gibt in den Verlagen, in den Druckereien. Die zweigen sowas ab.«

Angestellte, die sich aus den riesigen Altpapierhalden und -ballen Bücher oder Zeitschriften klauben, werden nicht nur bei Melosch mit fristloser Kündigung bedroht. Soviel Sorgfalt erstaunt, angesichts der flatternden Verwahrlosung, die freilich auf dem Hof eines Abfallhändlers zu erwarten ist. Durch eine Pipeline in ein paar Meter Höhe pustet die Axel-Springer-Druckerei ihre Schnipsel von der gegenüberliegenden Straßenseite herüber. »Einmal ist das Rohr geplatzt«, erzählt der 30jährige Duwe und schmunzelt, »da schneite es Papier über Ahrensburg.«

Bücher gehören nicht zu den beliebtesten Altpapieren, bei denen Duwe zwanzig Qualitäten unterscheidet. Die schlechteste Sorte im Ballen entscheidet über das Gütesiegel für die ganze Partie. In diesem Sinn verderben die Pappeinbände der Hardcover den hochwertigen Papierblock der Literatur. Mit Deckel wären Adornos *Gesammelte Werke* nicht mal gut genug, um daraus *Bild*-Zeitungen zu fabrizieren: Das recycelte Papier würde braun oder dunkelgrau geraten. Die Trennung von Umschlag und Papier, »Fraktionierung« genannt, rentiert sich aber nicht: Für 100 Kilo Altpapier erlöst Melosch bei der Papierfabrik geschätzte zwei Mark – abzüglich der Kosten für Arbeitsstunden und Freihauslieferung mit dem 25-Tonnen-Lkw.

Einbände kann man nicht sauber waschen wie Papier. Deshalb könnten Adornos bräunliche Werke eine Metamorphose etwa in strapazierfähige Bananenkartons erfahren, oder vielleicht in Wellpappe.

Bevor die Bücher auf die Fahrt in die Fabrik gehen, werden sie bei Melosch palettenweise in den Schredder geworfen. Ein sinnigerweise »Wirbulator« getaufter Mixer reißt die Bücher kurz und klein, was gegen Verrutschen im Bündel hilft. »Verwirbelte Bücher müssen ballenweise stapelbar sein«, erklärt Duwe.

Ausgerechnet die gut gemeinte Verpackungsverordnung hat den Markt der Papierentsorger kaputt gemacht. Seit »Papier-Iglus am entlegensten Straßenrand der Republik« die Bürger um ihre »Massensorten« erleichtern, klagt Duwe, herrscht Überangebot; »einen Faserkollaps wird es in Deutschland wohl nie geben – leider.«

Letzter Ortstermin: die Recycling-Papierfabrik »Steinbeis Temming Papier GmbH & Co.«. Als ich an einem frühen Juni-Morgen dort vorfahre, am Ortsrand von Glückstadt an der Elbe, herrscht passenderweise Buß-und-Bettag-Stimmung. Graue Wolken toben über den friesischen Himmel, kalter Nieselregen tropft von weißbraunen Kühen, die auf den

Matschwiesen stehen. Hier, im Schatten des einzigen Fabrikschlots weit und breit, erfüllt sich das Schicksal ausgemusterter, bereits zerrissener Bücher.

Manfred Bielefeld, der Vertriebs- und Marketingdirektor, führt über den böigen Betriebshof, durch ein Labyrinth von Altpapiertürmen. Der Regen hat den Zellstoff aufgeweicht; die Schuhe schliddern durch Papierglibber, als stapfe man durch Tapetenkleister. »Wir entsorgen ganz Norddeutschland«, sagt Bielefeld und erhebt die Stimme gegen den Maschinenlärm aus mehrstöckigen Fabrikhallen. Jeden Tag fressen die beiden Fertigungsstraßen im Werk 500 Tonnen Altpapier; sechs Tage die Woche, rund um die Uhr, »außer Weihnachten und Pfingsten«.

Theoretisch läßt sich jedes Papier sechsmal recyceln, »danach werden die Fasern zu kurz, das Papier bricht«, doziert Bielefeld. 61 Liter Wasser würden verbraucht, um ein Kilo Primärfaser herzustellen, wie der Buchdruck sie verlangt. Sechsmal recyceltes Papier hingegen verschmutzt bloß 24 Liter. »Wir sind der Mercedes unter den Recyclern«, behauptet Bielefeld. »Unsere beiden Papiermaschinen kosten eine Milliarde Mark pro Stück. High-Tech vom Feinsten. Auch wir stehen im Fokus von Greenpeace. Dabei pumpen wir das Wasser sauberer in die Elbe zurück, als wir es entnommen haben.« Bielefeld bleibt stehen und lächelt: »Als der damalige Umweltminister Töpfer kam, hat er einen Schluck Wasser aus unserer letzten Klärstufe getrunken – allerdings erst, nachdem der Werksleiter vorgekostet hatte.«

Der Rest seiner Erklärungen geht beinahe unter im Lärm der Maschinenhalle, die wir nun treppauf, treppab inspizieren. »Je reiner die Holzfaser, desto weißer das später gewonnene Papier«, brüllt Bielefeld mir durch stickige Luft ins Ohr. Mehrere Papierwaschgänge stehen deshalb am Anfang des Recycling-Programms. Vorrangiges Ziel: die Reinwaschung von allen Wörtern und Bildern; »Deinking« im anglisierten Fachjargon. Dazu wird das gehäckselte Papier gewässert, der aufquillende, betongraue Brei stetig umgerührt und in »Flotationsbecken« mit »ökologisch unbedenklichen« Substanzen angereichert: Natronlauge löst die Druckfarbe, Wasserstoffperoxid kompensiert den Vergilbungseffekt der Lauge und bleicht den Brei; Wasserglas hält die im Bad abgelösten Druckbuchstaben in der Schwebe, Seife schließlich bildet Schaum, der die Farbpartikel an der Wasseroberfläche bindet – wo die Buchstaben dann kurzerhand abgesaugt werden.

Was je ein mühsam in Worte gefaßter Gedanke war, ein kunstsinnig belichtetes Bild, gerinnt hier zum »Krümelstoff«, sagt Bielefeld; Druckfarbe hat nur ein Prozent Anteil an der Altpapiermenge – und wird im werkseigenen Kraftwerk verbrannt. Die Asche verstreut die Bauindustrie. Amen.

So bleiben vom Werk eines Autors, das möglicherweise Jahre brauchte, um heranzureifen, nicht mehr als ein paar Tropfen Farbe auf dem Grund eines Mülleimers. Nur das Papier, das lebt weiter: Endlos rast der geronnene Faserbrei auf 3,80 Meter breiten Walzstraßen dahin, huscht über rotglühende Heizstrahler, verschwindet zur Homogenisierung im »Disperger«, wird mit Kaolin bestrichen (»ohne Oberflächenversiegelung würde die Druckfarbe durchs Papier fallen«) und wird am Ende zu zehn Tonnen schweren »Tambour-Rollen« aufgespult.

Videokameras und Computer-Sensoren kontrollieren die Qualität des Produktes. Ihre Daten überspielen die Apparate auf Monitore in verglasten Befehlsständen, wo ein paar Nichtwegrationalisierte mit Ohrenschützern Wache stehen.

»Traten früher Fehler auf«, schreit Bielefeld, »mußte man sich das erst von einem Ende der Papiermaschine zum anderen signalisieren. Da konnten zwei, drei Minuten vergehen, bis die Maschine gestoppt war – und schwupp waren ein paar Tonnen Papier dahin.«

Buchdruckern ist das recycelte Papier nicht gut genug, »trotz einer Helligkeit von 67 Punkten ISO-Weiße«, wie Bielefeld stolz referiert. Die hier wiedergewonnenen Papiere dienen zum raschen Verbrauch in Kopierern und Druckern. Für stete, wenn auch zyklische Nachfrage ist gesorgt: Seit es papierlose Computerarbeitsplätze gibt, boomt der Papierkonsum in den Büros und Redaktionen. »Zudem«, weiß Bielefeld, »verwenden große Unternehmen bewußt graues Recyclingpapier, um nach außen hin Fortschrittlichkeit zu demonstrieren.« Dann, nach einem tief mißbilligenden Blick auf meinen optisch superaufgehellten Notizblock: »Aber obwohl die Bedruckbarkeit im Offsetdruck der von üblichen Papieren entspricht, werden aus Recyclingpapier leider kaum Bücher gedruckt.«

Nachdenklich begebe ich mich von Glückstadt aus auf die Heimfahrt. Bin nicht einmal nachhaltig traurig über die tausend Tode von Büchern, die sich während der Recherche vor meinen Augen zugetragen haben. Recyclingpapiere, so prophezeien Labortests, verfügen über eine Haltbarkeit »von mehreren hundert Jahren«. Daß Bücher heute kaum auf solchem Stoff gedruckt werden, ist nicht zu bejammern. Denn in der Sintflut jährlicher Neuerscheinungen sind eben nur wenige, denen man so ein langes Leben wünscht.

Cornelia Geißler
Besuch im Kulturkaufhaus

Vision 1998

Kurz vor zehn am Morgen. Es ist ein Apriltag, wie er in Berlin jeden Monat vorkommt. Flatternd senden zwei rote Fahnen Grüße in den trüben Himmel. Keine zehn Jahre ist es her, da wären sie hier, zwischen Bahnhof Friedrichstraße und der Straße Unter den Linden, nicht weiter aufgefallen. Heute irritieren sie als Schmuck auf dem Dach des »Dussmann-Hauses«, der Zentrale des Dienstleistungsmultis Peter Dussmann. Ausgerechnet ein helles Rot ist die Symbolfarbe seiner Unternehmensgruppe, ergänzt um schlanke weiße Buchstaben und ein Signet, das die Initialen des Firmengründers wie eine abgebrochene Büroklammer erscheinen läßt. Von hier unten, wo die Straßenbahn um die Ecke quietscht und im Hintergrund die S-Bahn surrt, wo Baufahrzeuge poltern und Polizeiwagen sich gerade wieder zum Einsatz sammeln, von hier ist das bißchen Weiß auf dem roten Grund kaum zu sehen. Doch verspricht das Gebäude jetzt neben Windstille und Trockenheit, die man im gegenüberliegenden Hotel »Maritim pro Arte« ebenso erwarten und im Bahnhof auch vermuten möchte, zusätzlich Zerstreuung – mit dem Schriftzug »Dussmann das KulturKaufhaus« an den Seiten.

Ein paar Leute warten schon vor der gläsernen Eingangstür, sehen zu, wie drinnen noch geputzt und geräumt wird; die Frauen mit dem Reinigungsgerät tragen Schürzen in der Farbe der Fahnen. »Willkommen, bienvenue, welcome« steht neben einem Louis-Armstrong-Foto im Eingangsbereich geschrieben, ungefähr in der Höhe, wo die erste Etage beginnt. Dazu noch, wir sind ja im Osten: »dobro poshalowatj« in kyrillischen Buchstaben. Die Tür öffnet sich, ohne daß sie jemand aufgeschlossen hätte, es muß eine Fernsteuerung geben. Die Ungeduldigen laufen schnell ins Innere, wissend, wohin sie wollen. Übrig bleiben die Ortsfremden, angelockt von der Aufschrift »Vision 1998« am Ende des Ganges. Die Vision ist ein leeres Versprechen, unter dem nur zwei Männer in uniformähnlichen Anzügen stehen; sie bedienen Telefone und Computer und stellen somit den Empfang für die Dussmann-Zentrale dar, die weit über ihnen liegt. Die Ortsfremden verharren in der Mitte.

Das kann ihnen nicht lange gefallen. Die Mitte des Erdgeschosses im Kulturkaufhaus ist – abgesehen von einigen Tischen mit Stapeln von billigen Kochbüchern, Bildbänden und unlesbarer Ware (*Non-books*) wie Tassen, T-Shirts, Teddys – von den Kassen dominiert. So wird dem Neuling vermittelt: Du sollst hier kaufen, das ist kein Museum. Doch noch hat niemand etwas in der Hand, was zu bezahlen wäre. Die hinter den Tresen auf Beschäftigung Wartenden legen Tüten, Stifte und Klebestreifen zurecht.

Vom Eingang aus gesehen, geht es links zu den Büchern, rechts zur Popmusik. Wählen wir also links. Holzkisten, drapiert mit schwarzen Tüchern und imitierten Mini-Care-Paketen, sollen an den Jahrestag der Luftbrücke erinnern. Dazwischen liegen ein paar Bücher. Wie in fast allen großen Buchhandlungen dienen auch bei Dussmann Paperbacks und allerlei Bestseller als Blickfang im vorderen Bereich, Sonderangebote aus dem modernen Antiquariat und Saisonware ebenfalls. An mehreren Regalmetern gebundener Belletristik im Ladeninneren kann sich das Auge wieder beruhigen. Der vermutete Massengeschmack wird bedient, die sogenannte schwierige Literatur nicht ausgespart. Es gibt ein Lyrik-, ein Klassikerregal und eines für Erotica. Dort hielt sich ein paar Wochen lang das *Kursbuch 123*, als einziges seiner Gattung. In schmalen Hängeregalen wechseln Wagenbachs Salto-Bücher sich mit der »Anderen Bibliothek« ab, rororo-Monographien mit der Bibliothek Suhrkamp. Zu Reise-, Natur- und Kinderliteratur führt eine Treppe in die erste Etage, steigt man noch höher, gelangt man zu den Sach- und Fachbüchern.

Unten verweisen thematische Tische auf Jubiläen wie das des Staates Israel oder Garcia Lorcas Todestag, selbstverständlich auch auf den Fontanes; Biographien haben eine Extra-Fläche, »Frauenliteratur« und historische Romane auch. Bis in den Sommer hinein erinnerte ein Tisch an die Bücherverbrennung der Nazis – Dussmann sponserte die Gedenklesung am historischen Ort unweit des Kaufhauses. Zwischen den Büchern lag ein Flugblatt mit Brechts Gedicht über den entsetzten Oskar Maria Graf, ausgewählt von den Auszubildenden des Kaufhauses. Man gibt sich Mühe. Das noch deutlicher die angestrebte Nähe zu den Kunden symbolisierende Plakat mit der Überschrift »Für Sie gelesen und gehört: Mitarbeiter rezensieren Neuerscheinungen« und je einem lobenden Text zu einer CD und einem Buch hängt jedoch auf der gegenüberliegenden Seite im Fenster, bei der Musik.

In eine schmale Wand, auf der blaßgrau das Wort »aktuell« steht, sind Kästen mit Regalbrettern eingelassen, über denen vertraute Schriftzüge leuchten: *Die Zeit, Spiegel* und *Focus*, die *Frankfurter Allgemeine* gibt es und die *Berliner Zeitung*, also nur eine der hauptstädtischen Tageszeitungen. Logisch gedacht, müßte es sich bei den hier in Kästen ausgestellten Büchern um Empfehlungen der Zeitungen und Magazine handeln. Übereinstimmungen erweisen sich jedoch als zufällig. Es sind Mogelpackungen, von den Werbechefs der Blätter nicht ungern gesehen – müssen sie doch andernorts dafür bezahlen, daß der Titel potentiellen Lesern ins Auge fällt. Am erstaunlichsten verändert sich das *Focus*-Regal. Dort finden die im »Literarischen Quartett« beworbenen Bücher Platz, dort wurde mit Büchern und Foto der 85. Geburtstag Stefan Heyms ebenso gefeiert wie der Tod von Ernst Jünger betrauert, und nach der Verkündung der Büchner-Preis-Wahl standen Bücher Elfriede Jelineks unterm *Focus*-Logo.

Auf einer Ablage unter den Kästen liegen noch ein paar Titel gestapelt, gutverkäufliche allesamt. Es ist der eigentliche Ort für Bestseller und Bücher, die dies werden sollen. Eine Frau mit Kostüm und hochgestecktem Haar läuft davor ein paar Schritte hin und her, greift schließlich zu Isabel Allendes prekärem Aphrodisiaka-Kochbuch und blättert offensichtlich interessiert. Heiner Müller steht ungerührt daneben, ein wenig lächelnd sogar: eine lebensgroße Figur, flach wie eine Laubsägearbeit, mit (natürlich!) Zigarre in der einen und (warum eigentlich?) Sprayer-Dose in der anderen Hand. Pappkameraden wie ihn gibt es dutzendfach im Haus verteilt. Luciano Pavarotti grüßt mit vorgestrecktem Bauch und Taschentuch die Besucher über mehrere Etagen im Lichthof, Goethe als Symbol deutscher Kultur schlechthin sitzt und steht in verschiedenen Varianten an unterschiedlichen Plätzen, Ernst Thälmann hält sich in der Nähe des politischen Buchs auf, Asterix und Winnetou erfreuen die Kinder, Brecht ist für die Intellektuellen da, James Bond richtet sein Schießeisen auf die Computer mit öffentlichem Internet-Zugang in der zweiten Etage. Und eine schwarze scherenschnittartige Figur gleich am Eingang weist darauf hin, daß man sich Brillen ausleihen kann, wenn man seine Lesehilfe beim Besuch im Kulturkaufhaus vergessen hat. Was für ein Service!

Die Regale sind schwarz wie der Brillenmann, die Buchrücken bunt, das Licht ist matt, an ein paar Stellen im Haus stehen einzelne Sessel in den Ecken. Hugendubel-Kunden werden vielleicht die fröhliche Hallo-wir-haben-auch-ein-paar-ganz-bequeme-Leseinseln-Gemütlichkeit vermissen. Die Gemütlichkeit des Seitenstraßen-Buchladens mit freakigem Buchhändler, der die Leseerfahrung seiner Kunden schon an der Tür taxiert, die vermißt man hier nicht. Ein Buch-, Musik-, Video- usw.-Geschäft mit viertausend Quadratmeter Fläche, von denen 1200 den Büchern vorbehalten sind, hat zwangsläufig eine andere Atmosphäre als der kleine Laden mit Tradition und Kompetenz. Der Drang, das Kulturkaufhaus schnell wieder zu verlassen, legt sich indes, wenn man ein Buch in die Hand nimmt. Man kommt sich mit dieser Ware hier nicht fehl am Platze vor, wie es in einem Allerweltskaufhaus geschieht, wo dauernd Werbung und Entspannungsmusik aus den Lautsprechern blubbern. Hier ist es still, rote Teppiche mit schwarzen Punkten, schwarze Teppiche mit roten Punkten dämpfen die Schritte. Die Verkäuferinnen und Verkäufer haben soviel Verständnis im Blick, als würden sie auch lesen. »Kann ich Ihnen behilflich sein?« wird mit ruhiger Stimme gefragt, ganz unaufdringlich, es geht ja nicht um Schuhe oder Hüte. Wer ein Buch sucht, ist allerdings gut beraten, wenn er genau weiß, welches. Dann bedienen die Damen und Herren ihre Computer einfach schneller. Überhaupt führt sie jede Frage zuerst an den Bildschirm und dann erst ans Regal: Das optische Gedächtnis, welcher Titel wie aussieht und wo er demzufolge stehen könnte, auf das sich jeder Leser mit einer unordentlichen Bibliothek zu Hause verlassen kann, scheint bei ihnen verkümmert zu sein. Eine abgeschlossene Buchhändlerlehre war für die Hälfte der Mitarbeiter nicht das entscheidende Kriterium bei der Einstellung. Vor allem interessierte Leute, Quereinsteiger mit kulturellem Fachwissen, wollte Dussmann engagieren, sagt man im Haus. Nur nicht nach Tarif bezahlen wollte er, heißt es von außen.

Das Ehrenbanner

Inzwischen sind die Kassen umlagert. Gerade kommt ein mittelalter Mann an die Reihe, der scheu um sich blickt, ob Beobachter ihm gefolgt sind. Er macht den Mund nicht auf, als der Kassierer ihm einen Guten Tag wünscht, reicht stumm die geforderte Summe rüber, verschwindet grußlos. Nicht erst seine Schuhe mit den wulstigen Kunststoffsohlen lassen Rückschlüsse auf seine Herkunft zu. Er kauft ein Ehrenbanner der SED. Diese Fahne aus roter Kunstfaser mit Thälmann- und Pieck-Porträt gehört zu den typischen Exponaten im »Ostalgie-Shop« in der ersten Etage. Der kleine Raum ist eine Welt für sich. Keine sonderlich reizvolle allerdings; nur wenige Kunden verirren sich hierher. Lenin-Büsten und -Fahnen stehen herum, das alte Ampelmännchen mit dem Hut prangt von Pullovern und Wanduhren, den gebundenen »Mosaik«-Comics ist ein eigenes Regal gewidmet, berlinische Schlager von Helga Hahnemann gibt's auf CD. Dussmanns Haus steht für einen weiten Kulturbegriff, in den sich Ostalgie ganz selbstverständlich einfügt, solange sich Käufer dafür finden. Die Bücher dieses Bereichs wenden sich an verschiedene Geisteshaltungen. Da liegen Marx' und Engels' Werke genauso wie Erinnerungen von DDR-Funktionären aus der »edition ost«, Auseinandersetzungen mit DDR-Geschichte im Ch. Links Verlag und das *Schwarzbuch des Kommunismus*. Auch Hellmuth Karaseks Fünfzigerjahre-Reminiszenz *Go West* hat hier merkwürdigerweise einen Platz gefunden. Der Raum wirkt unordentlich, mehrere Regalbretter sind leer, und nach einer Weile stellt sich dasselbe Gefühl ein, wie wenn man Rotwein auf ein weißes Tischtuch gekleckert oder die Laufmasche am eigenen Bein entdeckt hat. Der Aufenthalt wird peinlich. Womöglich hatte dasselbe Unbehagen auch den Mann ergriffen, der eben 70 Mark für sein Ehrenbanner an der Kasse gelassen hat. Er verschwindet in Richtung S-Bahn.

Die Konkurrenz

Die Friedrichstraße ist von bescheidener Schönheit. Ihr mittlerer, auf den ehemaligen Checkpoint Charlie zulaufender Teil wurde mit riesigen Klötzen bestückt, die schick französisch nicht Häuserblock, sondern »Quartier« heißen. Aufgerissen wurde diese Gegend schon, als es die DDR noch gab. Die neuen Bauten scheinen im Stil dem von damals stammenden Haus der sowjetischen Wissenschaften und Kultur angepaßt, welches – um das Adjektiv erleichtert – weiterhin Kultur vermittelt. Zum Beispiel mit verschiedenen Kinosälen. Nach und nach ziehen mehr Läden in die absolut baumfreie Straße, der nur Phantasten eine Zukunft als Flaniermeile voraussagen. Einige Geschäfte können inzwischen einen ansehnlichen Umsatz vorweisen, wobei die Massenmodekette Hennes & Mauritz deutlich erfolgreicher agiert als das aus Paris importierte Edel-Kaufhaus Galerie Lafayette, das schon mehrfach seine Verkaufsstrategie wechseln mußte. Und Buchhandlungen gibt es hier auch. Schon 1990 eröffnete am U-Bahnhof Stadtmitte eine Filiale des einheimischen Buchhandelsriesen Kiepert, im Juni 1998 weihte Hugendubel, der Gigant aus München, hier sein zweites Berliner Geschäft ein.

Bei Kiepert riecht es angenehm nach Büchern, der Laden ist dunkel, von Regalen und Tischen zugestellt und dadurch recht heimelig. Doch das literarische Sortiment bietet keine Überraschungen, im Gegenteil: Stichproben auf der Suche nach Lieblingsautoren und der Produktion kleinerer Verlage zeigen, daß man sich auch hier überwiegend am breiten Interesse orientiert. Bei Hugendubel, zwischen Kiepert und Dussmann gelegen, ist die Farbe an den Wänden noch frisch. Mit »mausgrau« ist sie treffend beschrieben; das Geschäft wirkt unpersönlich und – obwohl es wesentlich kleiner ist als Dussmann – zu groß für sein Angebot. Mitarbeiter und Kunden müssen sich erst noch einleben. Um die Ecke hatte 1991/92 die aus Köln stammende Großbuchhandlung Bouvier ihr Glück versucht. Sie scheiterte mit sämtlichen Geschäften, die sie im Berliner Osten übernommen hatte: Der erwartete Ansturm lesehungriger Neubundesbürger trat nicht ein, die komplett ausgetauschten Sortimente stießen auf Ablehnung, die Ladenmieten aber waren bereits beim Gesamtberliner Niveau angekommen.

Am Bahnhof Friedrichstraße, direkt unter der S-Bahn-Brücke, gab es einst eine kleine Buchhandlung, in der zu Mauerzeiten West-Besucher kurz vor der Rückschleusung noch manche DDR-Mark aus dem Zwangsumtausch in günstige Klassikerausgaben steckten. Noch vor dem vollständigen Umbau der Anlage verschwand sie und wird mittlerweile drinnen durch einen der üblichen Einheitsbahnhofsbuchläden ersetzt. Wer hier aus- oder umsteigen muß, hatte seit dem 31. Oktober 1997 Gelegenheit, sich an Dussmann, knapp hundert Schritte weiter, zu gewöhnen. Und was ein Kulturkaufhaus überhaupt ist, konnten die Stadtbewohner schon in der ersten Hälfte der neunziger Jahre studieren, als das französische Unternehmen Fnac eine Filiale in der Meinekestraße am Kurfürstendamm hatte. In der Fnac gab es neben den jetzt auch bei Dussmann zu erwerbenden Büchern, CDs, Tonbandkassetten, Videos und Computersoftware noch etliches technische Gerät dazu: Fotoapparate, Fernseher, CD-Player. Als die Fnac eröffnete, ging die Furcht um, daß den vielen wunderbaren kleinen Buchläden in der City West die Kunden verlustig gehen könnten. Doch sie existierten ja schon Jahrzehnte neben dem Urberliner Kiepert, der einen Jahresumsatz von 64 Millionen Mark macht – knapp zwei Drittel davon im Haupthaus an der Hardenbergstraße, der mit 5400 Quadratmetern flächenmäßig größten deutschen Buchhandlung. Und so, wie die Kleinen sich neben dieser (in der Zentrale gutsortierten, hervorragend spezialisierten und von klugen Fachkräften betreuten) Buchhandlung behaupteten, machte ihnen auch die Nähe der Fnac wenig aus. Verlage und Verlagsvertreter stellten damals fest: In dieser Gegend wurden mit einem Mal mehr Bücher gekauft. Denselben Effekt erwarten sie jetzt auch von Dussmann. Doch haben sich die Bedingungen inzwischen geändert. Die Rezession hat mit Verzögerung den Buchhandel erreicht – und da zuerst die kleinen Läden. »Camilla Speth« am Kurfürstendamm mußte schließen, nicht lange, nachdem Hugendubel an die Spitze der Touristenstraße gezogen war. Hugendubel rechnet für sein erstes Berliner Jahr mit 20 Millionen Mark Umsatz im großen Haus.

Der Dienstleistungskönig

Peter Dussmann, 59 Jahre alt, ein nicht eben großer Mann mit grauweißem Haar und Vollbart, ist der Gründer, Eigentümer und Chef des Unternehmens. Den »Dienstleistungskönig«, wie er in der Boulevardpresse genannt wird, glaubt man ihm gern. Den Kulturkaufhausleiter weniger; es hat auch seinen eigenen Direktor. Dussmanns Sakko ist kreischblau, und die Krawatte will so gar nicht dazu passen. Berliner Ohren müssen sich auf seine Sprechweise erst einhören, er redet ein schnelles Schwäbisch, gefüttert mit Redewendungen wie »Schuster, bleib bei deinen Leisten« und »Da beißt die Maus keinen Faden ab«. Wenn er auf Foren oder – neuerdings – in Talkshows auftritt, verteidigt er die Einrichtung der 610-Mark-Jobs, kritisiert die hohen Lohnnebenkosten hierzulande und predigt das amerikanische Modell der Arbeitsbeschaffung, wo sich die Leute für mindere Tätigkeiten nicht zu fein seien. Wenn er über sein Kaufhaus spricht, redet er gern von Kultur, von Ambiente und Geschmack.

Zwischen dem Anbau, der noch im Entstehen ist, und dem Hauptgebäude soll künftig ein künstlicher Wasserfall perlen, erzählt ein Mitarbeiter im gläsernen Fahrstuhl nach oben. Peter Dussmann sitzt in der siebenten Etage hinter einem ebenfalls gläsernen Schreibtisch als Verkörperung des Millionär gewordenen Tellerwäschers. Er hatte zehn Mitarbeiter, als er 1963 mit einem »Heimpflegedienst für Junggesellen« seine Karriere als Dienstleister begann. Zuvor hatte er eine Buchhändlerlehre absolviert; sollte einst die elterliche Buchhandlung in Rottweil am Neckar übernehmen, hat dort aber »keine Entwicklungsmöglichkeit« für sich gesehen, wie er sagt. Peter Dussmann hatte Lust am Wachstum, er erfand ein effektives System für die Gebäudereinigung, stieg in die Kranken- und Altenpflege ein, organisierte Wachdienste und Firmenküchen, eine Feuerwehr und einen Flughafenservice. Er beschäftigt etwa 37 700 Menschen in zwanzig Ländern. Nach fünfundzwanzig Jahren kommt er mit dem Kulturkaufhaus erstmals auf den von den Eltern gewünschten Weg zurück. Wer aber glaubt, er hätte sich damit gezielt einen Traum erfüllt, eine Buchhandlung mit »Entwicklungsmöglichkeiten« also, der irrt.

Dussmann wollte eigentlich nur seine Zentrale aus München in die Berliner Mitte verlegen, erwarb das im Bau befindliche Haus in der Friedrichstraße 90, plante die Büros für die oberen Stockwerke und suchte nach einem Mieter für die drei unteren Etagen. Es fand sich keiner. Als Mann der Tat beschloß er, die riesigen Flächen selbst auszufüllen. Mit der Schließung des britischen Virgin Megastores 1994 und der Fnac im Jahr darauf war eine Lücke entstanden, fand Dussmann in seinem »Denkprozeß«, da wurde ein Bedarf nicht mehr gedeckt. Und gerade im Zentrum des alten Ostteils, wo mehrere Theater, zwei Opernhäuser, prachtvolle Museen, drei Bibliotheken und die Humboldt-Universität so nah beieinander liegen, »da«, so Dussmann, »paßt so 'n Ding herein wie die Faust aufs Auge«. Womöglich riecht dieser Mann den Erfolg. Seinen für das Kulturkaufhaus ursprünglich geplanten Jahresumsatz von 20 Millionen Mark korrigierte er nach den ersten 100 Tagen auf 25 Millionen. Zwei Monate später gab er noch einmal zehn Millionen dazu. Die Frage, ob denn die

Kunden tatsächlich von der Vielfalt der Medien unter einem Dach Gebrauch machen, ob also der, der Bücher will, auch CD-Roms oder Videos kauft, gefällt ihm richtig gut: »Das müßte man mal untersuchen.« Die Frage, was er selbst gerade lese, läßt ihn nach einer Sprechpause über sein Gedächtnis klagen. Gerade habe er einen ganzen Koffer voller Bücher ins Auto gepackt, die Titel könne er im Moment nicht nennen.

Das Medienkaufhaus Fnac war treibende Kraft bei der Aufhebung der festen Ladenpreise für Bücher in Frankreich 1979. Die grenzüberschreitende Buchpreisbindung zwischen Deutschland und Österreich ist bei der Europäischen Union überhaupt erst durch die Klage des österreichischen Kultur-Supermarkts Libro in Verruf geraten. Peter Dussmann aber behauptet, mit der Buchpreisbindung »recht glücklich« zu sein, weil sie die Existenz der »kleinen Buchhandlung um die Ecke« schützt. Und er erzählt von Malibu in Kalifornien, wo er mit seiner Frau lebt, wenn sie nicht in Deutschland sind. In seiner Nachbarschaft mußte gerade ein kleines Buchgeschäft einer »Massenbuchhandlung« ohne individuelle Note weichen. Dussmann gerät ein bißchen in Rage: »Der alte Buchhändler mit seiner Brille und seinem Kater hat sich immer mit den Kunden unterhalten. Es war gemütlich dort. Aber jetzt? Wenn Sie in den Laden reinkommen, steht eine hinter der Kasse, überall liegen diese Paperbacks rum, und alles ist wie geleckt.«

Darauf angesprochen, daß sein Kaufhaus sehr an die amerikanischen Großbuchhandlungen erinnere, ist Dussmann wieder ganz der große Dienstleister. Das Schwierige der Atmosphäre werde vom Engagement seiner Mitarbeiter wettgemacht, die würden stets für Freundlichkeit und Service gelobt. Im übrigen soll das Berliner Kulturkaufhaus sein einziges bleiben, obwohl er mit allen anderen Firmenbereichen ständig expandiert: »Das ist jetzt ein Hobby von mir, und ein Hobby kann man ja auch nicht diversifizieren und überregionalisieren«.

Mama Bär

Zwischen den Schaufensterdekorationen hängt eine Hausordnung. Das Befahren des Gebäudes mit Rollschuhen und Inlineskates ist untersagt. Die Notwendigkeit, ein solches Verbot zu verhängen, sagt mehr über die Ausmaße des Kaufhauses als Quadratmeterzahlen. Hunde dürfen nur angeleint mit hineingenommen werden. Die Hunde zwischen den Menschen mit den bunten Haaren auf der Wiese schräg gegenüber haben keine Leinen. Auf ihre Herrchen und Frauchen, die ausgesuchte Passanten nach Kleingeld oder Zigaretten fragen, scheint das Dussmann-Haus auch keinen Reiz auszuüben. Auf andere Leute schon. Den ganzen Tag über kommt die sogenannte Laufkundschaft: Touristen haben den Potsdamer Platz hinter sich und wollen auf die Museumsinsel, Büroarbeiter schauen kurz nach einer CD oder einem Video, um den Nachwuchs am Abend ruhigzustellen. Auch Politikerbücher, die das Wort Zukunft im Titel führen, werden gern auf die Schnelle gekauft. Sobald die Sonne durch das Glasdach scheint, melden sich Freizeitgefühle. Drei Frauen, die ihre sehr minderjährigen Kinder zwischen riesigen Plüschtieren und Bilderlexika einsammeln, bestätigen sich gegenseitig, daß es hier »nichts Richtiges« zu essen gibt.

Nur Kekse. Fünf verschiedene Sorten liegen an der Theke des Cafés in der zweiten Etage zur Auswahl. Nicht Kekse seien das, belehrt die Dame mit dem Namensschild »Agnes Labocha« hinter der Theke, Cookies. Jeder ist einzeln verpackt und mit einem Etikett versehen. Vom schokoladenbraunen »Mama Bär Cookie« grüßt ein Bär mit gelber Schleife über den Ohren, der sich die Lippen leckt und einen Kochlöffel schwingt. »Gebacken nach dem Rezept von Catherine Dussmann« steht darunter. Die Gattin des Hausherrn? Aber ja. Sie sei häufig da, sagt Frau Labocha, »so eine schöne Frau mit langem blonden Haar, sehr gepflegt. Und wie sie spricht, fällt auch auf, sie hat diesen amerikanischen Akzent.« In Zeuthen, wo Dussmann seine Leute fürs Gaststättenwesen ausbildet, ist eine Köchin extra dafür abgestellt, die Kekse fürs Kulturkaufhaus zu backen, Catherine Dussmann hilft manchmal noch mit.

Die Medien

Auf den Bistrotischchen des »Cookie-Cafés« und an den Kassen liegen Faltblätter aus. Es sind Einladungen, an jedem zweiten Sonntag bei der Sendung »Späth am Abend« für n-tv dabeizusein. Lothar Späth, Schwabe und Erfolgsmensch wie Peter Dussmann, redet mit Politikern. Was er abends diskutiert, ist live im Fernsehen zu sehen. Die Nachmittagssendung wird aufgezeichnet und erst in der Folgewoche ausgestrahlt – abgestandene Aktualität, mit der sich ein Nachrichtensender nicht unbedingt schmücken kann. An solch einem Sonntag ist der Eingangsbereich des Kaufhauses mit Sesseln und Stühlen vollgestellt. Eine Dame mit der berufsüblichen wichtigen Klemmappe unterm Arm dirigiert die Zuschauer, die sich vorher telefonisch angemeldet haben, zu den Plätzen, an Scheinwerfern vorbei und über Kabel hüpfend. Als eine Musik, offenbar die Erkennungsmelodie der Sendung, andeutet, daß der Ernst der Bilder gleich beginnt, rücken die, die als Publikum im Fernsehen zu bestaunen sein werden, noch einmal ihre Kleidung zurecht. Das Flüstern bricht ab. Herr Späth spricht gänzlich unaufgeregt, geradezu gelangweilt, seine Gäste an. Auf dem kleinen Monitor in der Ecke erscheint wenig nur vom Ort des Geschehens, manchmal fängt eine Kamera die Aufschrift »Dussmann-Haus« ein, die vor die Innenseiten der Glastüren gehängt wurde.

In einheitlichem Layout, an dem neben dem typischen Rot schwarze oder weiße eckige Klammern auffallen, verweisen Plakate auf andere *events*. Lesungen und Signierstunden werden angeboten; zumeist mit Autoren, die so prominent sind, daß sie ebenso bei Karstadt auftreten könnten. Manchmal wird überhaupt nicht geredet, und es erklingt Musik. In der Regel aber wird das Wort geführt, etwa durch den CDU-Kandidaten für Berlins spannendsten Wahlkreis – Mitte/Prenzlauer Berg – Günter Nooke, der einmal im Monat auf dem Podium in der 7. Etage sich zu wechselnden Themen Gäste einlädt. Aber auch der SPD, heißt es, sei angeboten worden, das Haus für Veranstaltungen zu nutzen. Mit dem Blick auf Nookes Runden erschließt sich der tiefere Sinn der Aufschrift »Vision 1998«, die beim Eintritt ins Kaufhaus so irritiert. Peter Dussmann ist nicht der Mann fürs neue Jahrtausend, noch nicht jedenfalls. Er erfüllt sich seine Vision jetzt, da in der Stadt soviel passiert.

Durch die für die Presse zusammengestellten Unterlagen geistert zusätzlich die Losung »Fit für die Zukunft«, die im Vorjahr, so steht dort, als Aufgabe formuliert und inzwischen vom Unternehmen erfüllt wurde. Nachfragen dazu, zu Plänen und Leistungen des Kaufhauses, sind für Journalisten mit lästigen Umwegen verbunden. Die Frauenstimme aus der Telefonzentrale bittet um den wiederholten Anruf bei ihr, wenn der Pressesprecher nicht greifbar ist: »Wir geben nicht so gern die Nummern raus.« Hat man ihn einmal kennengelernt, mit der Visitenkarte auch seine Durchwahl erhalten und ihn tatsächlich am Telefon erwischt, wünscht er sich die Fragen per Fax.

Gute Nacht

Um 20 Uhr beginnt im Kulturkaufhaus die hohe Zeit der Chefs. Die Berliner Senatsverwaltung für Soziales und Gesundheit hat Dussmann die Sondergenehmigung erteilt, entgegen dem Ladenschlußgesetz bis 22 Uhr geöffnet zu haben. Voraussetzung dafür war, daß nur leitende Angestellte so spät beschäftigt werden dürfen. 26 Mitarbeiter wurden dank der Senatsauflage befördert, erhalten als Prokuristen eine Umsatzbeteiligung von fünf Prozent und können auf diese Weise mit etwa eintausend Mark mehr im Monat rechnen. Dem Kaufhaus bringen die verlängerten Öffnungszeiten zusätzliche Einnahmen von rund 30 Prozent. Auch noch am Sonntag zu öffnen, wie er es wünscht, ist Dussmann bisher nicht gelungen.

Nur ausnahmsweise, zu Pfingsten und an drei Sonntagen im Dezember, ist dies möglich.

Die Abendstunden im Kulturkaufhaus sind die Zeit, von anderen Ländern zu träumen, dem Sinn des Lebens nachzugehen oder Musik zu hören. Die Reiseabteilung, der kleine Esoterikbereich und die Klassiketage werden von besonders vielen Spätkunden bevölkert. Die Klassik-CD-Abteilung im Untergeschoß entpuppt sich dabei als der Ort, wo der Kulturkaufhaus-Skeptiker ins Wanken gerät. Sie ist so unvergleichlich groß, ruhig, mit Sinn für Musikliebhaber und deren Freude an Opernkulissen ausgestattet, bietet Hörproben allerorten und eine kleine Bühne für Veranstaltungen, daß in ihr alle sorgsam gepflegten Vorurteile verfliegen. Die hier arbeiten, geben ausführlichst Auskunft, kennen anscheinend das Angebot genau. Wenige Monate nach Eröffnung schon mußten kulturbeflissene Menschen zugeben, ihre Musik inzwischen bei Dussmann zu kaufen – entschuldigend, schulterzuckend, wohl aber mit dem Hintergedanken, daß dies tatsächlich Deutschlands größte Klassikabteilung sei.

Die Auswahl an Videos ist andernorts größer. Vor der kleinen Leinwand in diesem Bereich sitzt ein Paar aneinandergeschmiegt und sieht sich die Romeo-und-Julia-Verfilmung mit Leonardo di Caprio an. Der Schauspieler ist weniger als halb so alt wie seine Zuschauer. In der Etage darüber diskutieren junge Menschen mit aufregenden Turnschuhen Vor- und Nachteile von Computerspielen mit gespenstischen Namen, dabei heftig gestikulierend wie bei einem Schaukampf. Nicht zufällig haben sie sich gerade hier eingefunden. Modern ist das Kulturkaufhaus vor allem, weil es den neuen Medien viel Raum gibt. Sollte tatsächlich jetzt eine Generation erwachsen werden, die mit Büchern nicht mehr glücklich wird, hier ist ihr Platz. »Können Sie mich auch richtig beraten?« fragt ein Mann mit Hut am Informationsstand im Sachbuchbereich schräg gegenüber, »mich interessiert Großbritannien ganz allgemein.« Ein Stapel Hörbücher fällt um.

Zehn Minuten vor zehn am Abend weist eine Lautsprecherstimme auf die Schließzeit hin. Die Ansage wiederholt sich noch zweimal, bis sich die Glastür hinter dem letzten Mann mit der Dussmann-Plastetüte »Kultur-Gut. Alles gut« schließt. Dann werden im Innern noch ein paar Tische und Ständer gerückt, damit wieder geputzt werden kann, bevor in zwölf Stunden die nächsten Kunden kommen.

Es ist halb elf Uhr nachts, Autos spritzen durch die Pfützen, Ost- und West-Ampelmännchen wechseln sich friedlich ab, Absätze klacken über den Bürgersteig. Bei Dussmann brennt noch Licht.

Michael Wübbelsmann
Taraxacum oder Der Geist in der Provinz

Am Anfang war – nichts. Weißes Rauschen. Der Geist in Flaschen – Dornkaat. Genever. Wie das Land, so das Jever. Nichts ist übertrieben. Natürlich war da Kultur, Kunst, Kaffee etc. Natürlich gab es gewachsene Strukturen, sogenannte Bildungsbürger, die sich im Verein junger Kaufleute (so heißt der wirklich) verbandeln, um gelegentlich in der Schulaula große Klassik, auch Menuhin war schon da, auffahren zu lassen. Geschütze gegen den tristen Alltag als Arzt, Apotheker, Beamter oder Landmann, die dann in aller Regel auch schön nach hinten losgehen. Die Aula ist eine architektonische Steißgeburt aus den Sechzigern und hat den entsprechenden Charme, sie riecht, wie Schulflure riechen, und den piwarmen Pausensekt gibt's nach ausgiebigem Schlangestehen, Zeit genug zum Gucken und Gackern, tatsächlich in gläsernen Behältnissen und rauchfreier Zone.

Wenn der Kulturklotz nicht leer steht und nicht die jungen Kaufleute in Ausgehuniformen nach Sekt anstehen, ist fast immer das Theater zu Besuch. Es kommt regelmäßig, wie nähere Verwandte, sagen wir die Schwiegereltern, und heißt Landesbühne. Die tingelt hoch im Norden von Stadt zu Stadt und bietet vor kleinem gelangweilten Publikum Erstaunliches. Wenn der Klotz der Kultur, der in Leer steht, nicht mit jungen Kaufleuten gefüllt ist, wenn die Landesbühne nicht schwiegermuttermäßig gastiert und trotzdem die Bühne bebt und der Perlwein schäumt, dann gibt's Operette. Dann sind die fahrenden Gesellen da und geben alles, zum Beispiel die Czardas-Fürstin, die lustige Witwe, den kalten Bauer, ach ich weiß es nicht. Es muß schon Heidi Kabel zum allerletzten Gastspiel laden, um das Glück noch zu doppeln. Da kommt das geneigte Publikum in Bussen, per Rad und im Rollstuhl – da ist Leer voll.

Ich erinnere mich noch gut, 79, als meine Buchhandlung die ersten gemieteten, mit viel Liebe und Aufwand renovierten Räume bezog. Als da die Tür geöffnet wurde und für viele Verlagsprogramme erstmals die Pforten der Wahrnehmung in dieser Region zwischen Moor und Meer aufgestoßen wurden. Die schönen roten Balken der Rotbücher, die eleganten Quarthefte Wagenbachs, Neue Kritik, Matthes und Seitz, Olle und Wolter, Klaus Guhl, Merve, vieles Verschollene und Vergessene. Und die schöne Literatur von Achmatowa bis Zola, alles am Lager. Und die Kinderbücher, Bilderbücher, und die kleinen Bestien durften die Bücher sogar anfassen, und Janosch war Avantgarde und alles in Hülle und Fülle, die ganze Büchse der Pandora ein einziges Wunderhorn, bis die Kontos krachten, lange bevor die Buchhalter die Macht übernahmen in den Verlagen und Auslieferungen, sehr lange bevor die Betriebsberater sich zwischen die Remittenden und Novitätenstapel zwängten. Ja, die Kunden kamen, nicht in Scharen, aber doch immer mehr werdend, und sie plauschten, tranken Kaffee und rauchten, gelegentlich bestellten sie auch Nichtvorhandenes. Glorreiche, aber doch seltene Momente, in denen plötzlich Platz in den Regalen war und die Bücher nicht unter Umgehung der Kasse den Laden verlassen hatten.

Welch eine Lust, Bücher vorzustellen, zu empfehlen, zu verkaufen: Soll ich's Ihnen als Geschenk einwickeln – aber ja – aber gern. Ich erinnere mich noch gut an die ersten beiden Bände der *Streichungen* von Michel Leiris, die ich einer Dame aus dem örtlichen Regierungsviertel für ihren da ansässigen Gatten empfahl, einwickelte und verkaufte, wie schön, zwei Wochen nach dem Wiegenfest des Herrn standen die beiden Bände ohne Gebrauchsspuren wieder in meinem Regal. Danach verkaufte ich monatelang gern und voller Überzeugung *Wie ich lesen lernte* von Maxim Gorki.

Wenn Sie im Mai über die Deiche sehen unter dem offenen, blauen Licht des raschen Himmels, ist das dominierende Grün plötzlich mit einem gelben Schmuck über und über besetzt. Der Löwenzahn läßt den Norden leuchten. Einige Wochen später ist die gelbe Pracht dahin, und die Deiche tragen für eine kurze Weile den weißen Bart der Pusteblume, die der immerwährende Wind zaust und fortbläst überall hin. Daß dies die Hüter der Vorgärten ärgert, ist für mich immer ein beruhigender Gedanke gewesen. TARAXACUM, die botanische Bezeichnung für dieses kleine Wunder, Deichvergolder, Wolfsmilchgewächs, Gift und Heilmittel, Karnickelfutter und Salatlieferant – die Hundeblume, siehe Borchert, wächst überall –, TARAXACUM, so nannte ich 1979 den Horst der Bücher und des Geistes, dem ich ein wenig zu existieren half.

Es vermehrten sich bald die Zahl der Bücher und die Kunden, die Kontoauszüge, das Kleingeld und die Schulden. Aber auch die Mitarbeiter, Freunde, Feinde und Umzüge. 1981 siedelten wir zum drittenmal um und bezogen das jetzige Domizil in der schönen Altstadt Leers, die der eingeplanten, nahezu verbrecherisch anmutenden Flächensanierung trotzte und nun so etwas wie Idylle atmet und den Leeraner Bürgern dazu dient, am Sonntag ihre Hunde Gassi zu führen. Dann stehen sie vor den Schaufenstern und zeigen ihren mitgeführten Verwandten, den Kopf an die Schaufensterscheibe lehnend, ins schemenhafte Ladeninnere blickend, den Ort, wo immer die Künstler stehen. Und sie täuschen sich nicht. Denn genau da im Schaufenster ist der Platz, wo der Geist Leeraner Luft atmet, das ist die Bühne der Dichter, wo Jazzer jazzen, wo es nahezu wöchentlich Theater gibt in irgendeiner Form. Das ist die Bühne meines Theaters, das einmal nur Buchhandlung war und jetzt Teil eines Triptychons ist.

Am Anfang war – sehr wenig. Ich erinnere mich noch an die zusammengeliehenen Stühle, die provisorische Bühne, die miserable Beschallung, die ersten schön gestalteten Plakate, Handzettel (noch in Blei gesetzt und auf der alten Heidelberger gedruckt – die Druckerei direkt gegenüber ist Geschichte). Die Künstler, die sich ungläubig die Augen rieben, wenn sie nach ewig langer Bahnfahrt ans Ende der Welt plötzlich in diese Lebendigkeit, in diese Glut der Erwartung gerieten. Und dieses wunderbare Publikum der ersten Stunde. So eine Begeisterungsfähigkeit, soviel Glücksempfinden und auch der Dank für dieses Neue, noch nie Dagewesene. Soviel Aufbruch war nie und alles für n'Appel und n'Ei. Den Pausentrunk gab's auch gratis.

Und viele kamen. P. P. Zahl direkt aus dem Knast – blieb gleich einige Tage und verdrückte Palatschinken, Max v. d. Grün, Erich Fried, Uli Becker, Robert Gernhardt, H. C. Artmann, der Milch trank, Harry Rowohlt, der keine Milch trank, Peter Härtling, Herbert Rosendorfer, Dieter Wellershoff, Sarah Kirsch, Andrzej Szczypiorski, Ralph Giordano, Pieke Biermann, Renate Feyl, Urs Widmer, Martin Gregor-Dellin, schon Asche, Chris Howland (Mr. Pumpernickel), Hans Pleschinski – wunderbare Autoren, mit deren Namen ich noch einige Seiten füllen könnte. Viele kommen mit jedem neuen Buch wieder. Jochen Schimmang, der in Leer Abitur machte und in dessen leider lang vergriffenem Buch *Schöner Vogel Phönix*, man viel nachlesen kann von dem, was ich hier »Weißes Rauschen« nenne, war, glaube ich, schon fünfmal Bezwinger unserer Bühne und meines Terminkalenders.

Ich erinnere mich gern an die unglaubliche Lesung von Anita Albus, die aus den Tagebüchern der Brüder Goncourt las. Sie saß in ihrer ganzen geschminkten Zerbrechlichkeit auf einem schönen geschwungenen Biedermeiersofa vor einem siebenköpfigen Damenauditorium, und aus ihrem roten Mund perlten die goncourtschen Obszönitäten wie liebliches Gift. Vielleicht täusche ich mich in der Anzahl der lauschenden Damen vor der Pause. Nach der Pause waren es eher fünf als sieben Ladys in Dauerwellen. Ich erinnere mich an die Lesung mit Frederik Hetmann in jenen grauen

Tagen, ich glaube, wir waren zu dritt: die Bibliothekarin, der Autor und ich. Viel Wein für alle.

Natürlich gibt es immer wieder Veranstaltungen wie diese: Abende, an denen man vor Veranstalterscham versinken möchte. Zehn zahlende Zuschauer, da schenkt man schnell mal ein Glas Sekt aus, damit die sich nicht so einsam fühlen und in der Pause nur die Toilette, nicht jedoch das Weite suchen. Und der Autor ist doch Spitzenklasse, wenn er auch noch vorlesen könnte, wär's noch besser, er haucht und haspelt immer direkt neben das Mikrophon. Jetzt gähnt schon einer, der schläft gleich ein, Sauerstoffmangel, pah! Fußball heute abend? Irgendwer spielt doch immer. Siehste, jetzt schläft der. Fehlt nur noch, daß er schnarcht. Die Pressefrau steht auf, die Kamera im Anschlag, heimtückisches Blitzen im Halbdunkel. Dem Autor fällt fast die Brille vom Kopf, gerade hatte er halbwegs seinen Rhythmus gefunden, da muß diese infame Dame – und tut noch so unschuldig – losschießen, knipsen, knipsen, knipsen, jetzt ist er ganz von der Rolle. Der geordnete Rückzug der Presse führt zielstrebig über einen der unbenutzten Stühle, der scheppernd zu Boden geht. Die Dame hält sich vage aber wacker. Der große Artikel mit zweispaltigem Foto ist soeben zu einer Pressenotiz geschrumpft.

Ich bin schweißnaß und könnte mich bodenlos betrinken, auf der Stelle und immer wieder. Gelassen bin ich nie, auch nicht nach Hunderten von Konzerten, Lesungen, Eröffnungen, Verabschiedungen, und dann ist es endlich so weit: der letzte Satz, zagender Applaus, hochversehrtes Publikum, jetzt bitte keine weiteren Fragen, Schluß, Aus, höfliche Verbeugung, natürlich wird signiert, kann ja schreiben, den Rest lesen Sie dann selbst zu Hause … Vorhang, Klappe. Lauter leere Stühle.

Das Haus Taraxacum ist ein großes, 150jähriges Bürgerhaus, das von jüdischen Tuchhändlern erbaut und bewohnt wurde und nach 1933 in die Hände eines der ranghöheren Nazis der Stadt fiel, dessen Familie dort über die 1000 Nazijahre hinaus, bis ich das Haus übernahm, ein Eisenwarengeschäft betrieb und schließlich ruinierte. Als die letzten krummen Nägel, Schrauben, Eisenträger abgeholt waren, sah man erst den entsetzlichen Zustand dieses ehemals stolzen Gebäudes. Es glich den Bilanzen der Vorbesitzeraltnazifirma. Heute ist das Haus ein geschütztes Baudenkmal im wahrsten Sinne des Wortes und verdeckt in seiner breitschultrigen Schönheit den häßlichen Rathausneubau. Wenn man die Autobahn an der Abfahrt Leer-Nord verläßt, rechts abbiegt und dann unbeirrt immer geradeaus steuert, steht man nach zwei bis drei Kilometern plötzlich vorm Haus Taraxacum Rathausstraße 23, in Leer/Ostfriesland, ziemlich in der Mitte gelegen zwischen Amsterdam und Hamburg.

Es gab eine Zeit, so um 1990, da zeichnete Radio Bremen unsere Autorenlesungen auf. Das war Glück, Glanz, Ruhm und außerdem

Geld, denn die Öffentlich-Rechtlichen ließen es sich nicht nehmen, die Gage der Künstler zu zahlen. Sie rückten dann mit großer Besetzung an, in einem riesigen Bus, der zeitweilig den Straßenverkehr in der Altstadt lahmlegte. Ein Heer von Strippenziehern, Tontechnikern, Obertontechnikern, Aufnahmeleitern mit Assistentin und deren Sekretärin, unglaublich nette Menschen, die bei uns teure Überstunden schoben, denn bis die ganze Technik wieder eingetüdelt war, graute ja der Morgen. Der Kommandant der Aufnahmeeinheit war Oberkulturrat Dr. Franke. Ein sehr sympathischer Mensch, lassen Sie mal den Dr. weg – »Franke kommen Sie doch mal her« – das war Harry »the voice« Rowohlt, die Stimme aus dem Hintergrund, der so eine Vorlage im gegnerischen Strafraum natürlich direkt verwandelte: von nun an hieß er »laß den Dr. mal weg, Franke«. Der Franke, der uns und Radio Bremen gen Baden verließ.

Die Lesung von Harry Rowohlt, »König der Vorlesenden«, die Franke (oder hieß er doch Schulze, Harry wird es wissen mit seinem unglaublichen Gedächtnis für Fouls und Vorlagen der anderen deutschen Zungen) für Radio Bremen aufzeichnete, war nicht etwa die erste und einzige in Leer, sondern schon die vierte, fünfte und nicht die letzte. Harry hatte tatsächlich ein erlesenes Publikum, immer volles Haus und keine Lesung unter vier Stunden. Aus dieser Epoche stammt der kurze Zeit später in die Realität verbrachte Plan, eine eigene Gastronomie einzurichten, vulgo: Kneipe.

Lange bevor Harry Rowohlt Film-Fernsehstar wurde, war er hier in Ostfriesland ein Star, der Inbegriff des Vorlesers, die Reinkarnation Flann O'Briens. Ganze Bevölkerungsgruppen kommunizierten nur noch im O'Brien-Jargon. Harry Rowohlt war Kult und wo TARAXACUM draufstand auch. Ein schöner Zustand.

Schon immer habe ich literarische Veranstaltungen musikalisch unterlegen lassen. Bei der fantastischen Lesung von P. P. Zahl, die wir wegen des riesigen Andrangs in die Stadtbibliothek verlegen mußten, es waren sicher drei- bis vierhundert Besucher, hatten wir zwei Bluesmusiker von Rang aus der Region, Lahmeyer und Schmidt, gebeten, den Klangteppich zu knüpfen, über den Zahl dann seine Texte sprach.

Ein wunderbarer Abend, der nur möglich wurde, weil die damalige Stadtbibliothekarin Katharina Steffens, eine übrigens stockliberale Dame, die für immer meine Herzensbibliothekarin bleibt, den Weg schon sah, für den ich mir noch die Schuhbänder band: Keen Wenekedonk aus Groningen spielte bei ihr auf dem Klavier berühmte Krimimusiken, während Pieke Biermann Mord und Totschlag verlas.

Das erhöhte zwar die Gagen, aber verdoppelte auch das Vergnügen. Außerdem, wo gab's das schon? Das war ja schon fast Entertainment. Eine frühe O'Brien-Lesung Harry Rowohlts wurde mit Musik einer irischen Band eingeleitet und beendet. Die Band hieß Celtic Road und kam aus Bremerhaven. So toll fand Harry das nicht mit der Musik. »Die nehmen mir Sendezeit«, knurrte er während der von mir erzwungenen Pause. Das Spektakel fand im Freien statt, in einem Zirkuszelt, wir feierten ein Jubiläum, und abends wurde es kühl und feucht, wie es gern in Küstennähe geschieht. Harry las. Die Instrumente wurden klamm und feucht, verstimmten sich. Harry las. Die Musiker, zu Pausenfüllern degradiert, waren leider auch verstimmt. Harry las und las. Das Publikum amüsierte sich köstlich, mit Guinness und guter Laune. Harry las. Vermutlich rechnete er damit, daß die Feuchtigkeit und die Kälte die Instrumente unbespielbar machen würden. Kurz, er hätte die Musik an die Wand gelesen, wenn nicht wegen akuter Überlastung plötzlich die Stromzufuhr teilweise zusammengebrochen und die gesamte Zeltbeleuchtung erloschen wäre. In das Schweigen und die Dunkelheit dröhnte völlig unerwartet Harry Rowohlts sonore Stimme »mal sehen, ob ich meinen Text kann«, und tatsächlich: Harry las und las, gut zehn Minuten, bis er den völlig enervierten Musikanten die Bühne überließ – »aber nur für 'ne Zigarettenlänge«.

So oder ähnlich war die Geschichte. Den abschließenden Musikpart übernahm übrigens eine andere Kapelle. Ich erinnere mich noch an den Bassmann und Sänger Voley, im Hauptberuf Clown. Ein Trio, alles Schauspieler, fahrende Gesellen, die aus purer Lust Musik machten. Seitdem haben die Musiker ihre Bühne immer für sich, und die Stromversorgung funktioniert bestens.

Ich erinnere mich an die wunderbare Lesung mit Christoph Ransmayr aus seiner letzten Welt. Die schönen Veranstaltungen mit Adolf Muschg, Thomas Strittmatter, Bernhard Lassahn, Uwe Timm, Gerd Hauke, Carl Djerassi, dem Erfinder der Antibabypille und eitelsten aller Autoren. Ich erinnere mich an die Vorstellung der fröhlichen Rückenschule für Männer jeden Alters von und durch Tilman Spengler. Ich erinnere die eindrucksvollen Arno-Schmidt-Lesungen der eindrucksvoll lesenden Herren Rauschenbach, Reemtsma, Kersten und Haffmans, das Grünkohlmampfen im Winter nach der Lesung mit viel Schnaps und einige Stunden gebrabbelten Glücks. Und das Hotel hatte Nachtspeicheröfen oder ähnliches, auf jeden Fall war die Heizung aus und die Bude kalt, und die Herren, die allein reisten oder blieben, schliefen im Anzug. Die Besitzerin verkaufte dann dieses Hotel, nur um ein anderes aus Familienbesitz zu ruinieren.

Der Not gehorchend, alle Leeraner Hotels waren überbucht, brachte ich in ihrem neuen Hotel einmal den Dramatiker Rolf Hochhuth unter oder versuchte es wenigstens. Hochhuth eilte zur Lesung, gut präpariert, jedoch unter Zurücklassung seines Hotelschlüssels. Ganz Berliner, konnte er sich ein Hotel ohne Portier zur Nacht gar nicht vorstellen. Diese Vorstellung ist gründlich revidiert worden, die Nacht verbrachte er in meinem Gästezimmer. Als ich den unrasierten Theaterautor am nächsten Morgen in sein Hotel geleitete, erlebte das noch überm Frühstückzubereiten schlummernde Personal Hochhuth-Theater aus erster Hand. Die Nachtportierstelle blieb unbesetzt.

Ich könnte tagelang erzählen über die gelungenen Veranstaltungen, das Haus zum Bersten gefüllt, Künstler zum Niederknien, Applaus, der die Regale entstaubte. Wunderbare Feiern nach den Lesungen oder Konzerten mit erstklassigen Besäufnissen, bis daß der Tag ausbrach. Nach Erfolgen und auch nach Mißerfolgen. Was heißt das schon, Mißerfolg, wer will das bewerten. Häufig sind die schlecht besuchten Veranstaltungen besonders intensiv. Man verliert halt Geld, das kann auf Dauer peinlich sein. Ich erinnere mich an Bankgespräche, die sehr peinlich waren. Für beide Seiten. Aber wir waren berühmt, sogar in Leer. Tatsächlich, die ganze Stadt redete über uns.

Die örtliche Tageszeitung, die uns in den ersten Jahren gar nicht zur Kenntnis genommen hatte, berichtete nun regelmäßig und mit steigendem, aber kritischem Wohlwollen. Ich erinnere mich noch an das allererste Elaborat einer Dame, die mittlerweile gereift und gern und häufig Gast in unserem Hause ist, aber damals den Zeitungslesern Märchen erzählte und die ostfriesischen Verlage und Buchhändler dazu aufrief, dem Roten Wübbelsmann (wer 'ne Lesung mit P. P. Zahl macht, ist Kommunist) Paroli zu bieten. Einspaltige, zehnzeilige Einäugigkeit.

Ich erinnere mich an die großen Worldmusic-Festivals, die wir gemacht haben, mit viel Einsatz und großem Erfolg in jener Schulaula, die ich am Anfang erwähnte, in der es in Ermangelung funktionstüchtiger Scheinwerfer stockdunkel war; wäre ich nicht strahlend vor Glück mein eigener Leuchtkörper gewesen, man hätte mich kaum gesehen bei meinem Bückling vor ausverkauftem Haus.

»Taraxacums Nacht der Poesie« in Zusammenarbeit mit Poetry International Rotterdam. Mit den fantastischen chinesischen Dichtern Dao Dao und Bei Dao, Ron Elshout aus den Niederlanden, Uli Becker aus Berlin, Sujata Bahtt aus Indien und Hawad, dem blau gewandeten und total zugekoksten Tuarek, die alle in ihrer Mutterzunge Poesie vortrugen, während der halbblinde Gitarrist Noris Benett aus New York die Umbau- und Rauchpausen saitenweise moderierte. Und das alles vor ausverkauftem Hause, obwohl die holländischen und die deutschen Nationalkicker spielten.

Ich erinnere mich, wie entrüstet ich war, als mir zu Ohren kam, daß der örtliche Leiter der Volkshochschule, der aussieht wie der alte Lenin, nur daß Lenin nie so alt wurde, seinen Mitarbeitern verbot, in unserem Hause

Bücher für die Volkshochschule einzukaufen. Und hundsgemein die Chefredaktion und den Verlag der *Ostfriesen Zeitung* drängte, dafür Sorge zu tragen, daß nicht mehr soviel über unsere Veranstaltungen berichtet würde. Dafür mehr über die VHS, versteht sich. Die hat ja auch die Kulturhoheit in Klöppeln, Häkeln und Englischlernen.

Die Jahre sind ins Land gegangen, TARAXACUM ist erwachsen geworden. Zu der Buchhandlung ist noch eine Weinhandlung gekommen, die seit acht Jahren für den Geist in den Flaschen zuständig ist. Vor fünf Jahren wurde die gastronomische Abteilung eröffnet. Café genannt, ist es ein Chamäleon wie das ganze Haus, nachts Kneipe, mittags Restaurant und morgens Café, wie es euch gefällt. Was eigentlich als Pausenfüller gedacht war, wurde ein gastronomischer Senkrechtstart. So bietet das Haus auf allen Ebenen Geistiges und Hochgeistiges. Auf der Bühne, zwischen Buchdekkeln, in Flaschen und Gläsern.

Und manchmal, wenn die Sonne am späten Nachmittag durch die Oberlichter der bleiverglasten Caféfenster scheint und den Raum in ein tiefes Blau taucht, wenn der Blick dann über die Cafétische hinweg, an der Weinhandlung vorbei über die vollen Büchertische die alten Regale streift, in denen vor hundert Jahren Tuchballen lagerten und wo jetzt Bücher Rücken an Rücken Staub fangen und Zeit schinden, und dann den einsamen Stuhl auf der Bühne sieht, der bereitsteht für den nächsten Troubadour, dann ahnt man den Geist des Hauses, der wahrscheinlich soeben dort Platz nimmt.

Sabine Sauer
Lesarten

AVON

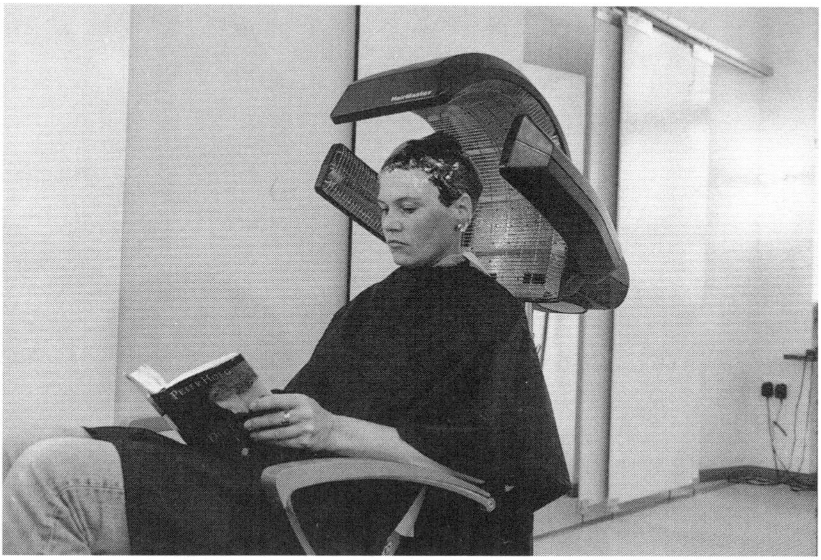

KIRK
DOUGLAS
WEG ZUM RUHM

U-TURN
USA
Kniffelspaß
IM NAMEN DES VOLKES
Gretchen Asmussen
und der
Onkel aus Amerika
Die Reise nach
Tamerland

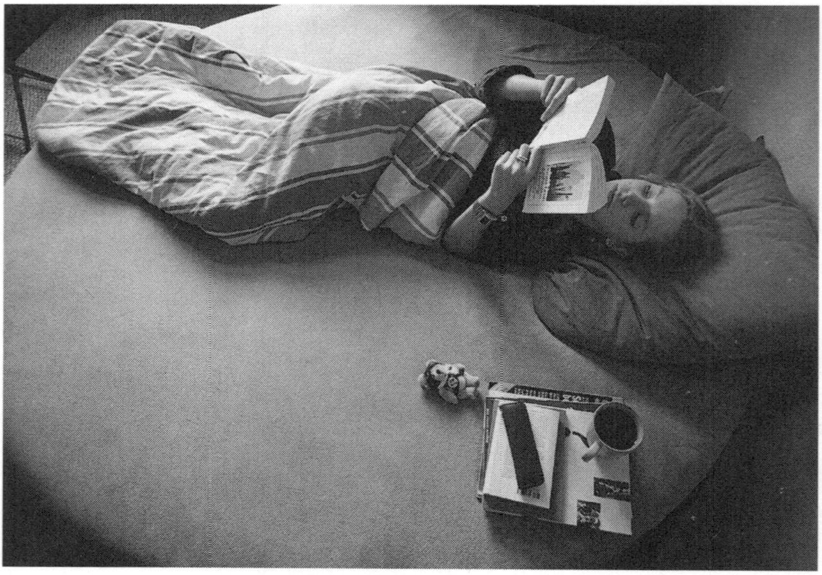

Ute Schneider
Im Durchschnitt jährlich fünf

Der statistisch gemessene Leser

Im Sommer 1996 startete die »Stiftung Lesen« zusammen mit der Deutschen Bahn AG die Initiative »Reisezeit – Lesezeit«. Das über hundert Jahre alte, damals von findigen Verlegern wie Brockhaus konzipierte Modell der »Lesereise« wurde wiederaufgegriffen oder neu entdeckt, und unter dem doppeldeutigen Slogan »Das Lesen in vollen Zügen genießen« wurde das deutsche Reisevolk daran erinnert, daß es auch einmal ein »Lesevolk« war. Reisen auf den Spuren von deutschen Dichtern und Denkern, durch kulturell bedeutende Landschaften und vorbei an literarischen Gedenkstätten links und rechts der Bahnlinien mit begleitender Lektüre und weiterführenden Lesetips sollen der Kulturtechnik Lesen wieder aufhelfen. Mehrere Millionen Menschen sind tagtäglich mit der Bahn unterwegs, ein ideales Zielpublikum für diese Kulturmission in Sachen Lesen. Andererseits leben schätzungsweise vier Millionen funktionale Analphabeten in der Bundesrepublik, denen der Reiseweg zum Buch versperrt scheint. Reisezeit, der Weg zur Arbeit wie die längere Urlaubsreise gleichermaßen, soll als Lesezeit genutzt werden, so die Hoffnung der »Stiftung Lesen«. Im Gegensatz zum 19. Jahrhundert stammt die Idee der Lesereise heute nicht von Verlegern, die ihre »Reisebibliotheken« den Lesern im Bahnhofsbuchhandel in der Hoffnung auf profitablen Umsatz feilboten; heute wirbt man für die Sache an sich. Es geht ums Lesen prinzipiell.

Die Notwendigkeit der stetigen Leseförderung und -erziehung scheint angesichts der immer wieder in der Presse zu lesenden Schlagzeilen vom unaufhörlichen Niedergang der deutschen Lesekultur mehr als angebracht. Seit Gerhard Schmidtchen vor fast einem Vierteljahrhundert (1974) den »Zerfall der Lesekultur« prognostiziert hat, wird die These vom stetigen Verfallsprozeß unbeirrt kolportiert. Beharrlich wird ein rapide fortschreitendes Desinteresse am traditionellen Bildungs- und Kulturgut Buch in der Gesellschaft unterstellt und auf die fatalen Konsequenzen für die Tradierung kultureller Werte wie für das gesamte Bildungssystem hingewiesen.

Diese Ansichten sind jedoch keineswegs neu. Bereits in den zwanziger Jahren unseres Jahrhunderts wurde von Kennern des Literaturbetriebs angesichts der neuen Medien Film und Rundfunk der unaufhaltsame Niedergang der Lesekultur konstatiert, und die damaligen Prognosen über die Zukunft der Buchhandelsbranche waren alles andere als optimistisch. Das Schlagwort von der »Bücherkrise« kam ausgerechnet in dem Moment auf, als die deutsche Buchproduktion enorm expandierte und führend in der Welt war (Jahresproduktion 1927: 37 886 Titel). Der Kulturverleger Samuel Fischer schrieb 1926: »Da ist es nun sehr bezeichnend, daß das Buch augenblicklich zu den entbehrlichsten Gegenständen des täglichen Lebens gehört. Man treibt Sport, man tanzt, man verbringt die Abendstunden am Radioapparat, im Kino.« Die Rolle, die Film und Rundfunk in den zwanziger Jahren zugeteilt bekamen, wurde in den fünfziger und sechziger Jahren durch das Fernsehen besetzt. Die Befürchtungen waren dieselben, das neue Konkurrenzmedium versetze dem Buch und dem Lesen den sicheren Todesstoß. Historisch betrachtet haben sich all diese Prognosen als relativierungsbedürftig herausgestellt. Neue Medien haben im Laufe des 20. Jahrhunderts die Funktionen des Buchs sowohl als Unterhaltungs- als auch als Informationsmedium mehr ergänzt denn abgelöst.

Heute kreisen die Diskussionen im wesentlichen um die Frage, ob und, wenn ja, inwieweit die elektronischen Medien jeglicher Couleur das Medium Buch verdrängen. Die Medienangebote in der zeitgenössischen Informationsgesellschaft sind vielfältiger geworden, und eine Antwort auf die Frage, ob sich »das Buch« daneben behaupten kann, wird erst in fernerer Zukunft gegeben werden können. Bis jetzt gestalten sich die Chancen für eine Zukunft des Buchs recht positiv, und nur 5 Prozent der bundesdeutschen Bevölkerung glauben, daß es im Jahr 2050 keine Bücher mehr geben wird (*Demoskopische Entdeckungen*, S. 36). Wenn man sich dem Leser und der Leserin Ende des 20. Jahrhunderts statistisch nähert, besteht – vorsichtig formuliert – Grund zur Hoffnung. Die folgenden Resultate stammen teils aus der Statistik zur aktuellen Buchproduktion und teils aus den neuesten empirischen Erhebungen der Buchmarktforschung, die in der Bundesrepublik von verschiedenen – branchenfremden wie auch brancheninternen – Institutionen durchgeführt wird. Weitgehend unberücksichtigt bleibt im folgenden die Zeitschriften- und Zeitungslektüre.

Das Buchangebot war noch nie so umfangreich und auch noch nie so unübersichtlich wie heute. 1996 erschienen 71 515 Titel in deutschen Verlagen, die stärkste Sparte war die Belletristik mit einem Anteil von

13,5 Prozent an der gesamten Titelproduktion, gefolgt von der Kinder- und Jugendliteratur mit 6,5 Prozent. Nach den neuesten verfügbaren Zahlen (1994) liegt die BRD im internationalen Vergleich in der Jahrestitelproduktion weltweit an dritter Stelle, hinter China (über 100 000 Titel) und Großbritannien (über 95 000 Titel). Diese Zahlen lassen nicht zwingend auf einen erhöhten Lesebedarf der deutschen Bevölkerung schließen, zumal die steigenden Titelzahlen mit sinkenden Auflagenzahlen einhergehen. Es wird oft betont, daß Buchkäufer nicht immer auch Buchleser sind. Die Frage, wozu Bücher (außer zu Geschenkzwekken) gekauft werden, wenn sie nicht gelesen werden, ist allerdings noch nirgends beantwortet worden. Denn ein allgemeinverbindlicher Lektürekanon, dessen Kenntnis im Wohnzimmerregal präsentiert werden muß, existiert nicht mehr, oder doch? Der Lektürekanon ist möglicherweise durch sogenannte Kulttexte ersetzt worden, die generationsspezifischen oder ideologischen Charakter oder auch beides haben. Man denke nur an zwei Texte aus den siebziger Jahren, einer Zeit, in der sogar Schulbücher literarisch entrümpelt wurden: Verena Stefans *Häutungen* (1976) wurde zum Klassiker der Literatur der neuen Frauenbewegung, den »frau« gelesen haben »muß«, und Bernward Vespers posthum veröffentlichter Romanessay *Die Reise* (1977) wurde zum Kultbuch einer ganzen Generation. Kulttexte als Pflichtlektüre einzelner sozialer Gruppen haben keine gesamtgesellschaftliche Reichweite, aber durchaus identitätsstiftenden Charakter, und so ist zu fragen, ob sogenannte Kultbücher nicht das gleiche Schicksal ereilt wie frühere Klassiker: gekauft, aber nicht gelesen? Das ist nur eine Vermutung. Forschungsberichte dazu existieren nicht.

Lesehäufigkeit und -quantum

Die statistischen Umfrageergebnisse der aktuellen Leserforschung ergeben oft widersprüchliches Zahlenmaterial, vor allem in Detailfragen. Ich beschränke mich daher auf die Wiedergabe von Tendenzen, die mehr oder minder von allen Umfragen bestätigt wurden.

Zunächst ist festzustellen, daß der hohen Titelproduktion zum Trotz das Fernsehen in der Hitliste der beliebtesten Freizeitbeschäftigungen der Bundesbürger in fast allen Umfragen seit Jahren unumstößlich Platz 1 behauptet. Durchschnittlich gut zweieinhalb Stunden sitzen die Deutschen während der Woche täglich vor dem Bildschirm, samstags und sonntags vier Stunden. Für die Lektüre von Romanen, Gedichten und Erzählungen opfern selbst regelmäßige Leser durchschnittlich nur eine Stunde am Tag, am Wochenende 20 Minuten mehr. Bücherlesen rangiert je nach Umfrage auf Platz sechs, sieben oder acht der Freizeitbeschäftigungen, meist direkt hinter dem Lesen von Zeitschriften.

Die klassischen Eckdaten zum Leseverhalten des statistischen Lesers liefern die Antworten auf die Fragen »Haben Sie in den letzten zwölf Monaten ein Buch gelesen?« und, falls die Antwort positiv ausfällt, »Wie viele Bücher lesen Sie pro Jahr?«. Den regelmäßigen Erhebungen des Allensbacher Instituts für Demoskopie zufolge sagten 1995 72 Prozent der bundesdeutschen Bevölkerung, sie hätten in den letzten zwölf Monaten ein Buch gelesen, 1968 gaben dies nur 64 Prozent an. Insgesamt scheint die Anzahl der Leser und Leserinnen also etwas anzuwachsen.

In einem ganz groben Raster kann man etwas mehr als ein gutes Drittel der Befragten als Vielleser bezeichnen. Das sind diejenigen, die täglich oder fast jeden Tag zum Buch greifen. Ein Drittel bilden gelegentliche Leser, die sich seltener als einmal wöchentlich der Buchlektüre widmen, und etwas weniger als ein Drittel ist als Nichtleser einzustufen. Diese Drittel-Teilung hat sich in den letzten 30 Jahren relativ gut behauptet mit steigenden Prozenten beim Leseinteresse und leicht abnehmenden Prozentzahlen in der Gruppe der Nichtleser. Mit diesen Zahlen korrespondieren auch annähernd die Ergebnisse der Repräsentativstudie der »Stiftung Lesen« über das Leseverhalten der erwachsenen Bevölkerung in Deutschland aus den Jahren 1992/93, wonach 36 Prozent der Bevölkerung nach Selbsteinschätzung angeben, sie läsen viel und intensiv (S. 48). Nach dieser Studie bekannte sich allerdings nur ein Fünftel zu den Nichtlesern, die nie ein Buch zur Hand nehmen (S. 32).

Eine grundsätzlich erfreuliche Tatsache ist, daß das Interesse an Büchern auch angesichts neuer Freizeitbeschäftigungen und der Nutzung schnellerer Informationsmedien stabil geblieben ist. Aber: das allgemeine formale Bildungsniveau in der Bundesrepublik ist heute höher anzusiedeln als vor 30 Jahren – 20 Prozent der Schüler eines Jahrgangs machen heute Abitur, doppelt so viele wie in den sechziger Jahren. Außerdem verfügt der potentielle Leser heute über mehr Freizeit sowie über ein deutlich gestiegenes Haushaltseinkommen. Die Verbesserung der Bildungsmöglichkeiten hat gesamtgesellschaftlich gesehen nicht zu einem allgemein verstärkten Leseinteresse geführt, was der These »mehr Bildung – mehr Lektüre« widerspricht. Daraus läßt sich die Erkenntnis ziehen, daß Belesenheit nicht mehr unabdingbare Voraussetzung für Bildung ist. Der klassische bürgerliche Bildungsbegriff, dem eine reiche Kenntnis literarischer Werke zugrunde lag und der unter anderem durch umfangreichen Buchbesitz symbolisiert wurde, ist anscheinend endgültig von einem Bildungsbegriff abgelöst worden, der (nur noch) die Summe von Wissensbeständen beschreibt, die sich nicht zwingend über Lektüre erschließen lassen müssen und vielleicht auch nicht mehr dadurch erschließen lassen können. Gerade hier wird die Rolle »des Buchs« und des Lesens in der Zukunft noch intensiver zu untersuchen sein. Mit quantitativen Untersuchungsmethoden läßt sich dieses Phänomen nur ungenügend erklären.

Eine Momentaufnahme zur Lektürequantität lieferte die »Stiftung Lesen« 1992/93 (S. 33). Die Antwort auf die Frage »Wie viele Bücher lesen Sie pro Jahr?«, die unter Buchlesern gestellt wurde, widerlegt das gängige Vorurteil, Jugendliche und Kinder läsen besonders wenig. Nach Altersgruppen sortiert sind die jungen Leser die fleißigsten, ein Drittel der 14- bis 19jährigen liest sechs bis zehn Bücher pro Jahr, ein weiteres Drittel 11 bis 21 Bücher, und 2 Prozent lesen sogar mehr als 100 Bücher. Alle anderen Altersgruppen treten dahinter weit zurück. Gerade diejenigen, die noch überwiegend ohne Fernseher aufgewachsen sind, die über 50jährigen, schneiden im Generationenvergleich unterdurchschnittlich ab. Leser mit höherer Schulbildung und/oder Studium lesen im Vergleich der Bildungsstufen am meisten. Ein Drittel der lesenden Abiturienten und Hochschulabsolventen liest mehr als 21 Bücher pro Jahr und belegt damit die Spitzenposition. 38 Prozent der Gesamtleserschaft lesen 1 bis 5 Bücher pro Jahr, jeder Vierte bis zu 10, jeder Fünfte bis zu 20 Büchern und jeder Zehnte bis zu 50 Büchern. Ein Lektürepensum von mehr als 51 Büchern pro Jahr, also etwa eins pro Woche, schaffen überhaupt nur 4 Prozent der Gesamtleserschaft. Geschlechtsspezifische Differenzen sind im Lektürequantum nicht festgestellt worden.

Alle Erhebungen der letzten Jahre stimmen in ihren Resultaten in den folgenden Punkten überein: (1) jüngere Menschen lesen erheblich mehr als ältere (über 60jährige), obwohl sie über weniger Freizeit verfügen; (2) es lesen mehr Frauen als Männer, und die Geschlechter unterscheiden sich auch in den von ihnen präferierten Lektürestoffen; (3) Lesesozialisation beginnt im Elternhaus, und hier wird auch schon grundsätzlich über Leser oder Nicht-Leser entschieden. Ein kultur- und lesefreundliches Milieu legt bereits in der Kindheit die Basis für die spätere Leserkarriere. Schulische und universitäre Bemühungen dienen möglicherweise noch der Kanalisierung der Lektürestoffe, prinzipiell ändern sie am individuellen Leseverhalten jedoch wenig.

Lektüreanregungen

Was veranlaßt nun die Leserin und den Leser, zu einem bestimmten Buch zu greifen? Im Gegensatz zum Fernsehen, das per Knopfdruck »ins Haus kommt« und das ein wahlloses »Zappen« zwischen verschiedenen Kanälen und Programmen ermöglicht, vielleicht sogar provoziert, und im

Gegensatz zum Internet, dessen Nutzung den Willen zum »Surfen« durch verschiedene Informations- und Unterhaltungsangebote geradezu voraussetzt, will der einzelne Lektürestoff stärker ausgewählt und das Buch »ins Haus geholt« werden. Während das Fernsehen auch in der Vielfalt der Programmangebote, sieht man von der Nutzung der Videotechnik einmal ab, die Zuschauermasse eher zwingt, zur selben Zeit das gleiche zu konsumieren, bieten Bücher den Lesern die Chance, ihren individuellen Vorlieben unabhängig von Zeit und Ort nachzugehen – die grundsätzliche Leselust immer vorausgesetzt.

Den Ausschlag bei der Lektürewahl geben meist mehrere Impulse, die unterschiedlich gewichtet werden. Priorität hat das persönliche Interesse an einem Thema, ob im Sachbuch oder im Roman ist unwesentlich; für etwas mehr als 60 Prozent der Leser ist dies das wichtigste Kriterium, wie aus der Bertelsmann-Studie von 1987 hervorgeht (S. 125). Dennoch ist die Wahl des Lektürestoffs keine rein individuelle Angelegenheit, denn fast gleichrangig mit den individuellen Interessengebieten wird als Lektüreanregung die Buchempfehlung durch Freunde und Bekannte angeführt.

In der Umfrage des Allensbacher Meinungsforschungsinstituts vom April 1994 dominiert die letztere sogar alle anderen Motivationen. Knapp 60 Prozent der Leser verlassen sich in ihrer Lektüreauswahl auf die Empfehlungen ihrer Freunde und Bekannten (*Demoskopische Entdekkungen*, S. 453). Nicht nur die direkte Empfehlung durch das unmittelbare soziale Umfeld, sondern auch der Wunsch, das Buch, das Freunde gerade lesen, ebenfalls zu kennen, wurde von 41 Prozent der Befragten als Anregung genannt. Auch bei vorsichtiger Interpretation dieser Zahlen darf man vermuten, daß der Austausch über das Gelesene, die Mitteilung von Leseerlebnissen einen wesentlichen Anlaß zur Lektüre bilden. Dies würde die These stützen, daß Leser generell besonders kommunikationsfreudige Zeitgenossen sind, ja daß das Buch nicht nur zum Lesen, sondern auch heute noch, jenseits akademischer Auseinandersetzungen, zur Diskussion anregt.

Dieser Befund von 1994 bestätigt unmittelbar die von der Bertelsmann-Stiftung vorgelegten früheren Ergebnisse aus den Jahren 1978 und 1987 (*Kommunikationsverhalten und Medien*, S. 136/137). Danach gibt es sowohl schichten- als auch altersstufenübergreifend eine kontinuierliche Entwicklung, nach der die Anregungen zur Buchlektüre in erster Linie aus dem Freundes- und Bekanntenkreis stammen. 1978 sagten 43 Prozent der Leser, die persönliche Empfehlung habe sie zur Lektüre eines bestimmten Buches animiert, wobei vor 20 Jahren vor allem die Angehörigen der Höherqualifizierten und Besserverdienenden dies betonten. 1987 waren es bereits 59 Prozent, die diesen Aspekt anführten, und zwar aus allen sozialen Schichten. Die Bertelsmann-Studie sieht hier eine Antwort auf das Phänomen, daß sich manche Bücher ohne besonderes Engagement von seiten der Verlage und der Presse zu heimlichen Bestsellern oder Dauersellern entwickeln, auch wenn sie schon ein, zwei oder mehrere Jahre auf dem Markt sind. Als Beispiel sei der enorme Bestsellererfolg von Benoîte Groults Liebesroman *Salz auf unserer Haut* angeführt. Vom Verlag eher vorsichtig eingeschätzt und wenig beworben, vom Feuilleton zunächst ignoriert, aber unter Freundinnen und Nachbarinnen als Geheimtip weiterempfohlen und verliehen, wurde der Roman einer der erfolgreichsten Bestseller der letzten Jahre.

Der Prozeß, Lektüreerlebnisse in die allgemeine Gesprächskultur aufzunehmen, kann 1994 bereits als verfestigt gelten. Soziale Gruppen haben großen Einfluß auf die Lektürewahl des einzelnen Lesers. Konsequenterweise nimmt in gleichem Maß die Funktion des Literaturkritikers als auswählender und literaturvermittelnder Instanz ab. Buchbesprechungen in Zeitungen und Zeitschriften animieren nur noch ein gutes Drittel der Leser zur Lektüre. Die Kanonisierung von Texten wurde bisher zu einem Teil von deren kritischer Würdigung in der Presse mitgetragen, ursprünglich mit dem Ziel, wertbildend und konsensstiftend zu wirken. Wird diese Funktion von sozialen Gruppen übernommen, die neue, unterschiedliche Kanons ausbilden, dann nimmt die Anzahl der Werke, die allgemein bekannt sind, stetig ab. Lektüre wird zufälliger. Die Zugkraft des »Literarischen Quartetts« läßt sich nur schwer als Gegenargument anführen, auch wenn die Verkaufszahlen der dort besprochenen Werke durchaus beeinflußt werden. Ebenso wie die Literaturkritik wird der beratende Buchhändler nur von 19 Prozent der Leser als ausschlaggebend bei der Lektüreauswahl genannt. Das eigenständige Stöbern in einer Buchhandlung jedoch regt eher zur Lektüre an, was wiederum die These von der Zufälligkeit der Lektüre stützt.

Interessant erscheint auch die Tatsache, daß unter den deutschen Buchlesern eine relativ starke Autorenbindung besteht (*Demoskopische Entdeckungen*, S. 453/454). Über die Hälfte der Leser wählt ihre Lektüre nach Autorennamen. Aber nicht einmal ein Viertel der regelmäßigen Leser ließ sich 1994 durch Bestsellerlisten zur Lektüre verführen. Zum annähernd selben Ergebnis kam schon die Bertelsmann-Studie von 1987. Im europäischen Vergleich ist der Anteil der deutschen Leser, der sich auf Bestsellerlisten verläßt, dennoch sehr hoch. In Frankreich, den Niederlanden, Großbritannien, Spanien, Italien und Ungarn scheinen die Bestsellerlisten nur eine verschwindend kleine Rolle zu spielen; kaum jeder zehnte Leser nennt diesen Aspekt bei der Lektüreauswahl. Wie die Daten der Untersuchung der »Stiftung Lesen« aus den Jahren 1992/93 zeigen, lassen sich auch nur 7 Prozent der deutschen Buchkäufer von einer Bestsellerliste zum Kauf anregen. Ein einfaches, konstruiertes Rechenexempel relativiert jedoch diese niedrige Prozentzahl: Geht man von einer Gesamtbevölkerung von 63 Millionen Menschen aus, die über 14 Jahre alt sind, nimmt man davon 72 Prozent Leser (45 360 000) und von diesen wiederum 7 Prozent, so kann sich der Buchhandel auf über 3 Millionen Käufer verlassen, die sich an Bestsellerlisten orientieren.

Lesertypen

Der Verlagsbranche bereitet die Erstellung von Käuferprofilen immer größere Probleme. Die Vielfalt der Lebensstile, die sich nicht nach eindeutig zuzuordnenden Schichtungskriterien wie Bildung, Einkommen, Beruf richten, scheint sich auch im Lektüreverhalten widerzuspiegeln. Einzig geschlechtsspezifisch betrachtet zeigt sich, daß Frauen immer noch, ganz traditionell, die Schöne Literatur besonders am Herzen liegt. Männer greifen eher zum Sachbuch.

Dennoch mangelt es nicht an Versuchen, den typischen Leser zu beschreiben. Doch nach welchen Kriterien soll man ihn einordnen? Ein paar willkürlich aufgegriffene Charakterisierungen aus der Forschungsliteratur der letzten Jahre mögen hier genügen, um die Vielfalt der Aspekte zu demonstrieren. Wird Lesen mit Persönlichkeitsmerkmalen und Lebenseinstellung korreliert, wie in der Studie von Saxer/Langenbucher/Fritz (1989), finden wir als typische Leser einerseits den *Leistungsorientierten*, der meist männlich ist und mit offensiv ausgerichteter Lebensform alle Medien gleichermaßen nutzt (rund 13 Prozent). Daneben läßt sich als typischer Leser auch der auf *Selbstverwirklichung* ausgerichtete Typus (rund 15 Prozent) festmachen, der meist weiblich ist – also vielmehr eine Leserin –, Büchern vor tagesaktuellen Informationsmedien den Vorrang gewährt und im Lesen neue Sinnhorizonte sucht.

Lesertypen, die dem Buch nur nebensächlichen Rang einräumen, finden wir hier merkwürdigerweise sowohl unter den *Sozial-Kommunikativen* (fast 17 Prozent) als auch unter den *Überangepaßten* (etwa 16 Prozent). Die sogenannten *Escapisten* (11 Prozent), die allen Problemen aus dem Weg gehen, und die *Genießer* (knapp 12 Prozent), deren liebste Freizeitbeschäftigung neben Nichtstun der hedonistische Genuß ist, sind diejenigen Typen, die fast gar nicht lesen.

Noch komplizierter und vielfältiger wird es, wenn man die Leser nach ihrer Einstellung zum Buch befragt und daraus Typen bildet. Die Allensbacher Umfrage aus der Mitte der achtziger Jahre berücksichtigte in der folgenden Typologie ausschließlich die zwei Drittel der Bevölkerung, die sich als Leser »geoutet« hatten, d. h. in den letzten zwölf Monaten ein Buch gelesen hatten (*Der befragte Leser*, S. 103 ff.). Acht Lesertypen wurden konstruiert. Da ist zunächst der *Buchmensch*, der immer ein Buch hat, in dem er gerade liest, und stundenlang in einer Buchhandlung stöbern kann. Der *Buchliebhaber* hingegen legt vor allem Wert auf den ästhetischen Genuß, den ihm Bücher bereiten, Eselsohren ärgern ihn, und er kauft auch Bücher, die er nicht sofort, sondern erst später liest. Dem Lesertypus, der *das Buch als Freund* bezeichnet, sind Bücher ähnlich wichtig wie Menschen, und manche Bücher würde er um nichts auf der Welt hergeben. Der *informationsorientierte Buchfreund* und der *informationsorientierte Buchnutzer* unterscheiden sich im wesentlichen nur durch ihre vorhandene bzw. fehlende emotionale Bindung zum Buch. Gemeinsam ist beiden, daß sie Bücher vorwiegend als Informationsinstrumente nutzen. Der *Konsumleser* entwickelt zwar eine gewisse Begeisterung für Bücher, eine tiefe Bindung fehlt jedoch. Er liest viel und oft, und zwar neue wie ältere Literatur, und er liest in erster Linie zur Zerstreuung. Der *unlustige Leser* findet wenig Zeit und Muße zum Lesen, unternimmt lieber andere Dinge und liest Bücher häufiger nicht zu Ende. Der letzte Typ ist mehr Käufer als Leser, d. h. als *Geschenkkäufer* bedenkt er mehr andere als sich selbst mit Büchern.

Lesertypen lassen sich noch enger fassen, wenn man sich auf die Leser bestimmter Sparten beschränkt. 1991 erschien die Studie *Kultur und Medien* der ARD/ZDF-Medienkommission, in der eine Typologie der Belletristik-Leser vorgenommen wurde, und zwar im speziellen der Romanleser. Hier wurde die Typologie aufgrund von Literaturkenntnissen erstellt.

Die Gruppe der *Nicht-Leser*, zu der jeder Fünfte zählte, war nach dieser Studie dadurch gekennzeichnet, daß ihnen bereits Autoren und Werke, die als klassische Lektürestoffe der Jugend bezeichnet werden, wie Daniel Defoes *Robinson Crusoe* oder Robert Louis Stevensons *Schatzinsel*, aber auch Thomas Manns *Buddenbrooks* und Ernest Hemingways *Der alte Mann und das Meer* kaum bekannt waren. Fast alle Nicht-Leser waren grundsätzlich kulturell desinteressiert.

Gegen die Nicht-Leser wurden *Ex-Leser* abgegrenzt, die zwar die oben genannten Autoren gut kannten, deren Werke teilweise auch gelesen hatten, aber keine Kenntnisse über die zeitgenössische Unterhaltungsliteratur und die gehobene Gegenwartsliteratur besaßen. Sowohl Unterhaltungsschriftsteller wie Johannes Mario Simmel und Heinz Konsalik als auch Gegenwartsautoren der gehobenen Literatur wie Günter Grass und Martin Walser waren dieser Gruppe nahezu unbekannt. Zu ihr gehörte fast ein Drittel der Befragten.

Die Gruppe der reinen *Unterhaltungsleser* (gut 16 Prozent) unterschied sich von den Ex-Lesern insofern, als ihnen über die Kenntnis der Schulzeitlektüre hinaus auch Werke der gängigen Unterhaltungsliteratur bekannt waren und von ihnen gelesen wurden. Neben Autoren wie Simmel und Konsalik waren dies Schriftsteller und Titel wie Ephraim Kishons *Nicht so laut vor Jericho* oder Roald Dahls *Küßchen, Küßchen*. Fast 70 Prozent dieser Gruppe waren Frauen.

Die *Bildungsleser*, als weitere unterscheidbare Gruppe (knapp ein Fünftel der Befragten), hatten wie die Unterhaltungsleser hohe Kenntnisse in der Unterhaltungsliteratur, darüber hinaus lasen sie auch überdurchschnittlich gehobene Gegenwartsliteratur. Ihre weiteren kulturellen Interessen wurden jedoch als gering bis mittel eingestuft.

Nur 11 Prozent der Befragten konnten als *Literaturkenner* ausgemacht werden. Sie lesen und kennen sämtliche Arten belletristischer Literatur, sind aber die einzigen, die sich mit der sogenannten Avantgarde-Literatur beschäftigen, die durch Autoren wie Peter Handke, Hermann Broch, Elfriede Jelinek, Ingeborg Bachmann, Uwe Johnson, Hubert Fichte, Thomas Bernhard und Botho Strauß repräsentiert wurde. Von allen Befragten konnten sich in der Kategorie Gegenwartsliteratur die meisten Leser an Günter Grass' *Butt* erinnern, wohingegen Botho Strauß' *Rumor*, zur Avantgarde-Literatur gerechnet, nur die wenigsten Leser kannten. Die Literaturkenner haben in der Regel eine hohe formale Bildung und partizipieren sehr stark an allgemeinen kulturellen Angeboten wie Kino, Theater, Ausstellungen, sind überdurchschnittlich an klassischer Musik interessiert und informieren sich regelmäßig mit Hilfe anderer Medien über die neueste Literatur. Etwa jeder zehnte Leser kann demnach als Literaturkenner ausgemacht werden, er liest alles.

Interessanterweise dominierten Frauen sowohl in der Gruppe der *Nicht-Leser* (60,9 Prozent) als auch in der Gruppe der *Literaturkenner* (56,1 Prozent).

Der kleine Unterschied

»Frauen wenden sich immer stärker dem Lesen zu, Männer wenden sich eher ab« (*Der befragte Leser*, S. 110). Diese lapidare Feststellung kann genauer belegt werden. Nach der Allensbacher Lesertypologie finden sich in den Kategorien *Buchmensch* und *Das Buch als Freund* mehr Frauen als Männer (15 zu 28 Prozent, 11 zu 17 Prozent). Die starke emotionale Beziehung zum Buch und der Selbstfindungsprozeß durch Lektüre skizzieren zwei Charakteristika, die primär den Leserinnen zugeschrieben werden können. *Unlustige Leserinnen* sind weitaus seltener als *Unlustige Leser* (23 zu 31 Prozent). Männer lesen eher sachbuchbezogen und tendieren mehr zu den *Informationsorientierten Buchnutzern* (19 zu 8 Prozent).

Frauen sind nicht erst mit dem Aufkommen spezifischer Frauenreihen, Frauenverlage und Frauenbuchhandlungen Ende der siebziger Jahre im Zuge der neuen Frauenbewegung als klassische Zielgruppe des Buchhandels wahrgenommen worden. Bereits im 18. Jahrhundert wurde die Frau als Leserin entdeckt und zu dieser Zeit von männlichen Zeitgenossen noch mit erheblichem Argwohn betrachtet. Vor allem vor der übertriebenen Romanlektüre wurde gewarnt und auf gesundheitliche Folgen aufmerksam gemacht. Wirkung haben diese Bedenken jedoch nicht gezeigt. Frauen bilden auch heute noch das traditionelle Lesepublikum der Romane. In keiner anderen Buchsparte wird der Unterschied zwischen männlichem und weiblichem Lektüreverhalten so drastisch deutlich. Während Frauen gerne zu Liebes- und Heimatromanen greifen, lesen Männer in der Romansparte am liebsten Science-fiction und utopische Romane. Lediglich bei Kriminalromanen zeigen sich Männer und Frauen gleichermaßen interessiert.

Frauen gehören aber, wie oben bemerkt, häufiger als Männer zu den Literaturkennern. Die Resultate der ARD/ZDF-Medienkommission werden durch die Allensbacher Daten von 1994 untermauert. Während nur jeder zwanzigste Leser eine Vorliebe für Lyrikbände und Gedichte entwickelt, ist jede achte Leserin an dieser Literatur interessiert. Moderne Literatur erreicht jeden zehnten Leser, aber fast jede sechste Leserin. Klassiker werden nur von jedem achten Leser zur Kenntnis genommen, aber von jeder fünften Leserin (*Demoskopische Entdeckungen*, S. 446).

Frauen wird einerseits die Lektüre rein unterhaltender Werke von Autorinnen wie Utta Danella, Eva Heller, Hera Lind, Sandra Paretti und Rosamunde Pilcher zugeschrieben, andererseits wird deutlich, daß Frauen mit höherer formaler Bildung zu den besten Kennerinnen von Werken der zeitgenössischen Avantgarde-Literatur zählen.

Im Sachbuch-Bereich sind die geschlechtsspezifischen Vorlieben verblüffenderweise noch sehr stark vom traditionellen Rollenverständnis geprägt. Mehr als ein Drittel der Leserinnen liest Bücher über Gesundheit und medizinische Fragen (Leser: 15 Prozent), aber nur 11 Prozent des weiblichen Lesepublikums interessieren sich für naturwissenschaftliche Werke (Leser: 25 Prozent) und nur 2 Prozent der Leserinnen für Bücher über Technik und neue Erfindungen. Letztere werden immerhin von mehr als jedem fünften Leser als besonderes Lektüregebiet genannt.

Massenlektüre

Die neuesten Leserstudien rechtfertigen nach den vorgelegten Daten alles in allem noch keine kulturpessimistische Panik über den Fortbestand des

Kulturguts Buch. Stellt man jedoch die Frage nach der Massenlektüre am Ende des 20. Jahrhunderts, muß man den Blick vom Buch abwenden. Buch-Bestseller-Erfolge in Auflagen von mehreren hunderttausend Exemplaren und Kassenschlager wie sogenannte unterhaltsam-humoristische Frauenromane im Taschenbuch der letzten Jahre dürfen nicht darüber hinwegtäuschen, daß Massenliteratur nicht immer zwischen zwei Buchdeckeln steckt. Im Bereich der massenhaft verbreiteten Literatur, die auch durch Begriffe wie »populäre Lesestoffe«, »Trivialliteratur« oder, weniger neutral, »Schundliteratur« charakterisiert wird, dominiert eine ganz andere Publikationsform: das Groschenheft bzw. der Heftroman. Heftromane decken im wesentlichen die Genres Liebes-, Frauen-, Heimat-, Berg-, Arzt- und Adelsroman, Western, Krimi, Science-fiction sowie Grusel-, Spuk- und Horrorroman ab.

Auch dieses Phänomen ist wie viele andere nicht neu, sondern kann auf eine bald zweihundert Jahre alte Tradition zurückblicken. Die Arbeiten von Rudolf Schenda (*Die Lesestoffe der kleinen Leute. Studien zur populären Literatur im 19. und 20. Jahrhundert*, 1976) und Peter Nusser (*Romane für die Unterschicht. Groschenhefte und ihre Leser*, 1973) suggerieren schon in ihren Titeln, daß der Konsum trivialer fiktionaler Literatur auf eine schichtenspezifisch eingrenzbare Leserzielgruppe beschränkt ist. Die neueste Untersuchung von Walter Nutz und Volker Schlögell (1991) zeichnet jedoch ein anderes Bild.

Zunächst zu den durchaus sprechenden Fakten (nach Nusser: *Trivialliteratur*, S. 39): Heftromane sämtlicher Genres werden in der Bundesrepublik gegenwärtig in einer jährlichen Gesamtauflage von ca. 370 Millionen Exemplaren auf den Markt geworfen. Wöchentlich werden etwa 6 Millionen Exemplare verkauft. Produziert werden die Hefte seit den siebziger Jahren von nur sechs Verlagen, wobei allein zwei Verlage (Bauer und Bastei) etwa drei Viertel des Markts bedienen. Der Bastei Verlag in München hat einen wöchentlichen Ausstoß von ca. einer Million Exemplaren der Genres Frauen- und Liebesroman. Etwa 100 Millionen Exemplare Liebesromane finden jährlich ihre Leser(innen). Daneben stehen einzelne Millionen-Bestseller in Buchform eher bescheiden da.

Wer sind nun die Leser und Leserinnen dieser Trivialliteratur? Die Ergebnisse von Nutz und Schlögell lassen sich folgendermaßen zusammenfassen: Die Leserschaft der Heftromane vereinigt grundsätzlich alle Schichten der Bevölkerung, alle Altersgruppen, beide Geschlechter (51,7 Prozent Frauen, 48,3 Prozent Männer) und unterschiedliche Bildungsniveaus. Fast ein Viertel der Gesamtleserschaft verfügt über höhere Schulbildung und/oder Universitätsexamen. In der Kategorie Science-fiction-Romane, die zu drei Vierteln von Männern gelesen werden, hat diese Klientel sogar einen Anteil von 47 Prozent. Geschlechtsspezifische

Unterschiede werden auch hier wie bei den Buchlesern überaus deutlich. Liebesromane werden fast ausschließlich von Frauen gelesen (95 Prozent), wobei die 20- bis 29jährigen die größte Gruppe stellen. Auch Arztromane werden weitgehend von Frauen konsumiert (95 Prozent Leserinnen), deren Bildungsstand etwas höher anzusiedeln ist als der von Berg- und Heimatromanleserinnen, die sich vorwiegend unter Arbeiterinnen und älteren Frauen finden. Westernromane werden von Männern bevorzugt (nur 9 Prozent Frauenanteil), die einen geringeren Bildungsstand haben und eher zu den älteren Lesern zählen. Jüngere Leser greifen insgesamt eher zum Gruselroman (56 Prozent Männer, 44 Prozent Frauen), und in der Sparte Krimi finden sich alle Alters-, Bildungs- und Einkommensschichten gleichermaßen zusammen (62 Prozent Männer, 38 Prozent Frauen).

Regelmäßige Heftroman-Leser konsumieren etwa 30 Romane pro Jahr, und drei Viertel dieser Leser sind auch stark an Büchern interessiert, so daß im Vergleich mit dem Lektürequantum der reinen Buchleser geschlossen werden kann: »Heftroman-Leser lesen mehr als andere«. Die Heftroman-Produzenten können sich weiterhin auf einen festen Leser- und Käuferstamm verlassen, denn 82 Prozent der Befragten nannten als wesentlichen Aspekt bei der Kaufentscheidung den Namen der Serie. Dies gilt für alle Alters- und sämtliche Bildungsschichten. Und noch etwas ist in der Studie deutlich geworden: Einfacher gehäkelt in Dialog und Handlungsstruktur als Heftromane sind nur noch TV-Familienserien, die aber merkwürdigerweise ein besseres Image genießen.

Die statistischen Daten über den Leser am Ende des 20. Jahrhunderts enthüllen einerseits neue Entwicklungen und bestätigen andererseits bekannte Bilder vom Leser. Zu den neueren Tendenzen ist sicherlich die Tatsache zu rechnen, daß sich das Lesepublikum nur schwer nach althergebrachten Merkmalen differenzieren läßt. Aus höherer Bildung folgt nicht selbstverständlich Lesehunger, und Bildung entscheidet auch nicht mehr über die Lektürestoffe. Das, was der einzelne liest, wird mehr und mehr durch sein soziales Umfeld beeinflußt und nicht durch öffentliche Instanzen. Die Lektüreauswahl verläuft im ganzen ungeregelter als noch vor einigen Jahrzehnten. Die Versuche, Lesertypen zu formulieren und gegeneinander abzugrenzen, Gruppen unter leserpsychologischen Aspekten oder unter dem Aspekt ihrer Lektürevorlieben zusammenzufassen, zeigen die Schwierigkeit, der Leservielfalt gerecht zu werden. Einzig die geschlechtsspezifischen Lektürevorlieben trennen die Leserschaft relativ verläßlich. Man wüßte gerne mehr über die typischen Lektüresituationen, über die Orte, Tages- und Jahreszeiten. In dieser Hinsicht geben die Umfragen kaum Auskunft. Ob Reisezeit Lesezeit werden wird oder vielleicht schon ist? Reisen und Lesen waren einst enger verknüpft, und in den zwanziger Jahren warb der Ullstein Verlag zur Urlaubszeit mit dem Slogan »Das Ullsteinbuch blieb im Kupee! Was tu ich jetzt am Stölpchen-See?«. Vielleicht werden wir das Lesen in vollen Zügen demnächst wieder häufiger registrieren.

Literaturauswahl

Der befragte Leser. Buch und Demoskopie, hrsg. von Ludwig Muth, München, London, Paris, New York 1993.

Buch und Buchhandel in Zahlen 1997.

Demoskopische Entdeckungen. Allensbacher Jahrbuch der Demoskopie 1993–1997, Band 10, hrsg. von Elisabeth Noelle-Neumann und Renate Köcher, München 1997.

Bernward Frank, Gerhard Maletzke und Karl H. Müller-Sachse, *Kultur und Medien. Angebote – Interessen – Verhalten.* Eine Studie der ARD/ZDF-Medienkommission, Baden-Baden 1991.

Jahrbuch Lesen '95. Fakten und Trends, hrsg. von *Spiegel*-Verlag und Stiftung Lesen, Hamburg, Mainz 1995.

Massenkommunikation V. Eine Langzeitstudie zur Mediennutzung und Medienbewertung 1964–1995, hrsg. von Klaus Berg und Marie-Luise Kiefer, Baden-Baden 1996.

Walter Nutz und Volker Schlögell, »Die Heftroman-Leserinnen und -Leser in Deutschland. Beiträge zur Erfassung popularkultureller Phänomene«, in: *Communications 16* (1991), Heft 2, S. 133–235.

Peter Nusser, *Trivialliteratur*, Stuttgart 1991.

Ulrich Saxer, Wolfgang Langenbucher, Angela Fritz, *Kommunikationsverhalten und Medien. Lesen in der modernen Gesellschaft.* Eine Studie der Bertelsmann-Stiftung, Gütersloh 1989.

Leseverhalten in Deutschland 1992/93. Repräsentativstudie zum Lese- und Medienverhalten der erwachsenen Bevölkerung im vereinigten Deutschland, hrsg. von der Stiftung Lesen, Mainz 1993.

Gerald Sammet
Nach der Lektüre – was bleibt?

Angenommen, es ginge hier um weiter nichts als um einen Roman. Die Geschichte der Maudi Latuhr, aufgezeichnet von der ersten Begegnung ihrer Eltern im November 1969 bis zum Abbruch der Handlung am Ende der neunziger Jahre. Nicht eindeutig ein Wunschkind scheint diese Maudi zu sein, aber hervorgegangen aus einer für unzerstörbar gehaltenen Liebe. Wie das Leben eben spielt, wenn Schriftsteller sich seiner annehmen, mit ihrem Hang, ein Zusammentreffen von Ereignissen und Personen exemplarisch aussehen zu lassen.

Nach dem Willen ihres Erfinders, Robert Schneider, ist Maudi Latuhr eine *Luftgängerin* und wegen dieser rätselhaften, im Titel des Romans vorweggenommenen Zuschreibung auf eine, wie sich herausstellt, dramatische Weise erblich belastet. Sie leidet, außer an gewöhnlichen Sehnsüchten, Träumen und Gefahren, die ihr aus sich und durch andere erwachsen, vor allem am Fehlen von Gebärmutter und Eierstöcken und am Vorhandensein eines vollständigen männlichen Chromosomensatzes in ihrem ansonsten weiblichen Körper. »Syndrom der testikulären Feminisierung« lautet hierfür der medizinische Befund. Literarisch wird das Phänomen vom Autor mit dem Begriff *Herzmensch* klassifiziert: »Maudi ist weder Hermes noch Aphrodite, auch nicht beides gleichzeitig.« Also weder wirklich schön noch vom Gott der guten Geschäfte abstammend. Ein Einfall, der, wie die Kritiker schnell bemerkten, den Autor zu übermäßigem Reden verführte.

Schneiders Buch, schreibt Stephan Wackwitz in seiner Rezension für *Die Woche* am 2. Januar 1998, habe ihn an eine Pizza erinnert, »mit allem drauf«, so, wie man sie beim schlechten Italiener erhalte. Komponiert nach dem Prinzip, daß sich mit dem Anschauen der Geschmack schon irgendwie herstellen werde. Das episodenhafte Leben der Maudi Latuhr wäre demnach die Geschichte eines Kindleins, das nicht zu sich zu kommen vermag, weil seinem Schöpfer eine Warnung des Evangelisten Matthäus entging: »Wes das Herz voll ist, des geht der Mund über.« *Man nehme* aber ist nicht nur die Einladung, die am Anfang aller Rezepte in den Kochbüchern steht. Sie diente hier auch als kategorischer Imperativ, mit dessen Hilfe der Roman, zwischen Frankfurter Buchmesse gestern und Leipziger Buchmesse morgen, zu ereignisarmer Zeit also, wie eine heiße und in jeder Hinsicht verdächtige Ware in den Markt geschleust wurde.

Eigentlich, heißt es einmal bei Robert Schneider über den alemannischen Dialekt, der zu Maudi Latuhrs im österreichischen Rheintal angesiedeltem Leben gehört, *eigentlich* sei das Kardinalwort dieser »Mundart des Nicht-Sagens«. Eigentlich wäre seine *Luftgängerin*, würden im literarischen Geschäft vorhandene wie fehlende Zutaten wie beim Pizzabäkker extra berechnet, wohl kaum derart zielgenau zum Jahreswechsel von 1997 auf 1998 unter den Rezensenten zu plazieren gewesen. Eigentlich ist dieser beispielhafte Fall von Produktmarketing aber vor allem die andere, die am leichtesten zu erinnernde Seite des Herzmenschen Maudi Latuhr. Wer Ohren hatte, nicht nur auf die literarische Stimme des Verfassers zu hören, war schon seit langem vertraut mit dem Branchengerücht, es sei, nach seinem Erfolgsbuch *Schlafes Bruder*, mit der Ankunft einer aus der nämlichen Erbmasse geklonten Schwester zu rechnen.

Kein Schuft, wer sich dem ohne Nachsicht entzieht. Was aber bleibt, wenn das Objekt der hervorgerufenen Begierde sich auch bei näherem Hinsehen als eine Mogelpackung im Sinne von Wackwitz erweist? Schneider, so hatte der in der *Woche* geschrieben, habe sich der sichersten Methode bedient, »ein erzählerisches Werk zu verwässern und um eine eindeutige Wirkung zu bringen«. Im *Spiegel*, pflichtete Volker Hage dem bei: »Der Roman hat von allem etwas, doch nichts löst er wirklich ein.«

Um so eindeutiger seine Wirkungen auf das Urteilsvermögen der kritischen Subjekte. So gut wie keiner und keine hat für das mit aller Macht in den Markt geschobene Buch auch nur ein richtig wohlmeinendes Wort finden können. »Ein offenbar unlektoriertes Rohmanuskript«, schreibt Sigrid Löffler am 8. Januar in der *Zeit*, »im Vollbesitz all seiner Stilblüten, stellt sich als Debakel zur Schau und kündet in aller unfreiwilliger Komik von nichts als dem Größenwahn und der Denkohnmacht seines Autors«. Helmut Böttiger, in der *Frankfurter Rundschau*, zieht zwei Tage später bereits den Schleier des Vergessens über den Text: »*Die Luftgängerin* ist wie *Schlafes Bruder* ein großer Bluff. Aber schlampig vorgetragen. Sie wird ihre Kosten kaum wieder hereinspielen.« Hätten Verrisse irgendeinen Einfluß auf das Geschehen am Markt, wäre es schon jetzt mit der *Luftgängerin* und ihrem Autor vorbei. Statt dessen werden beider Namen am 9. Februar erstmals auf Platz 13 der *Spiegel*-Bestsellerliste gesichtet.

Die Karten hatte, als Drahtzieher in einer höchst bemerkenswerten

Literaturaffäre, Robert Schneider da längst zu seinen Gunsten gemischt. Wohin immer die Hasen zielten und seine Betriebsamkeit jenseits der eigentlichen Romanvorlage beklagten, er war, als Hauptfigur in eigener Sache, stets vor ihnen da. Einer der wenigen, die begriffen, was da passierte, ist Fritz Göttler gewesen. Er konzentrierte sich auf das Buch, fand es nicht einmal vollkommen schlecht und beließ es bei einer 42-Zeilen-Notiz. Die allerdings erschien im *Cosmopolitan* und war daher für den Resonanzraum Feuilleton ohnehin nicht zu gebrauchen.

Sigrid Löffler hingegen behauptete gleich im ersten Satz ihrer Schneider-Hinrichtung, Bestseller ließen sich nicht planen, weil sie eben passierten. Was ihr danach unterlief, darf als Wiederholungstat gelten, vorsätzlich verübt mit dem Ziel, das Rätsel von Schneiders Erfolg mit seinem Erstling *Schlafes Bruder* möglichst aus dem Haus zu schaffen, bevor er der Branche und ihren kritischen Subjekten ein zweites aufgeben würde. Weil *Schlafes Bruder* wie ein Bühnenbild die Mehrzahl aller Rezensionen der *Luftgängerin* umstellte, sollte über das zweite Buch alles gesagt werden dürfen, was schon das erste nicht hatte, ohne daß es dabei um die eigentliche Aufführung ging. Hin und wieder übertrugen sich Schneiders Spiegelfechtereien auf diese Weise 1 : 1 in die Stimme der Kritik. »Leere Ikone fragwürdiger Ambitionen«, so titelten die *Schweizer Monatshefte* zu Heinz Ludwig Arnolds auch nicht freundlicher Lesebilanz. Eine Ikone, kausal mit nachfragenswerten Ambitionen verknüpft, und dazu auch noch leer: Robert Schneider, mit seiner eigentümlichen Sprachgewalt, hätte kaum anders geschrieben.

»Mir scheint«, noch einmal Heinz Ludwig Arnold, »Autor und Verlag hätten sich weniger um das literaturbetriebliche Umfeld und sehr viel mehr um das neue Manuskript von Robert Schneider kümmern sollen.« Aber woher, sagte der Bauer zum Kurgast, als der ihn fragte, ob er denn störe. In der Stunde der Rezensenten war denen nichts wichtiger als der Betrieb. Fast so, als wären sie doch untereinander verabredet gewesen, gingen die meisten von ihnen noch einmal dem Phänomen nach, daß *Schlafes Bruder*, der vorausgegangene Bestseller, zunächst von 20 Verlagen (Hajo Steinert, *Basler Zeitung*) abgelehnt worden war. Oder von »über 20« (Hellmuth Karasek am 23. Januar im *Tagesspiegel*), wo Tilman Krause sich drei Wochen zuvor schon auf exakt 20 festgelegt hatte. Heinz Ludwig Arnold glaubte von 22 Fehlversuchen zu wissen, während Pia Reinacher im *Tages-Anzeiger* und Christian Seiler in der *Weltwoche* 23 von ihnen gezählt haben wollen. Im *Stern* vom 23. April sind daraus dann schon 24 geworden, von Christine Claussen weitergereicht und nicht zu widerlegen, weil in einem Interview im Heft 2/98 von Robert Schneider zumindest nicht dementiert. Daß Elmar Krekeler in der *Welt* vom 3. Januar schon »ein Viertelhundert« bezeugt, während Ulrich Greiner in der *Zeit* am 23. April die Summe auf 26 anwachsen läßt, wird nur noch vom *Trierischen Volksfreund* übertroffen: » ... rund 30«, heißt es dort, Verlage selbstverständlich, hätten nicht haben wollen, was dann einmillionenfach über den Ladentisch ging. Nur Sigrid Löffler, bei Schneiders erstem Auftritt mit *Schlafes Bruder* in Klagenfurt zugegen gewesen, gibt sich auf Nachfrage skeptisch: 13 Verlagsrepräsentanten hätten dort ihre Gelegenheit zwar nicht genutzt, aber ja auch nicht ausdrücklich ablehnen müssen. Unterm Strich ist die trierisch gerundete 30 vom »mehr als einem Dutzend« der *Leipziger Volkszeitung* ziemlich ungenau 18 wenig geneigte Dankschreiben entfernt. Aber das alles hat sich ja vor 1992 zugetragen und dient jetzt nur noch als Kulisse für neues Spiel, neues Glück.

Es sind die Unschärfen im Umgang mit Fakten, die den Rückenwind für die *Luftgängerin* bringen. Als Vorschuß für sein nächstes Buch, ist zu lesen, habe Schneider hier 800 000 Schweizer Franken, dort eine Million DM oder doch nur 700 000 erhalten. Ob ein bißchen mehr oder ein bißchen weniger, ist letztlich die Frage, an der sich die Publikumsneugierde entzündet, und sei es zunächst auch nur die eigentlich professioneller Leser und Multiplikatoren mit plötzlich sehr kultivierten Yellow-Press-Instinkten: Hat Schneider nicht tatsächlich statt eines Manuskripts gleich einen von ihm diktierten Vertrag an die in Aussicht genommenen Verlagshäuser geschickt, und bucht nicht sein Verleger Karl Blessing, bei dem er schließlich Aufnahme fand, für ihn stets das Hotel seiner Wahl in der Fünf-Sterne-Kategorie und für die Lesereisen zum Auto auch den Chauffeur? Wie sich zeigen wird, sind dies die am schwersten zu vergessenden Seiten des Buchs, von dem sonst weniges erinnernswert scheint.

Alles geschieht, in der Literatur, zur richtigen Zeit und am richtigen Ort. Diese Magie ist elementar, aber allein kein Garant dafür, daß der Schauplatz eines Romans sich dauerhaft dem Gedächtnis seiner Leser einprägt. Schriftsteller sind Zauberer; ihre Luftnummern stehen auf dem Papier. Ihren Lesern freilich müssen sie versichern, daß die schon wissen werden, auf welchem Terrain sie sich gerade mit ihnen bewegen. Dieses Einvernehmen vorausgesetzt und die konzentrierte Aufmerksamkeit der berufenen Rezensenten dazu in Rechnung gestellt, ist die *Luftgängerin* allerdings ein offenbar buchstäblich auf den ersten Blick vergessenes Buch. 23 dieser Rezensenten, vier Monate nach dem Erscheinen ihrer Kritiken nach dem Ort der Handlung befragt, können sich weder an den Namen Jacobsroth noch an die damit verbundene geographische Lage erinnern. Zweifel an seiner Identität hat es bei manchen freilich schon beim Verfertigen der Texte gegeben. »Im Helvetischen«, so Heinz Ludwig Arnold, sei dieses eindeutig österreichisch-vorarlbergische Städtchen wohl zu suchen. Genauer hinzuschauen ist auch Hubert Spiegel in der *Frankfurter Allgemeinen Zeitung* vom 24. Januar 1998 nicht gelungen: »In seinem zweiten Roman greift Schneider nach dem großen Rheintal-Epos, das über zwei Generationen hinweg eine kleine schweizerische Provinzwelt entwirft.« Eine Stadt, und sei sie vernachlässigenswert klein, ist auch nicht, wie von Stephan Speicher in der *Berliner Zeitung* behauptet, ohne Umschweife »mittelgroß« oder, nach anderen Lesarten (Elmar Krekeler, *Die Welt*; Ivo Panic, *Hamburger Morgenpost*), ein Dorf oder Dörfchen und außerdem bei ihrem wie auch immer fiktiven Namen zu nennen. Penetrant, so Wendelin Schmidt-Dengler in seiner Besprechung für den Österreichischen Rundfunk, werde von Robert Schneider das Wort Vorarlberg gemieden. Mag sein, aber ist es allein deswegen erlaubt, das vom Autor erdachte Jacobsroth wiederholt und darin nicht weniger penetrant in ein vom Kritiker erfundenes Jacobsroith zu verwandeln? »Dieser Roman«, so eröffnet Hubert Spiegel seine Kritik, »ist eine Verlustanzeige.« Man muß ihm das glauben. »Im sogenannten deutschen Literaturbetrieb«, schreibt Elmar Krekeler, ebenfalls mit dem ersten Satz für letzte Klarheit sorgend, »funktionieren nicht mehr sehr viele Gesetze.«

»Protagonist (grch.), im altgriech. Drama der erste Schauspieler, der zugleich als Hauptdarsteller und Regisseur wirkte. Danach im übertragenen Sinn jemand, der maßgeblich für eine Sache eintritt.« Dieses Geschöpf trägt, in Schneiders Roman, unübersehbar einen Identität herstellenden Namen: Maudi Latuhr. Volker Hage, vom *Spiegel*, verweist auf sein kurzes Namensgedächtnis: »Keine Chance«, weshalb ihm danach auch das Städtchen Jacobsroth nicht wieder einfallen will. Claus-Ulrich Bielefeld, für die *Süddeutsche Zeitung* im Einsatz gewesen, sorgt sich, als die Frage an ihn geht, verhalten um seinen Ruf. Ohne Grund; bis dahin hat es noch keiner gewußt. Eine erste Spur wenigstens, eher lautmalerisch als präzise, hat sich im Gedächtnis von Heinz Ludwig Arnold verfangen: »Marut, oder so ähnlich.« »Marei«, so Fritz Göttler, »o Gott, fragen Sie doch etwas Leichteres. Alfred, so hat doch der Vater geheißen, oder, warten Sie: Ambros. Ambros Baurmeister.« Ambros Bauermeister wäre vollständig richtig gewesen. Nirgends aber mehr als ein Schatten der vollständigen, der richtigen, der das Buch beherrschenden und sich, kaum ins literarische Leben eingetretenen, dort auch schon wieder verlierenden Maudi Latuhr.

Es gibt, ziemlich am Ende von Schneiders Roman, eine Szene, in der Ambros Bauermeister, der leibliche Vater der Luftgängerin, an einem Weihnachtsabend in einem Fernsehquiz auftreten muß. Sein Spezialgebiet sind schottische Malt-Destillerien, und er, der sein Leben lang kein Geld anfassen wollte, kommt auch diesmal zu keinem, weil ihm nicht einfallen will, wann ausschließlich ein Scotch Scotch genannt werden darf und wie die lateinische Gattungsbezeichnung des Eichenholzes lautet, aus dem die Whiskyfässer hergestellt werden. Nur das halbe Wort ist ihm noch halbwegs geläufig, *Quercus* irgendwas, dann gibt er auf. Sigrid Löffler, der

Urheberin eines der ersten und prominentesten Verrisse, ergeht es nicht anders: »Lathur irgendwas, warten's; nein, der Vorname fällt mir nicht ein.« Wie im Quiz, so auch im Leben: Der Tagessieg bleibt ihr verwehrt. Claus-Ulrich Bielefeld hat, nicht auf Anhieb, aber nach kurzem Nachdenken, dann doch den ganzen Namen parat.

Eine »fulminant begonnene Liebesgeschichte«, schreibt Heinz Ludwig Arnold, seien die ersten 63 Seiten des Romans. Was aber, die Frage an ihn, ist eine Luftgängerin? »Luftikus«, sagt er, »etwas, das sich nicht an die Realität zu halten gedenkt, die Querdenkerin, die ihr eigenes Leben führen will.« Robert Schneider, *Die Luftgängerin*, Seite 64:

»Was ist ein Luftgänger?

– Ein Luftgänger ist ein Mensch, der nur auf sein Herz hört.

– Was noch?

– Er gehorcht niemandem auf der Welt.

– Richtig, Maudi. Was noch?

– Äh. Der Luftgänger tut, was er will.

– Ja. Aber da fehlt noch was.

– Mh.

– Der Luftgänger hat nie, nie Angst.

– Sehr gut, Esther! Ein Luftgänger hat vor nichts und niemandem Angst. Vor allem nicht vor sich selbst. Und weil er keine Angst hat und immer auf sein Herz hört, kann er... kann er... Na?

– Durch die Lüfte gehen!

– Ausgezeichnet, ihr beiden!«

Nicht eine der den Rezensenten gestellten Fragen zielte auf Details der Handlung, auf Konstruktionsprinzipien des Buchs oder auf nicht erinnernswerte Nebenfiguren. Das Jacobsrother Konzert eines weltberühmten, inzwischen verstorbenen Pianisten italienischer Abstammung (Arturo Benedetti Michelangeli)? Sigrid Löffler und Claus-Ulrich Bielefeld, die mit dem besten Gedächtnis, nach einigen Mühen. Maudi-Medeas für Tiere manchmal verhängnisvoller Blick? Verlustanzeige; es hat nicht sollen sein. Herzmenschen: Maudi Latuhr ist, nach dem Willen ihres Erfinders, der letzte von ihnen. Steht so im Klappentext, ging durch die Verlagswerbung, durchs Unisono der Rezensionen, und ist doch wie aus der Welt.

Der kritischen Subjekte herausragende Erinnerungsleistung, zeigt sich, erwächst aus dem eigenen Text. »Finden Sie nicht, daß Ihnen etwas die Nuancen fehlen?« Der Satz steht auf Seite 21 in Schneiders Roman. Volker Hage, an Maudi Latuhr und Jacobsroth und Arturo Benedetti Michelangeli und an den Wirkungen der Protagonistin auf Tiere wie fast alle gescheitert, hat, das weiß er noch genau, sein Spiel damit eröffnet: »Der mit Abstand beste Satz fällt nach wenigen Seiten.« Schwarzbunte Ironie, und keineswegs nach dem Muster gestrickt, dem Schneider habe er es nun aber kräftig gegeben. In der Art der von Hans Habe und Tibor Yost kolportierten Paul-Tänzer-Anekdote. Paul Tänzer, ein Journalist im Budapester Vorort Rákospalote, hatte sich als Herausgeber der Zeitung *Kleines Politisches Volksblatt* einen Namen gemacht. Jedenfalls soll er das geglaubt haben und erschien eines Nachts mit der druckfeuchten Ausgabe seines Blatts im Budapester Journalistencafé: »Kinder, ich habe einen Leitartikel gegen den Zaren geschrieben. Ich sag euch: Der Zar wird sich kratzen.« Um, nach Eintreffen des *Kleinen Politischen Volksblatts* in St. Petersburg, zu verkünden, der Zar dort habe sich nach der Lektüre tatsächlich gekratzt. So vornehm ist man im Feuilleton denn doch und treibt kein Schindluder mit seinen Gefühlen. Es hat daher auch wirklich nicht, wie gelegentlich unterstellt, wegen Robert Schneider in Rezensentenkreisen irgendwelche weitläufigen Absprachen gegeben. Das Buch, in seinen Details schon entschwunden, die eigene Kritik aber noch gegenwärtig: Journalisten, so heißt es in einem Aphorismus, sind Schriftsteller, die auf Schnee schreiben. Außer, wie hier zu lernen ist, in eigener Sache.

Der eine von so gut wie allen, der der *Luftgängerin* nicht von vornherein die Luft nehmen wollte, Fritz Göttler, mit seinen ganzen 42 Zeilen in *Cosmopolitan*, bekennt, daß ihn vor allem der Gleichklang der kritischen Subjekte zum Widerstand reizte: »Wer *Schlafes Bruder* kennt, wußte, was ihn erwartet.« Im Verlag, wo man hofft, das bis Ende Mai 84 000-fach verkaufte Buch werde sich wenigstens so rechnen wie andere, in größerer Bescheidenheit auf dem Markt plazierte Objekte, wird sein Befund deswegen inzwischen fast wie ein Glücksversprechen gehandelt.

Grob kategorisiert, lassen sich zwei Typen von Rezension und Rezensenten unterscheiden: Solche, die der Versuchung erlagen, das Ansehen des Autors, seine Marketingstrategie und die *story behind the scenery* zum Objekt ihres kritischen Handelns zu machen, und, auf der anderen Seite, die wenigen, die, wie Göttler, Claus-Ulrich Bielefeld, Stephan Wackwitz oder Hubert Spiegel, der Meinung blieben, ein Buch sei ein Buch und habe zuallererst nur als solches ein Urteil verdient. Die Zutaten lassen sich analysieren, und den Autor darf für ein garstiges Kind halten, wer will. Das eine, ans andere geklebt, läßt Kritiken aber so aussehen wie Schneiders *Luftgängerin*: eine Prise *Schlafes Bruder*, dreihundert Gramm verkanntes Genie, dazu das Geschichtchen von einem, der auszog, mit Büchern Geld zu verdienen, und die bange Frage nachgereicht, wie es denn angehen konnte, daß das alles dann auch noch leidlich funktionierte. Die Antwort steht auf dem eigenen Papier: Viel Lärm macht müde Bücher munter.

Es war einmal ein Roman, der ging so: In einem Zug nach St. Gallen, im November 1969, begegnen sich Amrei Mangold aus Jacobsroth und Ambros Bauermeister aus Landquart, Graubünden. Sie lieben sich, heiraten und umkreisen fortan als Figuren ihre gemeinsame Tochter Maudi Latuhr, die, wie ihr Vater, eine Luftgängerin ist. Der letzte Herzmensch von Jacobsroth, eher Gefühlswesen als Homo sapiens, mit einer Zustelladresse im Reich der Magie. Über drei Jahrzehnte wird, mit ihr im Zentrum einer oft brüchig wirkenden Handlung, das Panorama des Lebens derer von Jacobsroth aufgerollt. Am Ende geht die Stadt beinahe unter, und das Buch, das so zukunftsträchtig begann, hört in wiedergefundener Vergangenheit auf. Viel, sagen die meisten, die es so gelesen haben, ist trotzdem nicht davon zu halten.

Es gab aber auch einmal einen Schriftsteller, dem, wider schlechteres Erwarten, ein Beststeller gelang. *Schlafes Bruder* wurde millionenfach verkauft und gelesen, verfilmt, veropert und als Ballett aufgeführt. Dem Autor stieg sein Erfolg in den Kopf; er begann, sich für einen Markenartikel zu halten, und schrieb gegen Vorauskasse einen zweiten Roman. Viel, sagen auch die, die ihn so wahrgenommen haben, ist davon nicht zu halten, und erzählen lieber vom armen reichen Poeten, der sich vor ihren Augen so furchtbar verstieg. Im einen Fall bleibt es ein Buch, im anderen ein Medienereignis.

Wie eine Pizza eben, mit allem drauf. Alle Zutaten frei Haus, und keine wäre erinnerungswürdig? Ein letzter Versuch: Auf Seite 235 wird im *Spiegel* gelesen und dazu ein herausragender schottischer Malt-Whisky getrunken, einer, von dem es heißt, er torfe im Gaumen: *Lagavulin*. Eine aus einer Vielzahl von nicht immer nachsehenswerten Etikettenschwindeleien, mit denen Schneider in seinem Buch, wie an anderer Stelle durch übermäßigen Einsatz von Nina-Ricci-Parfüm (*L'Air du Temps*), den Boden des Authentischen zu gewinnen versucht. *Glenfiddich*, rät Sigrid Löffler und kapituliert. Mit Whisky dürfe man ihm gar nicht erst kommen, sagt Claus-Ulrich Bielefeld. Er müsse auf dem Gebiet eine gewisse Abscheu bekennen. Heinz Ludwig Arnold, der Connaisseur unter den Rezensenten, assoziiert ebenfalls *Glenfiddich, Glenmorangie, Glen Grant.* Volker Hage ist sogar die Präsenz seines eigenen Magazins schon entfallen, aber die tut hierbei ohnehin nichts zur Sache.

Robert Schneider, der immerhin, muß sich erinnern und tut das auf Nachfrage dann auch. Nur torft, auf die von ihm in seinen Roman eingeschleuste Weise, ausschließlich der sechzehnjährige *Lagavulin* exakt so, wie von Michael Jackson in seinem *Malt Whisky Companion* beschrieben. So verrät einer erst Geschmack, und dann seinen Geschmack. Oder, mit dem Satz umschrieben, den er dem Buch vorausgestellt hat: »Die Handlung dieses Buches ist Erfindung. Innerhalb dieser Erfindung ist es wahr.« Es wäre, nach all dem Vergessen, dem es sich ausgesetzt sieht, auch möglich gewesen, ihm so auf die Schliche zu kommen.

Caroline Fetscher
Das öffentliche Buch

ÜBER BIBLIOTHEKEN UND VOLKSBÜCHEREIEN

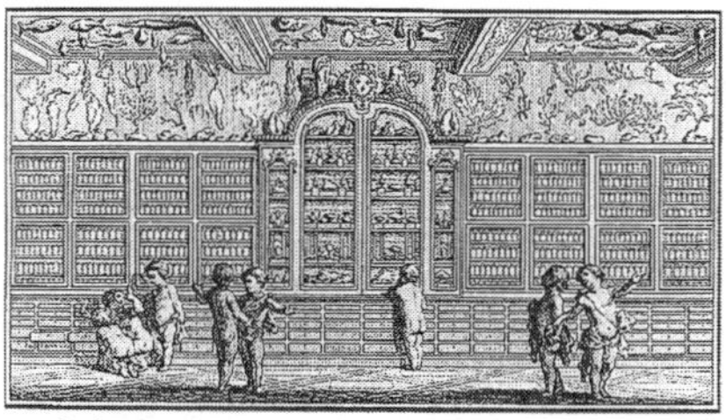

Sieben Siegel lösen

Ein verbotenes Buch. Zu Hause dürfte sie es nicht lesen. Sie beugt sich, das rosafarbene Nylonkopftuch an den Schläfen eingeschlagen, weit vor, als wollte sie das auf ihren Knien liegende Paperback im Schatten ihres Körpers so schützen, wie ihr Kopftuch das Haar bedeckt. Sie ist etwa fünfzehn, sechzehn Jahre alt. Ihre Lektüre ist nicht Yaşar Kemals *Memed, mein Falke* noch *Vom Winde verweht* auf türkisch. In dem deutsch geschriebenen Buch geht es – ein herumschlendernder Beobachter benötigt eine ganze Weile, das diskret zu entziffern – um Aufklärung und Verhütung. Neben sich hat sie ein weiteres Buch gelegt. Es hat den Titel: *Der Islam für das Gespräch mit Christen.* Das Mädchen sitzt in der Theodor-Heuss-Bibliothek, einer Stadtbibliothek von Berlin-Schöneberg; draußen glüht heiß die Sonne. Die Brüder des Mädchens sind heute vielleicht schwimmen gegangen, die Mutter schneidet zu Hause Gemüse, der Vater spricht mit Kunden in seinem Laden. Vermutlich weiß keiner von ihnen, worüber die Schwester und Tochter sich kundig macht.

Das Mädchen ist keine Erfindung. Man begegnet ihr auf dem Streifzug durch eine der 200 öffentlichen Bezirksbibliotheken Berlins. In Aufmerksamkeit versunken sitzt sie, ohne sich anzulehnen, auf einem schäbigen Sechzigerjahre-Sessel neben den Regalen mit den türkischen Büchern, die eine gute Berliner Stadtbibliothek heute aufweisen sollte. (Nicht in deutschen Atlanten, aber im britischen *Times*-Atlas für junge Leser steht unter dem Stichwort »Germany, Languages«: »German, Turkish«. Richtig: in der Hauptstadt ist eine zweite Stadt enthalten, die der rund 170 000 Berliner Türken und türkischen Berliner.)

Das lesende Mädchen strahlt die Aussage »Bitte nicht stören« aus; ihr Umgang mit dem Buch ist weder lässig noch selbstverständlich, aber auch nicht verkrampft. Sie lernt. Der Beobachter hat eigentlich kein Recht, sie zu beobachten, und kein Recht, gerührt zu sein. Höchstens das Recht auf leise Bewunderung, denn das Mädchen unternimmt etwas Mutiges, eine lesende Forschungsreise mitten im öffentlichen Raum, mitten in der Stadt, verborgen zwischen den Regalen, unbekümmert um die Umblättergeräusche anderer Leser und das leise Reden der Bibliothekarinnen. Am Nachmittag ist es hier oft voll. Viele Schülerinnen und Schüler, darunter viele Ausländer, die zu Hause kein eigenes Zimmer haben, machen ihre Hausaufgaben.

Im Foyer der Bibliothek klebt ein Zettel an der Wand, der über die Ergebnisse einer Leserumfrage informiert. Man hatte wissen wollen: »Wie soll Ihre Bibliothek auf immer knapper werdende Erwerbsmittel reagieren?« Zur Wahl standen »Schwerpunkte setzen«, was 64 Prozent der Leser befürworten, und »Alles gleich dürftig ausstatten«, wofür sich 28 Prozent der Leser entschieden. Auf einem hölzernen Karteikasten steht der lakonische Hinweis: »Aus personellen Gründen können die alten Kataloge nicht aktualisiert werden.« Das interessiert die Nutzer von nebenan wahrscheinlich weniger. In einem kleinen Zeitschriftenleseraum schmökern auch an gewöhnlichen Werktagen Leute, die keine Werktage kennen: Arbeitslose. Sie lesen die Zeitung und halten einen Stammtisch ab über die Schlagzeilen und Sportergebnisse. Ein bißchen riecht es nach Kleidern, die lange nicht gewaschen wurden, getrunken wird Automatenkaffee. Dieser Klientel ersetzt die Bibliothek, was es für sie nicht gibt, eine Piazza oder Agora. Kneipen sind zu teuer, Zeitungen und Zeitschriften gibt es dort auch nicht, den Aufbruch in eine größere Bibliothek brauchen sie nicht, denn Bücher interessieren nur die wenigsten von ihnen. Wenn es nicht ein scheußlich zusammenzurrender Begriff wäre, würde man sagen, für diese Bibliotheksbesucher ist der Ort ein *Kommunikationszentrum*. Daß er das nur für die unterprivilegierteste Besuchergruppe darstellt, gehört zu seinem aktuellen Dilemma. Dazu später.

Immerhin 63000 Bücher – »Wir sagen jetzt eigentlich *Medien, nicht mehr Bücher*«, erklärt ein Bibliothekar, »denn wir meinen auch ein paar hundert CDs und CD-Roms« – bietet die Erwachsenenebene dieser Schöneberger Stadtbibliothek, 23000 der zweite Stock mit den Jugendbüchern und Kinderbüchern. Knappe 1800 türkische Werke kann man hier und in der Parallelbibliothek in der »sozial problematischen« Pallasstraße ausleihen. Kein Mitarbeiter der Bibliothek spricht türkisch.

Zurück von den Erkundungen im Gebäude, sieht man das Mädchen immer noch halb unter dem Kopftuch verborgen beim Lesen. Sie liest ein Buch, das in ihrem Elternhaus ein verbotenes wäre, versiegelt vom kollektiven, hartgewordenen Wachs der Mythen. In die Bibliothek zu gehen heißt für sie, die Siegel zu brechen, ohne daß ihr jemand oder etwas Erlaubnis dazu erteilt hätte, außer der Existenz der Institution, deren sie sich gratis bedient. Heute sieht man dem Mädchen die Unsicherheit noch an, die von ihrem Wagnis herrührt; später wird sie vielleicht ganz selbstverständlich Bibliotheken besuchen, Bücher kaufen, verwenden, verschenken oder sogar selber schreiben. Die Hoffnung, die jede frei zugängliche Bibliothek weckt, ist, daß mit dem erreichbar gewordenen Buch das Selbstbewußtsein der Lesenden aufgeblättert wird, sich entfaltet.

Am Bug des Selbstbewußtseins

Das Buch ist am Bug des Schiffs Selbstbewußtsein befestigt. Ohne Lesen ist das Befahren des Ozeans der Zeichen in der Moderne fast unmöglich. Selbst nostalgische ethnokomparatistische Apologeten voralphabetischer Gesellschaften – deren besseres optisches und akustisches Gedächtnis sie rühmen – räumen das ein. Zum Beweglichwerden, zum Verlassen mythischer, lokaler, familiärer Rahmen, in die man durch Geburt und Milieu eingezwängt wurde, ist Lektüre unverzichtbar. Und zwar neben der Lektüre dessen, was den Rahmen ausmacht – die »Klassiker« des Milieus, in dem man aufwächst –, vor allem die Lektüre, die den Rahmen von außen betrachten läßt und seine Verfugungen und Verfügungen zu lösen imstande ist.

Der Schriftsteller Peter Bichsel hat erklärt, als Kind hätten ihn die öffentlichen Bibliotheken seiner spießigen Schweizer Heimatstadt am Leben erhalten. Dem jungen Bichsel waren Bücher nicht verboten, aber der Weg zu ihnen war von Haus aus nicht geebnet. Er ist nicht der Einzige, vor allem nicht der einzige Schriftsteller, der, in einem Haus ohne Bücherwände aufgewachsen, aus seiner eigenen Welt eine mit Büchern und aus Büchern hat werden lassen.

Der Öffentlichkeit Bücher vorzuenthalten ist eine Form von Gewalt. Es ist, legt man demokratische Maßstäbe an, kriminell, ein Krieg gegen die Bildung der Bevölkerung. Das offizielle oder inoffizielle Verbot ist direkte Gewalt, das Verbot aus Ignoranz oder Mangel ist strukturelle Gewalt. Eine öffentliche Bibliothek ist noch keine Revolution, aber sie kann gegen beide Arten der gewaltsamen Einschränkung des Zugangs zu Büchern wirksam sein. In jeder Phase der Sozialisation und Individuation – zwei komplementären Sphären – ist das Arbeitenkönnen mit öffentlich zugänglichen Büchern prägend. Daß das Mädchen in Schöneberg ein ihr wichtiges Buch lesen und damit vielleicht über die Zinnen des Islam hinausblicken kann, daß der Schweizer Schriftsteller den Mief seiner Heimat austreiben und in den Dialog mit fremden Texten treten konnte, ist Ergebnis einer langen Reihe historischer Entwicklungen.

Bibliotheken sind der geschützteste öffentliche Raum, der ruhigste transitorische Ort, den die Gesellschaft ihren Bürgerinnen und Bürgern anbietet. Einzigartig verschränken sich in Bibliotheken die Modi von Intimität und Öffentlichkeit, vollkommen anders als in allen anderen transitorischen Räumen, in Parks etwa, in Schwimmbädern, Bahnhöfen, Schulen, auf Spielplätzen oder auf der Straße.

Städte statt Universen

Legere heißt lesen, und auch sammeln, aufsammeln. Während Lesende mit den Augen Buchstaben und Wörter aufsammeln, sammeln Bibliotheken die Objekte, die solches Sammeln ermöglichen. Solche Sammlungen gibt es seit der Antike, sie sind sogar schon im 3. Jahrtausend für Mesopotamien belegt, wo die Hethiter eine große Schriftensammlung angelegt hatten. In Athen gab es eine öffentliche Bibliothek, in Rom bestanden öffentliche neben den privaten Bibliotheken. Aber die überwältigende Mehrzahl der Sammlungen beschriebenen und bedruckten Papiers verblieb die längste Zeit der Geschichte im Raum der Exklusivität. Verwaltet von Mönchen, waren die mittelalterlichen Klosterbibliotheken vor allem Kopistenpools für offizielle Codices, aber auch Zentren des Wissens und Geheimwissens, wie sie Umberto Eco in postmoderner Beschwörung im *Namen der Rose* beschrieben hat. Bibliotheken dienten dem Partikularinteresse des Klerus und der von ihm ideologisch gestützten Systeme, nicht nur, weil jenseits ihrer Kasten sich das »Lesen« auf das Wahrnehmen der frühen Comics, der ikonographischen Programme etwa auf den Bilderkapitellen, Archivolten oder Buntglasfenstern der Kathedralen beschränkte. Was da fürs nichtalphabetisierte Volk zu holen war, diente der Bestätigung der Legenden und Exegesen, die man von den Predigten her kannte. Neben den Klöstern sammelten auch die frühen Universitäten ihre Bände, unterstanden aber gleichermaßen der Allianz von Kaiser und Papst.

Das öffentliche Buch ist ein demokratisches Buch. Es entwickelt sich im Widerstreit mit und im Gegensatz zu dem privaten und exklusiven Buch. Mit dem Wissensdurst der Aufklärung gedeihen auch die privaten Fürstenbibliotheken. Das Sammeln von Schriften verläßt räumlich und inhaltlich den exklusiv klerikalen Machtbereich und drängt in Richtung Gesamtgesellschaft. Die berühmte Wolfenbütteler Herzog-August-Bibliothek, an der Lessing und Leibniz arbeiteten, wurde damals schon zur »Staatsbibliothek« deklariert. Selbstverständlich trafen sich an solchen Orten, trotz der Vorzeichen beginnender Demokratisierung, immer noch die Privilegierten, die sich im Besitz des Alphabets befanden. Bauernsöhne, wie Goethes – von der lokalen Oberschicht in Winsen an der Luhe geförderter – braver Eckermann, waren die Ausnahme.

Die private Bibliothek des Fürsten schmückte dessen Hof und verhalf zu Ruhm und Ansehen. Der Blütezeit fürstlicher Bücherakkumulation entstammt auch die Prestige-Aura, die Privatsammlungen von Büchern heute noch umgibt. Außer bei Forschern, Schriftstellern, Akademikern, Bildungsbürgern, bei Leuten also, die beruflich mit dem Wort zu tun haben, findet man Heimbibliotheken heute als Schauwände bei Vertretern hoher Einkommensgruppen wie Kieferchirurgen, Modeanwälten, Brauereierben oder Managern von Chemiekonzernen. Das Effektheischende der *Faux amants* erkennt man an wenigen peinlichen Zeichen: Sie sammeln in der Regel aleatorisch, wahllos, etwa nach Größen oder Farben geordnet (an Innenarchitekten ergeht die Order: Zwölf Meter Buch; gern genommen wurden zum Beispiel in den siebziger Jahren die dekorativen, regenbogenfarbenen edition-suhrkamp-Bände). Die *Faux amants* führen, Lagerverwaltern gleich, Listen ihres Besitzstandes, nennen anderen unaufgefordert die Anzahl ihrer Objekte, sind weniger vom Inhalt als von der Form bewegt, und kaprizieren sie sich dennoch auf Inhaltliches, dann um es anekdotisch oder aufschneiderisch zu plazieren. Schon das Narrenschiff Sebastian Brandts mokiert sich über den gleichermaßen egozentrischen wie sozial beschränkten Büchernarr und Bücherkrösus: »Auf meine Librei kommt mir's an. / Von Büchern hab ich großen Hort, / versteh doch drin gar wenig Wort.«

Die privatzentrierte Sammelei muß denn auch auf demokratische Früchte verzichten und bietet allerhöchstens, wo alte Bestände im Spiel sind, konservatorische Vorteile. Hingegen entstehen aus den Sammlungen politisch denkender Bibliomaner häufig öffentliche Bibliotheken. Die Washingtoner Library of Congress zum Beispiel, die heute als Megagedächtnis der Vereinigten Staaten und größte Bibliothek der Welt zwanzig Millionen Bände umfaßt und von siebenhunderttausend Lesern im Jahr genutzt wird, entstand im Jahr 1800 als Projekt aus Thomas Jeffersons – bescheidener – Privatbibliothek. Der zentrale Rundbau mit seiner kassettierten Kuppel erinnert an einen britischen Zwilling, den – erst 1997 seiner Funktion enthobenen – Round Reading Room der British Library von 1857, in dem unter anderen Gandhi, Lenin und Marx arbeiteten. Mit dem Oberlicht auf dem Scheitel der Kuppel wirkt die runde Halle wie eine Schädelkalotte mit einer offenen Fontanelle, als symbolisiere sie den für das Universum – die Universitas – aufnahmebereiten Kopf.

Aufmerksamkeit bei den Begriffen ist hier nötig. Rasch sind Bibliotheksbeschreiber mit jenen zur Hand, die der Institution, ihrer Rolle und Architektur metaphysische Eigenschaften zusprechen. Jedes Buch ein Universum, eine Bibliothek eine Milchstraße aus Universen, die Bibliothek als Abbild des Kosmos undsoweiter. Der Architekt Mario Botta will für eine Bibliothek zum Archivieren und Bereitstellen von Werken über Architektur im Schweizerischen Einsiedeln weder geschliffenen noch polierten Stein verwenden. Es soll so aussehen, erklärt er, als sei der Stein des »heiligen Gebäudes« von Menschen unberührt. Bottas stupende Bauten erhalten so einen metaphysischen Überbau, der sie in der Tendenz entpolitisiert. Betrachtet man die Kämpfe – gegen Zensur, für größere Etats, für unbeschränkten Zugang, längere Öffnungszeiten, mehr Personal, Gebührenverzicht oder Gebührensenkung, für die Vergrößerung der Bestände –, sind sie allesamt politisch in ihren Zielen und ihrer Konsequenz. Die Kosmos-Metaphorik, die sich auf den »Ewigkeitswert« von Büchersammlungen bezieht, schiebt den aktuellen Wert, die politische Frage des Zugangs zu Analyse und Kritik, Bildung, Wissen und Macht hinter einen ontologischen Vorhang. Öffentliche Büchersammlungen wurden hingegen zu demokratisch gestalteten Territorien: gebaute oder geplante Städte, auf deren Straßenzeilen, den Regalen, in deren Bauten, den Büchern, potentiell immer mehr Menschen unterwegs sein konnten und waren. Eine gut bestückte und frei zugängliche Bibliothek gleicht einem Parlament. Die Seite an Seite, dicht an dicht stehenden einzelnen Bücher sind passiv, aber im Kopf der Lesenden verwandeln sie sich in Diskutanten, mit deren widersprüchlichen oder schlüssigen Aussagen, deren Geschichten und Gedanken die Lesenden kommunizieren können – in Komplizenschaft, Gegnerschaft, Freundschaft, Erkenntnisinteresse.

Säkulare Bücher

Entscheidend in der Frage der Erschließung der Bücher für mehr und mehr Lesende wurde der durch seinen Namen berüchtigte »Reichsdeputationshauptschluß« im Jahr 1803. Eine tausend Jahre alte Tradition des Privilegs auf Bücher und Manuskriptsammlungen fand ihr Ende: das Säkularisieren kirchlicher Territorien entwand den Klöstern ihr Buchmonopol. Als in Deutschland die Landesfürsten für ihre Verluste durch die Besetzung des linken Rheinufers von napoleonischen Truppen entschädigt wurden, gab man ihnen unter anderem auch Bestände klösterlicher Bibliotheken an die Hand. Einiges aus dem Buchbestand der Klöster wanderte dann in stadteigene Sammlungen oder Universitätsbibliotheken. In München etwa zog man die Bestände von über 150 Klöstern in der Hofbibliothek zusammen – 200 000 alte Bücher, Manuskripte und Inkunabeln umfaßte das Arsenal. In Preußen profitierten die Königliche Bibliothek in Berlin sowie die Breslauer Universitätsbibliothek vom Aderlaß der Klöster.

Im späten 18. und im 19. Jahrhundert hatten – mit der Entfaltung der von der Religion entkoppelten Naturwissenschaften – die Universitätsbibliotheken die privaten, feudalen Sammlungen nahezu an Bedeutung überholt. Überdies bekamen beide Konkurrenz aus dem sich rasant entwickelnden

Bürgertum: Der im 19. Jahrhundert entstehende Mittelstand befriedigte sein Lesebedürfnis in Leseklubs und Lesegesellschaften sowie in den auf Gebührenbasis arbeitenden Leihbüchereien. Parallel dazu wurden öffentliche Volksbüchereien gegründet, die ersten auf der lesefreudigen britischen Insel und in den Vereinigten Staaten. Fortschritte in der Buchdrukkerei, günstigere Preise, vermehrte Publikationen (nicht allein auf dem natur- und sozialwissenschaftlichen Sektor) sowie höhere Auflagen trugen dazu bei, die Verbreitung der Ware Buch enorm zu fördern. Gleichzeitig entwickelte sich in der Logistik der Bibliotheken die Trennung von Leser und Buch: Magazin und Verwaltung einerseits, Lesesaal andererseits. Stadtbibliothek, Landesbibliothek und Staatsbibliothek etablierten sich. Während die historische Gestalt der Bibliothek eine hohe Halle mit einer Büchergalerie aufwies, tendierten neue Bibliotheken mehr zum Horizontalen und ordneten die drei Bereiche der Bibliothek nebeneinander. Nach der Reichsgründung von 1871 formierte und reformierte sich das bisher eher punktuell unterrichtete Bibliothekarswesen – Katalogkunde und Bibliotheksorganisation erfuhren ständige Erneuerung.

Das Erbe des territorial fragmentierten Deutschland sorgte dafür, daß keine der Bibliothèque Nationale vergleichbare Zentralbibliothek entstand, auch wenn die Königliche Bibliothek in Berlin Anspruch auf eine solche Position erhob. Damals wie heute waren Kulturfragen Länderangelegenheit, und auch nach der von Bismarck gestifteten Einheit änderte sich daran prinzipiell wenig. Im späten 19. Jahrhundert faßte man in Preußen allerdings den Plan, alle Bibliotheken des Landes zu einem Netzwerk zusammenzuschließen.

Zugleich begann man in ganz Deutschland die gegenseitige Hilfe von Bibliotheken auszubauen. (Heute nennt man solche Hilfe »Fernleihe«.) Wichtig war dabei ein relativ einheitliches Katalogsystem, um das man sich Schritt für Schritt bemühte. Aber erst 1931 gab es den ersten einheitlichen Preußischen Katalog für an die hundert Bibliotheken in Deutschland und Österreich. Das Unterfangen wurde im Zweiten Weltkrieg nach dem Erscheinen eines vierzehnten Bandes eingefroren.

Problematisch war auch die Frage der Ausbildung der Bibliothekare. Ab 1893 wurde zunächst eine Pflichtausbildung verlangt: Bibliothekare mußten ein Hochschuldiplom besitzen und eine zweijährige Ausbildung absolvieren, was manchen übertrieben vorkam. Als sich um 1900 der Verein Deutscher Bibliothekare formierte, unterschied man bald zwischen einem gehobenen Dienst und einem mittleren Dienst, der weniger aufwendiges Training erforderte. Dort sammelten sich, wie sollte es anders sein, in der Mehrzahl Frauen. Das Klischee des bebrillten, jungfräulichen Fräuleins in der Bibliothek hat hier eine seiner Facetten gewonnen.

In ein ärmliches, verachtetes Dasein mußten sich die als »Volksbüchereien« und »Bücherhallen« bezeichneten öffentlichen Bibliotheken schikken. Zwar hatten die Aufklärer laut genug gerufen, Bildung sei Balsam fürs Volk, aber Versuche, Bücher den weniger Privilegierten nahezubringen, waren rar und galten, wie ehrenamtlich betriebene Suppenküchen für Arbeits- und Obdachlose, als Wohlfahrtseinrichtungen, nicht als Recht und schon gar nicht als erfreuliche staatliche Pflicht. Prachtboulevards und Parks sogen allemal mehr Geld auf als dieser zu vernachlässigende Aspekt der Bildungspolitik im Dienst der gesamten Gesellschaft. Erst spät im 19. Jahrhundert trug unter dem Einfluß des amerikanischen Vorbilds die Idee Früchte, daß solche Einrichtungen nicht aus Wohltätigkeit gegründet würden, daß ihr Personal geschult und ein Budget garantiert sein müsse. In Berlin-Charlottenburg und Elberfeld entstanden »Bücherhallen«, in Essen stiftete die Firma Krupp die sogenannte »Kruppsche Bücherhalle«, immerhin. In ländlichen Gebieten wurden »Volksbüchereistellen« eingerichtet, für deren Etat der Staat aufkam. Im ersten Jahrzehnt des neuen Jahrhunderts gingen Reformer so weit, für diese öffentlichen Bibliotheken nicht nur Buchbestände und Verwalter bereitzustellen, sondern auch speziell geschultes Personal, das Buchempfehlungen geben konnte. Die Nationalsozialisten erkannten das Indoktrinationspotential der öffentlichen Bibliotheken, aber auch die Gefahr, die von Büchern ausging, und förderten die – zensierten und zentralisiert kontrollierten – Bestände nach Kräften, während sie große Teile der Bestände wissenschaftlicher Bibliotheken indizierten und widerständisches Personal entließen oder an Leib und Leben verfolgten.

Nach 1949 liefen die Stränge der Bibliotheksentwicklung in Deutschland auseinander – nach Ost und nach West. Im Osten hatten Staat und Partei das Monopol auf die Bibliotheken, und sie übten es bekanntlich im Sinn rigoroser Kontrolle aus. Nur sehr wenige Privilegierte in Ost-Berlin hatten Zugang zu solcher Literatur, die gewöhnlich im »Giftschrank« der Einrichtungen eingeschlossen blieb. Diese bevorzugten Bibliothekare konnten auch West-Literatur, etwa »bourgeoise« oder »sozialdemokratische« Werke bestellen – *ein* Exemplar – und einsehen. Kopierapparate waren selten, Kopien zirkulierten in kleingehaltenen Intellektuellenkreisen, wo sie auch als Zahlungsmittel auf dem zweiten Markt, dem Schwarzmarkt fungierten. Ansonsten galten die »leninistischen Prinzipien« für die Bibliotheken ebenso wie für die Buchproduktion. Frei zugängliche Literatur sollte der Erziehung zum Sozialismus dienen. Das Bibliothekssystem, das gesamte System Buch (das außerdem am chronischen Papiermangel litt) war zentralisiert, auch wenn Hunderte kleiner Schulbüchereien und Betriebsbüchereien für flächendeckende Buchverteilung sorgten. Westbesucher staunten über die Lesefreude und Belesenheit von Ostgastgebern, die von dem, was frei verfügbar war, ausgiebig Gebrauch machten. Aber – es war eben nur ein eingeschränkter Gebrauch, es gab zum Beispiel Werke von Tschingis Aitmatov oder Christa Wolf, aber nicht Orwells totalitarismuskritisches *1984*.

Nach der Wiedervereinigung der beiden deutschen Staaten fielen die meisten der kleinen Bibliotheken einer Strukturreform und der inhaltlichen Revision zum Opfer. Die Deutsche Bibliothek entstand aus der Deutschen Bücherei in Leipzig und ihrem Frankfurter Counterpart. Das 1978 im selben Jahr wie der elektronische Katalog Bibliodata entstandene Deutsche Bibliotheksinstitut fusionierte mit der ehemaligen DDR-Einrichtung »Zentrales Institut für Bibliotheksangelegenheiten«. Dann aber, in der durch die Fusion beider Staaten entfesselten Wirtschaftskrise, wurde allen Bibliotheken gleichermaßen der »Sparkurs« aufgezwungen.

Wohin wandert jetzt das öffentliche Buch? Wer baut ihm Häuser, in die es einziehen kann, die ja die gastfreundlichsten, demokratischsten Häuser der Republik sein sollten?

Zentrale Paläste versus Bücherhütten

Die Epoche monumentaler Buchgebäude generierte deren Ruhm. Größte Vorbildlichkeit erreichen Bibliotheken als zentrale Paläste wie die Washingtoner Library of Congress und neben ihr die Pariser Bibliothèque Nationale de France, mit zehn Millionen Bänden ein Zehntel des Washingtoner Volumens erreichend, die Londoner British Library (zwölf Millionen) oder auch die Moskauer Lenin-Bibliothek, die Anfang der achtziger Jahre 26 Millionen Bände zählte. Längst haben diese Bauten und Institutionen repräsentativen Charakter angenommen. In Deutschland teilt die Hauptstadt Berlin (Musikarchiv Berlin) ihre Ehrenrolle mit Frankfurt am Main (Deutsche Bibliothek Frankfurt) und seit Herbst 1990, wie oben dargestellt, mit Leipzig (Deutsche Bücherei Leipzig): Die drei Häuser verfügen über 15 Millionen »Medieneinheiten« und firmieren gemeinsam als Behörde mit dem Namen »Die Deutsche Bibliothek«.

Zu den bescheideneren Stadtbibliotheken, den »Volksbibliotheken«, den Bücherhütten an der Basis der Bibliothekenpyramide, verhalten sich die Bücherpaläste im Bewußtsein der akademischen – und auch der übrigen – Öffentlichkeit wie Symphonien zur Folklore, wie Universitäten zu den von Hausfrauen, Arbeitslosen und Rentnern besuchten Volkshochschulen. Die Bücherpaläste sind die eigentlichen Bibliotheken, die, die zählen. Und als 1997 der Neubau der Deutschen Bibliothek Frankfurt eingeweiht wurde, bemängelten manche Intellektuelle den Unterschied zu dem ebenfalls neuen, für zweieinhalb Milliarden Mark errichteten Pariser Prachtbau mit seinen – vier aufgeklappte Bücher symbolisierenden – Türmen sowie den Unterschied zum aufwendigen Neubau der British Library bei St. Pancras in der Mitte von London. Trotz der berechtigten Bewunderung für den überzeugten Reformer und Bibliotheksdirektor Klaus-Dieter Lehmann ließ mancher verlauten, Deutschland gebe zu wenig Geld aus für seine wichtigste Bibliothek. Ein mächtigerer, imposanterer, mehr Bildungsbegeisterung demonstrierender Bau hätte es sein sollen.

Wer gegenwärtig, insbesondere als Intellektueller, von Bibliotheken spricht und mit Recht deren Notwendigkeit verteidigt, den hört man meist von Miseren reden. Der Tadelton gilt den Behörden, den Kultusministern, dem wahrhaft abstoßenden Wort »Sparzwang«. Zu solchen Klagen über Bibliotheken gesellt sich oft noch ein kulturpessimistischer Tenor, mit dem das Lied vom schwindenden Interesse an Bibliotheken und Büchern überhaupt gesungen wird. Man biete den jungen Bürgerinnen und Bürgern Bücher an wie Lebertran, etwas, das zwar gut für sie ist, aber bitter schmeckt, während die Kinder und Jugendlichen lieber in Videoparlours Jagd auf Bildschirmmonster machten und virtuelle Science-fiction-Städte abwechselnd zerstörten oder retteten. Im besten Fall ersetze das World Wide Web die Bibliotheken bei den Youngsters, das habe wenigstens mit Lesen zu tun, aber das Surfen auf den Homepages sei attraktiver als die Bibliothek. So jammern die Kritiker. Sie haben alle recht. Und trotzdem nicht so ganz recht.

Zählen und erzählen

Sehen wir die Fakten. In der Bundesrepublik Deutschland gab es Mitte der neunziger Jahre 15 350 öffentliche Bibliotheken (1992 waren es 16 323!) mit insgesamt 28 810 hauptamtlichen Mitarbeitern, eingeschlossen Bibliothekare, Archivare und auch Verwaltungspersonal ohne Fachausbildung. Pro Jahr fließen nach Angaben des Deutschen Bibliotheksinstitutes mehr als 2,7 Milliarden Mark in alle Einrichtungen. Die 2300 Wissenschaftlichen Bibliotheken erhalten mit 1,4 Milliarden Mark den größten Anteil der Summe: Universitätsbibliotheken (728 Millionen Mark), andere Hochschulbibliotheken (92 Millionen Mark), Nationalbibliotheken und Zentrale Fachbibliotheken (246 Millionen Mark), Wissenschaftliche Spezialbibliotheken (208 Millionen Mark) und Regionalbibliotheken (127 Millionen Mark). Wissenschaftliche und »Öffentliche Bibliotheken«, wie sie das erhebende Institut unterscheidet, scheinen sich den Etatkuchen also etwa fifty-fifty zu teilen, denn die »öffentlichen« – die anderen sind ja keineswegs nicht-öffentlich, wenden sich aber an ein anderes Publikum – erhalten ihrerseits 1,3 Milliarden Mark. Allerdings: während die eine

Hälfte der Ausgaben für 2300 Bibliotheken zur Verfügung steht, muß die andere, die »Volkshälfte« der Ausgaben 13 032 Bibliotheken, davon 4300 mit hauptamtlichen Mitarbeitern, versorgen. Zwar arbeiten die öffentlichen Bibliotheken mit weniger Personal (13 405 Beschäftigte) als die wissenschaftlichen (15 406 Beschäftigte), doch der Unterhalt der vielen dezentralen, kleineren Häuser bedeutet insgesamt mindestens ebensoviel Aufwand.

Auf alle Fälle wird deutlich: Geld ist vorhanden. Ob es genug ist, ist eine andere Frage. Eine womöglich ebenso vitale Frage ist die, wie es verteilt und verwendet wird, ob es angesichts der technischen Revolutionen – CD-Rom, World Wide Web – überhaupt noch sinnvoll ist, ins öffentliche Buch, insbesondere für die jüngere Generation, zu investieren.

Gegen die Klage über das mangelnde Interesse der Kinder und Jugendlichen kann eine 1997 erschienene Studie der Bertelsmann AG ins Feld geführt werden, die das Leseverhalten der Gruppe erfaßt: *Lesegewohnheiten und Lesebarrieren. Schülerbefragung im Projekt Öffentliche Bibliothek und Schule – neue Formen der Partnerschaft*, herausgegeben von Friederike Harmgarth. Von der siebten bis zur zehnten Schulklasse, soviel läßt sich erkennen, lesen Kinder nicht nur gern, sondern auch fast alle sehr viel. Schon von den Erst- und Zweitkläßlern kennen drei Viertel die öffentliche Bibliothek und haben zwei Fünftel einen Leseausweis. In den folgenden Klassenstufen kennen achtzig Prozent oder mehr der Kinder die Leihbibliothek in ihrer Nähe. Soziale und lokale Unterschiede machen sich allerdings bemerkbar – so ist der »Leseindex« im bayerischen Rosenheim bedeutend höher als in Hoyerswerda oder Greifswald. Aber von generellem Desinteresse der Jugendlichen kann nicht die Rede sein, auch wenn junge Bibliotheksnutzer sich oft mit anderen Medien als dem Buch befassen. Sie leihen neben Büchern Comics aus (70 Prozent der Jungen, 36 Prozent der Mädchen) und Zeitschriften, Videospiele, Videos, Hörkassetten und CD-Roms. In der Spalte »Weg zum Buch« thront die Leihbibliothek über allen anderen Zugangsoptionen. Wie wichtig es ist, für die Kinder, die im Alter von zwölf, dreizehn oft einen »Leseknick« erleben, die Bibliothek attraktiv zu halten, läßt sich hier *lesen.*

Misere

Schon anhand der rohen Statistiken über die Verteilung der Gelder an verschiedene Bibliothekstypen wird deutlich, daß die bevölkerungsnächsten Bibliotheken von den finanziell möglichen Standards, wie sie die wissenschaftlichen Bibliotheken aufweisen, einen Grand Canyon weit entfernt sind. Selbstverständlich benötigen wissenschaftliche Bibliotheken viel Zuwendung – Anschaffungskosten und »Katalogistik« erfordern große Summen und gut geschultes Personal. Aber warum soll den öffentlichen Volksbibliotheken nicht ebensoviel finanzielle Aufmerksamkeit geschenkt werden? In dieser Ungleichheit, einer Hierarchisierung der Bibliotheken, liegt womöglich ein Hauptgrund für die Unzufriedenheit vieler Bibliothekare und Nutzer öffentlicher Bibliotheken.

Befragt zur öffentlichen Debatte über das öffentliche Buch, geraten moderne Bibliotheksexperten, etwa die Mitarbeiter des – inzwischen zur Abwicklung verurteilten – Deutschen Bibliotheksinstitutes, ins Klagen. Richtig und realistisch wahrgenommen werde die Lage von der Öffentlichkeit kaum.

Etwa das Desiderat »großer Buchpalast«, zentraler Prachtbau: das sei keineswegs der erste Wunsch der Bibliothekswelt. Es gehe nicht, argumentieren dort viele, um Highlights, die als Demonstration wirksam sind, sondern darum, »flächendeckende Buchversorgung« herzustellen –, ein eleganterer Demokratiebegriff als die postfeudalen Sehnsüchte nach Repräsentationsarchitektur. Die Bibliothekare befürchten, daß – man denkt an die Buchverlage, die von Konzernen verschluckt werden – die kleinen Bibliotheken, die den Bürgern als erste die Hand reichen, stillgelegt werden. Auch der Gedanke, öffentliche Büchereien mehr und mehr privater Initiative zu überlassen, schreckt das professionelle Personal. Leicht können Scientologists oder andere Sekten und radikale politische Gruppen die Bibliotheken unterwandern, sofern sie mit Sponsoren aufwarten. »Deregulierung« ist keine Lösung.

Was Bibliothekaren konkret und ununterbrochen zu schaffen macht, ist der von politischer wie bürokratischer Ignoranz attackierte Alltag. Wie sich das tägliche Improvisieren und Ankämpfen gegen Kürzungen, mehr noch aber gegen die Bürokratie, in allen Bereichen in der Praxis ausnimmt, das wüßten, so sagen sie, die wenigsten. Zeitschriften müssen abbestellt, Personal muß entlassen werden, Öffnungszeiten werden eingeschränkt, Bände aus Buchreihen warten monatelang aufs Gebundenwerden, weil Personal fehlt, Gebühren werden erhöht, sogar Sozialhilfeempfänger müssen Gebühren zahlen, die sie sich dann auf dem Sozialamt rückerstatten lassen können, der »Stellenstagnation«, wie es im Behördendeutsch heißt, tritt niemand entgegen, jüngeres Personal bleibt arbeits- und chancenlos.

Kleinere Bibliotheken werden geschlossen, gegen den Widerstand der Nutzer, der allenfalls von der Lokalpresse wahrgenommen wird. Die behördlichen Sparer denken inzwischen wie in den Nachkriegsjahren sogar an die Glühbirnen, und während der Bund sich wünscht, daß die Öffnungszeiten der Bibliotheken verlängert werden, wollen die Länder sie verkürzen, um Strom zu sparen. Zu solchen Themen gibt es amtliche Korrespondenzen, um solche Themen kämpfen Behörden und Beamte gegeneinander. Seit zehn Jahren, erklärt eine Berliner Bibliotheksexpertin, gebe es überall »Bestandslöcher«, die flächendeckende Versorgung sei nichts als ein einigermaßen funktionierendes Flickwerk aus Notlösungen.

Überall in den Bibliotheken hängen die berüchtigten Leider-Schilder an den Schwarzen Brettern. Leider: weniger Personal, weniger Bestandspflege, höhere »Leihfristüberschreitungsgebühren«. Die Folge ist oft ein unwürdiges Gerangel ums Buch. Zum Beispiel an der Fachbibliothek der juristischen Fakultät der Universität Bochum. Sie ist für 2000 Studenten angelegt, während 5000 angehende Richter, Staatsanwälte, Notare, Verteidiger hier studieren. Diese Bibliothek wird jetzt im Jahr um 50 000 Mark erleichtert – von Kommilitonen bestohlen. Wer ein Buch stiehlt, muß anderntags nicht Schlange stehen, um es in der Präsenzbibliothek zu verwenden, und muß sich auf keine Warteliste eintragen, um es auszuleihen.

Und nicht nur Bochumer Jura-Studenten ordnen Bücher falsch ein, damit nur sie allein sie wiederfinden und die Kommilitonen vergebens suchen. Im Juli 1998 stellte die Bochumer Juristenbibliothek demonstrativ zwei leere Regale auf – als Mahnung für die Saboteure und Bücherklauer. Das allerdings kann das wirksame Remedium nicht sein ...

Fronten

Es gibt mehr Fronten in der Bibliotheksmisere, als die öffentliche Debatte erkennt, und die Frontlinien durchkreuzen einander gelegentlich. Eine bürokratische Frontlinie beim Streit um Finanzierungen verläuft zwischen dem Bund und den Ländern, die offenbar eher geneigt sind, gegenwärtige Engpässe zu Lasten des öffentlichen Buches (auch des Schulbuchs) zu lösen. Eine weitere Frontlinie verläuft zwischen Bibliothek und Lesern. Hier hat die Bibliotheksverwaltung selbst oft genug ihr bürokratisches Terrain abgesteckt, das sie kleinlich verteidigt – gegen den Nutzer.

»Der Bibliothekar muß den Leser als einen Feind betrachten, als Nichtstuer (andernfalls wäre er bei der Arbeit) oder als potentiellen Dieb«, hatte Umberto Eco in seinem Festvortrag zum fünfundzwanzigjährigen Bestehen der Mailänder Stadtbibliothek im Palazzo Sormani im März 1981 ironisch formuliert. Eco benannte ex negativo die Kriterien, die eine gute Bibliothek ausmachen, und fügte noch einige Punkte hinzu. Etwa: »Die Zeit zwischen Bestellung und Aushändigung muß sehr lang sein«, oder: »Es darf immer nur ein Buch auf einmal ausgehändigt werden«, oder: »Das Ausleihverfahren muß abschreckend sein«, »Die Auskunft muß unerreichbar sein«, »Die Fernleihe muß unmöglich sein oder jedenfalls Monate dauern«, »Es muß unmöglich sein, sich innerhalb der Bibliothek irgendwie leiblich zu stärken«, und: »Die Öffnungszeiten müssen genau mit den Arbeitszeiten zusammenfallen ..., totale Schließung an allen Samstagen, Sonntagen, abends und während der Mittagspausen.«

Eco jedenfalls resümierte folgerichtig: »Ideal wäre schließlich, wenn der Benutzer die Bibliothek gar nicht erst betreten könnte; betritt er sie aber doch ... so darf er auf keinen Fall, nie und nimmer, außer bei seinen raschen Konsultationen im Lesesaal, Zugang zu den Bücherregalen selbst haben.« (Leider ist die 1987 bei Hanser auf deutsch erschienene kleine Schrift von Eco hierzulande vergriffen. Man kann aber versuchen, sie in einer Bibliothek einzusehen ...)

Fast alles, was Eco als wünschenswert bezeichnet, ist nicht in erster Linie an Kosten gebunden. Es setzt eine bestimmte Haltung zum Buch und zum Leser, zu den Nutzern der Bibliothek voraus, eine souveräne, freundliche, unbürokratische Haltung sowie eine herzliche Gastfreundschaft gegenüber den Besuchern der Einrichtung. Eco schwärmt in seiner Rede von zwei Bibliotheken, die keins seiner Negativkriterien erfüllen, der Sterling Library in Yale und der Bibliothek der Universität von Toronto. Sie sind bis Mitternacht und an Sonntagen geöffnet, die Leser haben direkten Zugang zu den Magazinen beziehungsweise den Regalen (Alptraum deutscher Bibliothekare). Es gibt wenige Aufseher, aber viele Angestellte und Hilfskräfte, vor allem Studenten, deren Job es ist, die herumliegenden Bücher wieder einzustellen. Man kann in diesen Bibliotheken also wandern und stöbern und so zum Beispiel auch auf Titel stoßen, die einem gar nicht im Sinn waren, als man die Bibliothek betrat. Daß die großzügige Bibliothek gelegentliche Verluste durch Diebstahl hinnehmen muß, sieht Eco selbstverständlich. Aber: »Die Grundfrage ist, ob man will, daß die Bücher gelesen werden können, oder nicht; will man es und wird dann ein Buch gestohlen oder zerstört, so kauft man eben ein neues. Kostbare Handschriften werden selbstverständlich in besonderen Abteilungen aufbewahrt und besser geschützt.«

Will man, daß die Bücher gelesen werden, oder will man es nicht? Es ist die entscheidende Frage. »Man« ist beim öffentlichen Buch der Staat. Das katastrophale, barbarische Verhältnis eines Staates zu seinen öffentlichen Büchern zeigt sich an Kleinigkeiten wie der, daß Sozialhilfeempfänger die Leihgebühren erst entrichten müssen (bürokratischer Aufwand), um sie dann beim Sozialamt wieder einfordern zu können (erneuter bürokratischer Aufwand).

Katastrophal ist es auch, wenn bürokratische Bestimmungen es verhindern, daß Rentner oder Studenten Jobs in Bibliotheken annehmen. Dagegen sperren sich Behörden, und wohl auch Gewerkschaften, ebenso wie das Bibliothekspersonal, das häufig bei jeder personellen Bewegung von

Angst um den eigenen Status ergriffen wird – um so mehr, als derzeit Stellenstreichungen an der Tagesordnung sind.

So absurd es klingt: es geht, will man das Bibliothekssystem reformieren, vor allem um das Abbauen von Ängstlichkeiten und das Lösen von verknoteten Gedanken. Einige Reformen müßten gar kein Geld kosten, sondern könnten Geld einbringen – etwa das Verpachten eines Foyerbereichs an eine Cafeteria, was die Bibliothek zugleich attraktiver und die Nutzer untereinander kommunikativer machen kann. Ertragreich wäre auch der Verzicht auf das sinnlose Vergeuden von Arbeitszeit, wie beim Prüfen von »Sozialhilfeempfängerleihgebührenquittungen«.

Vielleicht, das am Rande, ist es auch nicht so vorrangig, für 35 Millionen Mark das Kyffhäuser-Denkmal zu restaurieren, wenn man denn schon unbedingt Geld in »die Kultur« stecken will. Dutzende kleiner Stadtbibliotheken könnten davon jahrelang leben. Von den Summen, die ein Transrapid rasend auffrißt, oder den 50 Milliarden Mark, die Wirtschaftskriminelle nach Angaben des Bundesrechnungshofes alljährlich unversteuert außer Landes schaffen, ganz zu schweigen.

Bibliothekslandschaft und politischer Wille

Um die Abbau-Misere zu ändern, muß man ein Bild vor Augen haben. Wie würde eine demokratische, großzügige Bibliothekslandschaft aussehen? Wie bei allen »utopischen« Entwürfen ist es riskant, sie den Fachleuten vorzutragen. Sie sind die ersten, die aufschreien, von mangelnder Machbarkeit, Sachzwängen und anderem sprechen. »Das haben wir noch nie so gemacht«, »Dafür gibt es kein Geld«, »Das will sowieso keiner«, »Das haben wir immer schon so gemacht«. Ganz gleich, wo man Entwürfe präsentiert, nur in seltenen Fällen schnurren beim routinierten Gegenüber nicht sofort die Realitätssynapsen zu einem Knäuel zusammen, das ein einziges Signal funkt: Geht nicht. Natürlich muß eine Zukunftslandschaft der Bibliotheken sich mit pragmatischen Aspekten befassen und auf reale Erfahrungen hören. Aber eine ideale Bibliothekslandschaft zu entwerfen ist der einzige Weg, Fragmente des Gewünschten wirklich werden zu lassen. Irgendwann hieß es auch von der Demokratie, vom Frauenwahlrecht, vom Recht auf Schulbildung: »Haben wir noch nie so gemacht.« Was könnte einen Staat daran hindern, die Vision von Bibliotheken als öffentlichen Buchzentren interessant und anstrebenswert zu finden? Einzig und allein der fehlende politische Wille. Existiert er, ist von Utopie keine Rede mehr.

Bibliotheken könnten Kernstücke demokratischer Stadtteilzentren sein. Dort begegnet man Leuten, die ähnliche Interessen haben, man trifft

Lektüreberater, kann sich in Internet-Recherche einweisen lassen, Videospiele leihen und kopieren, Romane und Krimis entdecken, in einer Bibliotheksküche eine Küchenbibliothek erforschen, in Bibliothekssälen Konferenzen abhalten, in Leseecken sitzen, die wie Hotelfoyers ausgelegt sind. Warum sollten nicht alle, insbesondere die öffentlichen Bibliotheken mit souveräner Großzügigkeit gestaltet sein von erstklassigen Architekten und Innenarchitekten? Mit der Möglichkeit, aus dem Lesesaal Bücher mit in Gärten zu nehmen, die zur Einrichtung gehören, Kaffee oder Tee im Lesesaal zu trinken, bis in die Nacht sich dort aufzuhalten, in Geselligkeit oder Privatheit ermöglichender Atmosphäre, je nachdem, in welchem Bereich der Bibliothek man sich aufhält?

Eine Bibliothek, die öffentlich ist, muß auch geöffnet sein. Der zeitlich so gut wie unbegrenzte Zugang zu den Büchern ist das mindeste und erste, was sich auch beim gegenwärtigen Zustand der Bibliothek verwirklichen läßt. Manche Berliner Bibliothekare halten es für eine Schande, daß in der Hauptstadt keine einzige Bibliothek bis Mitternacht oder sogar 24 Stunden lang geöffnet ist. Und sie sprechen nicht von einer Utopie. Die Bodleian Library der Oxford University ist von neun Uhr morgens bis zehn Uhr nachts geöffnet, wie die British Library; die Bibliothek von Albany, New York, schließt täglich erst um Mitternacht, ebenso die Unibibliothek von Thessaloniki. Die Northwestern University Library hat bis morgens um zwei Uhr offen, und in Deutschland hat die Bibliothek der – privaten – Universität Witten-Herdecke an sieben Tagen der Woche rund um die Uhr geöffnet. Warum sollten solche Öffnungszeiten für den öffentlichen Sektor utopisch sein?

Wo das Verschlossensein der Bibliotheken, das Öffnen der Bände unterbindet, spricht es Bände.

Henner Reitmeier
Die Holzbibliothek

»Die Wälder werden immer kleiner«, bemerkte der Göttinger Georg Christoph Lichtenberg um 1777 in seinen Sudelbüchern, »das Holz nimmt ab, was wollen wir anfangen? Oh, zu der Zeit, wenn die Wälder aufhören, können wir sicherlich so lange Bücher brennen, bis wieder neue aufgewachsen sind.«

Carl Schildbach, ein Zeitgenosse Lichtenbergs in der nahe gelegenen Residenzstadt Kassel, machte die Bücher gleich aus Holz. Davon kann man sich durch einen Besuch des Kasseler Naturkundemuseums überzeugen. Nebenbei ist dieses Museum in Deutschlands ältestem Theatergebäude untergebracht, dem zwischen 1604 und 1606 unweit der späteren Karlsaue errichteten Ottoneum. Es wurde kürzlich von Grund auf renoviert, wobei auch Schildbach zu einem neuen Kabinett kam. Schildbach stiehlt allem, was dort sonst noch geboten wird, die Schau. Sobald der Besucher seine Nase in das nur spärlich beleuchtete Kabinett steckt, wird er alarmiert schnüffeln. Sein erstaunter Blick wandert über die schimmernden Rücken der vielen Bücher, die sich in den umlaufenden Regalen zu befinden scheinen. Obwohl die Regale verglast sind, riechen diese Bücher förmlich nach verstaubter Kostbarkeit. Die Buchrücken wirken schimmlig, brüchig, fast wie verwittert. Ihre Farben spielen ineinander, vorwiegend zwischen Walnuß- und Kastanienbraun.

Tritt der Besucher ehrfürchtig näher, kann er die hellen verblaßten Schildchen entziffern, die auf jedem Buchrücken kleben. Sie wurden von Hand, wohl mit dem Federkiel, zweisprachig – deutsch und lateinisch – beschriftet. LINDE, BERGAHORN, SEIDELBAST, WILDKIRSCHE läßt sich da zum Beispiel lesen. Nun dämmert es dem Besucher: Ein jedes dieser Bücher wurde aus dem Holz des Baumes oder Strauches angefertigt, der ihm zum Titel verhalf. Dabei hielt sich ihr Schöpfer durchweg an den Bauplan, die vordere Buchseite (den Schiebedeckel) aus Splintholz, die hintere aus Splint- und Kernholz mit Spiegeln, die obere aus Astquerschnitten, die untere aus Hirnholz und den Buchrücken aus der Rinde des betreffenden Gehölzes zu machen. Doch damit nicht genug. Hier und dort hat man ein Buch auch quer präsentiert und seinen Schiebedeckel herausgezogen, so daß wir das Arrangement in seinem Hohlraum bewundern können: zusammengestellt aus äußerst naturgetreuen plastischen Nachbildungen der Zweige, Blätter, Blüten, Früchte des Baums oder Strauchs, die nahezu wie frisch gepflückt wirken.

Viele weitere Aufschlüsse lassen sich dem Beschreibungszettel entnehmen, den Carl Schildbach auf die Innenseite des Schiebedeckels seiner Holzbücher klebte. Man erfährt, welchen Boden das Gehölz bevorzugt, welche Borkenkäfer oder Schwämme wiederum dieses Gehölz lieben, selbst welche Hitze von der Flamme eines Kubikzolls trockenen Holzes in einem Kubikfuß eines eisenblechernen Ofens bei temperierter Witterung nach Fahrenheit und Réaumur verursacht wird.

Auf diese Weise – in nicht weniger als 546 mühseligen Werken, die 441 Gehölzarten vorführen – stellte also Carl Schildbach seine offensichtliche Ordnungsliebe in den Dienst der Naturkunde, die er auch mit ähnlichem Fleiß studiert haben muß. Dies war vor rund 200 Jahren, während er zunächst (1781–86) Menagerie-Verwalter des in Kassel residierenden Landgrafen Friedrichs II., später Ökonomie-Direktor im Dienste des nachfolgenden Landgrafen Wilhelms IX. war. Bereits 1781 wurde die im Werden befindliche Holzbibliothek Schildbachs in einem Büchlein mit Briefen des Friedrich Justinian I. Freiherr von Günderode gepriesen: »Und nun sage ich Ihnen auch noch etwas von Herrn Schildbach, einem der Aufseher über den Thiergarten. Ein Mann von ganz vernachläßigtem äussern Ansehen, aber mit einem ohnaufhörlich nachgrübelnden und zu denen Arbeiten der mühsamsten Düfteleien aufgelegten und unermüdeten Geist ...« Mit Joachim Heinrich Campe zeigte sich 1785 sogar ein angesehener Schriftsteller und Verleger von diesen ohne Umschweife aus Holz gemachten Büchern beeindruckt. Ihr wenig betuchter Schöpfer wurde oft von gelehrten Herren besucht, die ihm nach der Besichtigung eine Art Eintrittsgeld in die Hand drückten.

Carl Schildbach schuf nicht die einzige, wahrscheinlich auch nicht die erste »Xylothek«, wie die Holz- oder Baumbibliotheken unter Fachleuten heißen. Es wird vermutet, daß ihre Erfindung mit den neuen Klassifizierungen und Benennungen des schwedischen Naturforschers Carl von Linné (1707–78) zusammenhängt. Nach Heinz Petersen (*Bucheinbände*, Graz 1988) sind sie sicher belegt seit dem ausgehenden 18. Jahrhundert. »Um 1780 befaßte sich etwa im Kloster Mettingen bei Eßlingen der Mönch Candid Huber mit der Anlage eines solchen Werkes. Eine besondere Stellung unter den Holzbibliotheken nimmt aber die Arbeit von Carl Schildbach ein.« Als Standorte weiterer Holzbibliotheken, deren Bände übrigens häufig in der Form zweier durch den Buchrücken verbundener, beweglicher Kastenhälften gearbeitet wurden, führt Petersen an: Burg Guttenberg bei Ebersbach, Landwirtschaftliche Hochschule Hohenheim, Schloß Langenburg bei Schwäbisch Hall, Schloß Gemmingen, Naturkundemuseum Regensburg.

Schildbachs Xylothek mit den Schiebedeckeln gilt zumindest für den Bereich Westdeutschlands als die umfangreichste und bedeutendste Holzbibliothek. Der französische Botaniker Buffon, seit 1739 Direktor des Pariser Botanischen Gartens, hätte Schildbach gern dorthin berufen. Die russische Kaiserin Katharina II. bot Schildbach vergeblich 2000 Goldtaler für seine Xylothek. 1813, vier Jahre vor seinem Tod, wird Schildbach in Heinrich Füßlis Künstlerlexikon wegen seines »ausgezeichneten Genies und ungeheueren Eifers zu einem der größten Naturhistoriker Deutschlands« erklärt. Bleibt nachzutragen, daß sein Werk – nämlich in dessen *Magazin für das Neueste aus der Physik* – auch von Lichtenberg lobend erwähnt worden ist.

Als sich Schildbach im Alter zum Verkauf seiner Holzbibliothek gezwungen sieht, wird er von Landgraf Wilhelm IX. mit einem Butterbrot – einer jährlichen Leibrente von 450 Talern – abgespeist. »Es war keine gemeine Habsucht oder Eigennützigkeit«, hatte Schildbach schließlich in seinem Verkaufsgesuch vom 28. Dezember 1798 beteuert, »welche mich dies große Werk zusammenarbeiten ließ, sondern die Liebe zu den Künsten und Wissenschaften, wie auch der Wunsch, meinen Nebenmenschen nützlich zu werden; besonders aber hat mich der Gedanke bei so großen Aufopferungen immer angefeuert und aufrecht erhalten, mir in meinem zweiten Vaterland, in Hessen, nach dem Tode ein Andenken zu stiften ...«

Einmal in Kassel, nimmt der Besucher am besten auch gleich die Neue Galerie mit. Sie wurde in einem nur wenige Fußminuten vom Ottoneum gelegenen Sandsteinklotz untergebracht, gegen den das Schloß Wilhelmshöhe hübsch ist. Auf halber Höhe der Innentreppe wird der Besucher stirnrunzelnd haltmachen, um einen ausladenden Türrahmen zu mustern, der wie zugemauert wirkt. Statt auf Ziegelsteine blickt man auf die Seitenstöße unterschiedlichster Bücher. Diesmal liegen die Bücher quer. Sie sind oder waren tatsächlich aus Papier. Hubertus Gojowczyk verfugte sie mit Mörtel und nannte das Ganze »Tür zur Bibliothek«.

Das Kunstwerk stammt von 1977, ein Documenta-Überbleibsel. Ohne Zweifel eine scharfe Warnung vor dem Betreten von Bibliotheken, die man unbedingt beherzigen sollte, falls man nicht unheilbar süchtig und somit am Sterben unserer Wälder mitschuldig werden will.

Rainer Grießhammer
Nachwachsende Bücher

Goethe hin, Grass her – Bücher sind nicht nur Kulturgut, sondern auch typische Industrieprodukte mit hohem Ressourceneinsatz und Umweltproblemen bei der Herstellung des Papiers und beim Drucken. Allein in Deutschland werden jährlich ungefähr 400 Millionen Bände mit einem Papiergewicht von rund 340 000 Tonnen produziert. Dafür müssen etwa 500 000 Bäume gefällt, zu Zellstoff und dann zu Papier verarbeitet werden. Ein Teil des Holzes wird dabei für den Energieverbrauch der Zellstoffabriken genutzt.

Bei der Produktion von Buchdruckpapieren wird hauptsächlich »frischer« Zellstoff eingesetzt und nur etwa sieben Prozent Altpapier als Sekundärrohstoff. In der Papierproduktion insgesamt (Verpackungspapiere, Druck- und Pressepapiere, Büropapier) beträgt der Altpapieranteil immerhin schon 54 Prozent. Der für die Buchdruckpapiere benötigte Zellstoff wird zu fast hundert Prozent importiert, er stammt überwiegend aus den USA, Kanada, Finnland und Rußland. In diesen Ländern wird nach wie vor im großen Umfang uralter Wald im Kahlschlagprinzip abgeholzt. Zum »Buch der toten Bäume« gibt es allerdings eine Alternative: Man kann Holz aus nachhaltiger Forstwirtschaft nutzen und den Altpapieranteil erhöhen. Unabhängig davon gilt, daß Bücher wegen ihres hohen Dauernutzens allemal als umweltfreundlicher einzuschätzen sind als die überbordenden Werbebeilagen, die meist ungelesen weggeworfen werden.

Bevor auf die technischen Möglichkeiten zur ökologischen Optimierung von Büchern näher eingegangen wird, soll der Bücherfreund auf seine eigenen, durchaus überraschenden Möglichkeiten zur Schonung der Umwelt aufmerksam gemacht werden. Verschlingt nicht das Heizen des Bibliothekszimmers viel mehr Rohstoffe als die Produktion der darin aufbewahrten Bücher? Und wie steht es mit der Autofahrt in die Buchhandlung? Schon bei einer Entfernung von 2,5 Kilometern wird dabei so viel Energie in Form der endlichen Rohstoffe Erdöl bzw. Benzin verbraucht wie für die Herstellung eines durchschnittlichen Buches. Man tut also gut daran, mit dem Fahrrad in die Buchhandlung zu fahren oder zu Fuß zu gehen. Beim Zurückschlendern kann man im Kaffeehaus oder in der Eisdiele gleich mit dem Lesen beginnen. Falls man sich zufällig ein Buch über Umweltverhaltensforschung gekauft hat, wird man wahrscheinlich auf solche »Motivallianzen« (wie Buch & Kaffeehaus) stoßen, mit denen die modernen Konsumenten zum Umweltschutz verführt werden sollen.

Bei vielen Produkten der Industriegesellschaft hat sich zum *Kernnutzen* ein *Zusatznutzen* oder *symbolischer Nutzen* hinzugesellt. Das Auto beispielsweise ist längst nicht mehr ein schlichtes Transportmittel, es dient zugleich dem Prestige und dem Rückzug in ein intimes Wohnzimmer mit bequemen Sitzen, Stereoanlage und Klimatisierung. In der Regel wird der Zusatznutzen mit einem erheblichen Mehrverbrauch an Ressourcen und höherer Umweltbelastung erkauft. Bei Büchern liegt dieser symbolische Nutzen meistens in der häuslichen Zurschaustellung dickleibiger Bände, die dem Zeitgeist entsprechen, aber nur selten gelesen werden. Ältere Beispiele sind der Umweltschinken *Global 2000* und *Das Kapital* (in meinem Exemplar zeigen die Unterstreichungen, daß ich immerhin bis Seite 47 kam, dann besorgte ich mir ein zweites, aber dünneres Buch mit dem Titel: *Wie lese ich das Kapital?*)

Zeitlos aktuell sind zwanzigbändige Gesamtausgaben von Klassikern, in denen man allenfalls mal ein Zitat sucht und natürlich nicht findet. Der Anteil ungelesener Bücher in den Haushalten läßt sich kaum überschätzen, wie man bei Bekannten oder Geschäftspartnern schnell feststellen kann. Die nicht-lesenden Umweltsünder sind leicht mit der sogenannten Nagelprobe zu überführen: Beim Besuch nimmt man beiläufig ein Buch in die Hand, hält es mit dem Rücken nach unten, drückt mit dem Daumennagel ein paar Blätter zur Seite und läßt los. Wenn sich das Buch jetzt mit einem vernehmbaren Knall schließt, war es noch jungfräulich. Liegt der Anteil der ungelesenen Bücher deutlich über 90 Prozent, so haben wir es mit einem akuten Fall von Prestigesucht zu tun.

Zum zweihundertfünfzigsten Geburtstag Goethes im Jahr 1999 werden vermutlich einige weitere tausend Tonnen Goethe-Gesamtausgaben produziert werden. Und ungelesen bleiben. Deshalb seien die Verlage, die ja prinzipiell zur Mehrfachnutzung ihrer Titel neigen, auf eine neue Möglichkeit hingewiesen: Sie könnten zur Deckung des Bedarfs an symbolischem Nutzen eine spezielle Produktlinie anbieten, die bislang nur in Möbelgeschäften zur Regaldekoration diente, nämlich die sogenannten

Hohlbücher, die sich zu kompletten Attrappenbibliotheken je nach Interessenrichtung zusammenfügen ließen.

Bei der Produktnutzung kommt auch der *Systemumgebung* eine hohe Bedeutung zu. Mountainbikes zum Beispiel werden sehr oft mit dem Auto von der Stadt zum nächsten Hügel transportiert und dann erst bestiegen. Während es immer noch einige wenige löbliche Ausnahmen – Fahrradfahren ohne Auto – gibt, sind Surfer und Drachenflieger fast zwangsläufig auf ein Auto angewiesen. Entsprechend steigt die Umweltbelastung durch diese ansonsten energiesparenden Fortbewegungsarten.

Auch das Buch ist keineswegs frei von solchen belastenden Systemumgebungserscheinungen. Als ganz einfaches Beispiel diene die Mitnahme dickleibiger Bücher in den Urlaub, die schon manchen Wander- oder Radurlaub zu einem Autourlaub hat werden lassen. Da der Rucksack auch ohne Bücher zehn bis fünfzehn Kilogramm wiegt, kann autofreies Reisen buchstäblich zu schwer fallen. Persönlich erprobt ist die Empfehlung, auf Rucksackreisen die kleinen und leichten Reclam-Bändchen mitzunehmen, etwa für Italien die Nummer 8022: *Erzählungen des italienischen Realismus* (60 Gramm) oder für New York den englischen »Fremdsprachentext« Nummer 9241, *Breakfast at Tiffany's* von Truman Capote (55 Gramm – zum Vergleich: dieses *Kursbuch* wiegt ca. 350 Gramm).

Während die Rucksackreisesystemumgebungsprobleme dank Reclam leicht zu lösen sind, sehen wir uns im Haushalt mit ernsteren Problemen konfrontiert. Bücher wollen gelagert sein. Hierfür benutzt der Büchermensch erstens Holzregale (was auf jeden Fall zu empfehlen ist, auch wenn dafür Bäume sterben müssen) und zweitens Wohnraum, der in der Regel auch beheizt wird. In Deutschland nimmt der Wohnraum pro Person seit Jahren zu (auf mittlerweile fast 40 Quadratmeter pro Person), und das bedeutet zunehmende Flächenversiegelung, zunehmenden Ressourcenverbrauch für den Hausbau und zunehmenden Heizenergieverbrauch. Da sich im bundesrepublikanischen Durchschnittshaushalt nur 86 Bücher befinden, ist zumindest statistisch vorerst kein zunehmender Wohnraumbedarf zu erwarten. Aber man weiß ja aus alltäglicher Erfahrung, daß sich dieser Durchschnitt aus sehr unterschiedlichen Buchbeständen ergibt. Während sich in manchen Haushalten 1000, 2000 oder 4000 und mehr Bücher finden, steht in anderen nur das Telefonbuch, wenngleich auch hier neuerdings ein deutlicher Trend zum Zweitbuch festzustellen ist. Zwei Telefonbücher kann man ohne zusätzlichen Raumbedarf unterbringen, zweitausend Romane dagegen benötigen rund 50 laufende Meter, also mindestens sieben Meter siebenstöckiger Regale.

Insbesondere die gezwungenermaßen lesefreudigen Singles haben das Bibliothekszimmer wiederentdeckt – ringsum Regale, ein bequemer Lesesessel und ein kleiner Tisch. Deshalb bezieht der Single beim nächsten

Umzug gern eine größere Wohnung. Ein Extrazimmer mit 16 Quadratmetern würde in den kommenden 50 Jahren einen zusätzlichen Heizenergieeinsatz von etwa 15 000 Liter Heizöl oder von etwa 36 000 kg Holz erfordern. Schon aus diesem Grund empfiehlt sich die Paarbildung: beim Zusammenfügen der jeweiligen Bücherbestände könnten viele Doppelexemplare aussortiert und damit der Regal- und Raumbedarf eingeschränkt werden.

Überhaupt sollte, wer gern Bücher liest und hortet, bei ihrer Lagerung kreativer verfahren als bisher üblich. Man könnte zum Beispiel die Borde an die Decke hängen oder unter den Betten Schubfächer anbringen. Denkbar wäre auch die persönliche Verpflichtung auf eine Besitzobergrenze, wie sie in Mario Vargas Llosas neuem Roman *Die geheimen Aufzeichnungen des Don Rigoberto* geschildert wird: Gehortet werden hier niemals mehr als 4000 Bücher – kommt ein neues hinzu, muß ein altes weg.

Sinnvoll sind in diesem Zusammenhang alle produktspezifischen Strategien der *Nutzungsintensivierung*, etwa der Gang zum Antiquariat oder die Einrichtung privater Bücherbörsen beliebigen Niveaus: Man lädt Freunde ein, und jeder berichtet über gerade gelesene Bücher, die er dann gegen andere eintauscht.

Natürlich gibt es auch Alternativen zum Buch als solchem, zum Beispiel den Dienstleistungszweig des Geschichtenerzählens. Tatsächlich werden immer wieder Versuche gemacht, diesen schönen alten Brauch zu reanimieren. Die Verlage können beruhigt sein: Sobald jemand als begnadeter Geschichtenerzähler bekannt wird – etwa wie Eduardo Galeano oder Rafik Schami –, fühlt er sich offensichtlich gedrängt, seine Geschichten in Buchform zu veröffentlichen.

Eine gefährliche Alternative zum gedruckten Buch könnte dagegen das elektronische Buch werden. Wer darauf vertraut, daß man den Computer nicht mit ins Bett, an den Strand oder aufs Klo nehmen kann, sei daran erinnert, daß Computer in Taschenbuchgröße mittlerweile durchaus erschwinglich sind – Umblättern per Knopfdruck. Zumindest auf mittlere Sicht kann hier ernsthafte Konkurrenz entstehen, zumal da die nachwachsenden Generationen gewohnt sind, am Bildschirm zu lesen und zu spielen. Ökologisch ist das nicht unbedingt eine Verbesserung. Hoher Ressourcenverbrauch bei Erzeugung, Benutzung und Entsorgung haben den Mythos der »sauberen« Multimedia-Technologie bereits entzaubert.[1]

Das »gute alte Buch« wird es jedenfalls im nächsten Jahrzehnt noch geben, aber »gut« ist es aus ökologischer Sicht nur, wenn es umweltfreundlich hergestellt wurde. Kennzeichnend für die traditionelle Buchproduktion sind der hohe Holz-, Energie- und Wassereinsatz, die Wasserbelastung bei der Zellstoffproduktion (generell durch den Holzaufschluß und die Chlorbleiche) sowie der Druckfarben- und Lösemitteleinsatz beim Offsetdruck. Die Möglichkeiten einer ökologischen Buchherstellung wurden vom Öko-Institut am Beispiel verschiedener Buchtypen (Hardcover, Taschenbuch, Bildband) untersucht.[2] Wichtige Empfehlungen für Zellstoffproduzenten, Verlage und Druckereien sind:

– die Verwendung von Holz aus nachhaltigem Anbau,

– die Herstellung bzw. der Einsatz von TCF-Zellstoff (absolut chlorfrei gebleicht),

– ein möglichst hoher Einsatz von Altpapier für die Papierproduktion bzw. die Verwendung von Recyclingpapieren mit dem Umweltzeichen (deutsches Umweltzeichen RAL UZ 14 oder das nordische Umweltzeichen Swan),

– der Wechsel des Druckverfahrens vom herkömmlichen Naßoffsetdruck zu modernen wasserlosen Verfahren.

Für den wichtigsten Papierrohstoff, die Holz- bzw. Pflanzenfasern, gibt es aus heutiger Sicht keine ernsthaften Alternativen. Natürlich könnte man Bücher auch komplett aus Kunststoff herstellen, aber wer will schon nachwachsende Rohstoffe durch Erdöl ersetzen? Mögliche Alternativen für den Einsatz von Holz aus Wäldern sind dagegen einjährige Pflanzen wie etwa Bambus, Bagasse, Weizen- und Reisstroh, Flachs, Hanf – oder gar so edle Rohstoffe wie Baumwolle bzw. Linters, die für die Produktion von Banknotenpapier verwendet werden. Im Jahr 1988 wurden weltweit immerhin elf Millionen Tonnen Fasern aus Einjahrespflanzen für die Papierfaserproduktion genutzt, das entsprach etwa sieben Prozent der Gesamtproduktion von 162 Millionen Tonnen.

Neuerdings wird vor allem Hanf als sozusagen doppelt alternativer Rohstoff diskutiert. Auch wenn es sicherlich verlockend wäre, die Memoiren von Timothy Leary auf Hanfpapier gedruckt zu lesen, ist gegenüber diesen Vorschlägen doch eine gewisse Skepsis angebracht. Zwar hat Hanf höhere Faserflächenerträge als normale Wälder und weist im Vergleich mit Holz einen geringeren Gehalt an Lignin auf (das bei der Faserproduktion aufwendig entfernt werden muß), aber Zellstoffe aus Einjahrespflanzen sind immer noch deutlich teurer.

Für nachwachsende Rohstoffe stehen in Deutschland etwa 600 000 Hektar Ackerfläche zur Verfügung. Bei ausschließlichem Hanfanbau auf diesen Flächen könnte etwa ein Drittel des deutschen Zellstoffbedarfs gedeckt werden. (Denkbar ist aber auch die Abdeckung eines kleineren Teils der Faserproduktion durch Hanf. Mit den langen Fasern der Einjahrespflanze kann insbesondere Altpapierrohstoff wieder »aufgefrischt« werden.) Großflächiger Hanfanbau ist ökologisch allerdings am ehesten mit konventioneller landwirtschaftlicher Intensivnutzung und Monokultur zu vergleichen. Welche Vorteile ein großflächiger (ökologischer) Hanfanbau gegenüber einer (ökologischen) Waldnutzung bieten könnte, ist aber eher unklar. Überdies dürfte auch der Freizeitwert von einigen hunderttausend Hektar Hanfäckern minimal sein, wenn man ihn an dem Freizeitwert von Wäldern mißt: unattraktiv für Spaziergänger, Wanderer, Radfahrer – zumal nach der jährlichen Ernte. Kaum denkbar, daß der Schwarzwaldverein zu einem Hanf-Wanderverein mutieren könnte.

Statt sich der sanften Hanf-Illusion hinzugeben, sollte man daher eher auf nachhaltige Änderungen in der Forstwirtschaft und bei der Produktion von Zellstoff, Papier und Büchern drängen.

Anmerkungen

1 Rainer Grießhammer u. a., *Umweltschutz im Cyberspace – zur Rolle der Telekommunikation für eine nachhaltige Entwicklung*, Öko-Institut e. V., Freiburg/Darmstadt 1997

2 Öko-Institut (Hg.), *Schwarze Kunst auf grünen Pfaden – Buchherstellung nach ökologischen Grundsätzen*, Göttingen 1997

Joachim Kalka
Buchzauberei

»Er hat ein Büchl gehabt; wenn er in dem gelesen hat, so ist das geschehen, was er hat haben wollen.«
Zaborsky, *Sagen aus dem Bayerischen und Böhmerwald*

1.

Ist es nicht das, was wir uns von ferne her versprechen, wenn wir ein Buch aufschlagen? Daß, indem wir lesen, etwas geschieht, was wir haben wollen? Wir bringen dem Buch immer noch den Glauben »entgegen«, es könne verändern – uns zumindest (docens, delectans, movens). Hinter all den vielen Büchern, die wir zur Hand nehmen, zeigt sich der Umriß eines magischen Buches: Das Buch soll Macht haben. Und wenn das Buch von großen Büchern spricht, wenn wir von einem wahrhaft mächtigen Buch lesen, färbt sich unser Lesevorgang mit dem Morgenrot der suggestiven Illusion einer alles vermögenden Lektüre.

Diese Macht der Schrift, diese Buchmagie wird besonders gerne in der Trivialliteratur beschworen, grell und kindlich-kindisch: als Auratisierung des Lesens und damit des Konsums von Trivialliteratur, als Zaubermantel, der rasch über die Blöße der Banalität geworfen werden soll. Geheimnisvolle Bücher kommen in der phantastischen Literatur überaus häufig vor; in der Aura, die ihnen zugesprochen wird, ist vielleicht etwas von der alten Vorstellung numinoser heiliger Texte stehengeblieben – im Sinne der Thora wie auch des in der Volksmagie beliebten Sechsten und Siebten Buches Mosis: Bibel und Zauberbuch, Bibel als Zauberbuch; die Trivialliteratur bringt ja gelegentlich auch auf seltsamen Wegen ihre eigenen schillernd-seichten heiligen Schriften hervor, von den *Protokollen der Weisen von Zion*, dieser seltsamen Kreuzung aus Joly und Goedsche, bis zu Ron Hubbards *Excalibur.* Doch spielt bei der Idee von solchen unbegreiflichen, einen riesengroßen Schatten in die Welt werfenden Büchern auch schattenhaft eine unbeholfen rezipierte Ideologie des autonomen Kunstwerks hinein, des »endgültigen Textes«. Es ist kein Zufall, daß gerade in den auf schnellen Verschleiß angelegten Druckerzeugnissen, den auf billigstem, rasch zerfallendem Papier gedruckten *pulp magazines* der zwanziger bis vierziger Jahre, immer wieder der Foliant und das kostbare Oktavbändchen besonders liebevoll beschworen wurden: Bücher mit merkwürdigen

Lettern und in unbekannten Alphabeten, Bücher in Gold, in Menschenhaut, in Schlangenhaut, verschollene, verbotene, legendäre Bücher. Das Lesen, das sich auf diese Weise phantastisch verdoppeln will, zieht den Nimbus der erlesenen »Schrift« in die Zeilen des rasch zerknitterten Magazins hinein. In solchen Magazintexten – ich denke hier vor allem an die auf phantastische Geschichten spezialisierten *Weird Tales* - wird dann die Lektüre des geheimnisvollen Buches zur unwillkürlichen Teilnahme an einer Verschwörung, oder die neueste Nummer des unscheinbar-grellen Magazins selbst (»›Here's your *Weird Tales*‹, smiled my wife«) enthält einen unbegreiflichen, magisch den Leser attackierenden Text. So vibriert das Gedruckte selbst einige Augenblicke lang von Machtphantasien. Das Gedruckte, die Schrift, soll als Gedrucktes, als Schrift, einen Moment lang seltsam sein. Es gibt eine eigenartige Schlußfloskel, mit der die rührend unbeholfenen Stories in der Bastei-Comics-Serie »Gespenster-Geschichten« unweigerlich an ihr Ende kamen: »Seltsam? Aber so steht es geschrieben.«

Der Zauber der Zeichen wirkt besonders verwirrend, wenn die Zeichen nicht auf den ersten Blick geordnet werden können. Kinder sind fasziniert von Geheimschriften. Ein chiffrierter Brief befindet sich unter den Gegenständen, die, den Inhalt der Hosentaschen des elfjährigen Pioniers Wowa Bogatschow bildend, von Tretjakow in seiner Reportage »Die Tasche« beschrieben werden. In der Chiffre hat sich die Schrift, die wir als außerordentliches kulturelles Phänomen wegen alltäglicher Gewöhnung nicht mehr wahrnehmen, wieder mit Rätselhaftigkeit gesättigt, und wir gehen wieder als Fährtensucher durch den Wald von Zeichen; das Kind gewinnt an ihr die durch die Schule abgeschliffene Abenteuerlichkeit der Schrift wieder. Mit solchen Chiffren beginnt denn auch gerne der Abenteuerroman (Jules Vernes *Voyage au Centre de la Terre* oder Rider Haggards *She*). Ein solcher Rätseltext bildet dann einen kleinen, lockend fremden Einschub im unschuldig harmlosen Alltag des ersten Kapitels, er ist wie die Schatzkarte (*Treasure Island*), wie die Visitenkarte eines Unbekannten, wie eine merkwürdige Suchanzeige in der Zeitung, ein Testament, der Brief eines verschollenen Freundes, der letzte Funkspruch eines untergegangenen Schiffes oder wie eines der Telegramme, die in der Baker Street eingehen, das »andere« Textpartikel, mit dem das Exotische in der Narration Fuß faßt. (Sherlock Holmes ist übrigens ein großer Dechiffrierer, und »The Dancing Men« ist wohl nach Poes »Goldkäfer« die reinste Code-Geschichte überhaupt.) Von den Chiffren soll Zauberei in die vertrauten, normalen Zeichen des Buches abstrahlen, die in der Nachbarschaft des Rätselhaften sich so mit seinem Abglanz sättigen, daß sie schließlich selbst geheimnisvoll wirken. Die Einsprengsel von Mysteriösem funktionieren als »fremde« Zeichen immer auch ein klein wenig so, daß die Zeichenhaftigkeit überhaupt merkwürdig wird.

So, wie die nüchterne Drucktype sich an der Chiffre berauschen mag, will hinter ihr auch immer wieder der alte Zauber des Schreibens, der schreibenden Hand auftauchen. Das Gedruckte hat immer noch Anteil an der Magie von Schrift schlechthin, ja, es liebt es, dem Geschriebenen nachzuträumen. Der Roman spielte in seinem großen Jahrhundert gerne noch mit der Konvention der Erzählung in der Erzählung, des Manuskripts im Roman. »Endlich aber berühren Sie eine verborgene Feder, und ein Fach öffnet sich drinnen – eine Rolle Papier erscheint – Sie ergreifen sie – sie umfaßt viele Blätter Manuskript ... doch kaum haben Sie entziffern können: ›O Du, wer auch immer Du sein mögest, in dessen Hände diese Erinnerungen der unglückseligen Matilda fallen sollen‹ – als Ihre Lampe plötzlich erlischt und Sie in völliger Dunkelheit läßt.« Hinter dieser ironischen Anspielung Jane Austens in *Northanger Abbey* liegen feierlich zelebrierte Manuskriptfunde wie in Mrs. Radcliffes *Romance of the Forest*, wo das halbzerfallene Blatt beginnt: »O du, wer du auch sein magst, den Zufall oder Unglück an diesen Ort führen mögen ...« Wer ist es, der hier mit diesen hallenden Os angeredet wird? Der Leser selbstverständlich. Aber wer redet? Die Schrift selbst, das Schreiben, und zwar in jener Tonart, die im ersten Satz des ersten Briefes von Brentanos *Godwi* dröhnt: »Ein jeder Federstrich hallt wider, wenn der Sturm eine Pause macht.«

> »Ich hatte mich schon lange entschieden, daß ich dieses Buch nie öffnen würde, und um nichts auf der Welt hätte ich es je erworben ... Ich hatte mich immer geweigert, auch nur irgendwelchen Schilderungen seines Inhalts zu lauschen, und ohnehin wagte es niemals jemand, laut von dem zweiten Teil zu sprechen, so daß ich keinerlei Hinweis darauf hatte, was diese Seiten preisgeben mochten. Ich starrte den giftig gelben Einband an wie eine Schlange.«
>
> Robert W. Chambers, »The Yellow Sign« (1895)

2.

Das Buch enthält Wissen, und alles wirklich begehrenswerte Wissen ist, wenn wir nur weit genug zurückdenken, verbotenes Wissen. Die Erwachsenen haben nämlich – erinnern wir uns – ein Buch, »wo alles drinsteht«. In einem fast jedem Leser einmal vertrauten und dann verschollenen »klassischen Kinderbuch« wird beiläufig zum Ausdruck gebracht, was das Kind von den großen dicken Büchern erwartet, die an unzugänglicher Stelle aufbewahrt werden und den Kindern verboten sind: Der Lehrer hat ein Buch in seinem Pult, in dem er gelegentlich blättert. Ansonsten ist der Band strengstens weggesperrt. Das Pult erweist sich aber in einer Pause, als das Klassenzimmer leer ist, als versehentlich unabgeschlossen, und ein neugieriges kleines Mädchen beginnt, das Buch durchzusehen. Gerade ist es an einer großen kolorierten Schautafel angelangt, als plötzlich ein Klassenkamerad hinzutritt – es erschrickt und macht mit einer unkontrollierten Bewegung einen Riß in das Blatt. Die Verzweiflung muß nicht lange auf die Krisis warten: Der Lehrer entdeckt schon in der nächsten Stunde beim müßigen Blättern in seinem Geheimwerk stutzend das ungeheuerliche Indiz des Tabubruchs, und die ganze Klasse muß, ein Kind nach dem anderen, die Frage beantworten: Schuldig oder nicht? Wer hat vom Baum der Erkenntnis des menschlichen Leibes gegessen? Als die Reihe fast schon an das kleine Mädchen gekommen ist, das sichtlich dem Zusammenbruch nahe ist, springt der Klassenkamerad – er heißt Tom Sawyer – auf und ruft (hier will ich die Schreibung meiner eigenen Kindheit hersetzen): »Ich hab's gethan.« Er wird gezüchtigt, seine Freundin dankt ihm schwärmerisch (»Tom, how *could* you be so noble«) – liest man dieses Jugendbuch von Mark Twain aber nach Jahren wieder, ist man überrascht von der bei aller Diskretion der Schilderung eindeutigen Pointe: Das Kind sucht im verschlossenen Pult, im verschlossenen Buch nach Sexualwissen, nach dem Anblick von unbekannter Körperlichkeit. So war es zumindest bis vor kurzem – die Kinder wühlten in unbeobachteten Augenblicken in den Bücherschränken und erhaschten beim hastigen Blättern in »Gesundheitsbüchern« und Reiseberichten Blicke auf die bloßen Brüste von Eingeborenenfrauen und die Symptome der tertiären Syphilis. In den Büchern stand »alles«, auch wenn es schwer zu begreifen war. Es ruhte zwischen diesen Buchdeckeln eine intime Offenbarung, schreckens- und verheißungsvoll.

Doch zehrt die Vorstellung von einem wissensmächtigen, offenbarungskräftigen Buch nicht nur von diesem Subtext infantiler Sexualneugier – sie gehört auch ins Zentrum des Ästhetikkultus des 19. Jahrhunderts. Dessen legendäres Buch ist Huysmans' *À rebours* – so, wie dieses Buch, das *yellow book* (nach den damals typischen gelben Umschlägen der als erotisch und politisch subversiv geltenden französischen Romane), bei Oscar Wilde im *Bildnis des Dorian Gray* erscheint: »Es war das seltsamste Buch, das er je gelesen hatte. Es schien ihm, als zögen, erlesen gewandet und zu zartem Flötenklang, die Sünden der Welt in stummem Mimus an ihm vorüber... Es war ein Buch voll Gift ...«, und dann: »Du hast mich einst mit einem Buch vergiftet. Das könnte ich nicht verzeihen ... Versprich mir, daß du das Buch niemandem leihen wirst. Es ist schädlich.« Hier werden dem Buch (auf Wildes gesamten Roman bezogen, möchte man sagen: auf fast flehende Weise) Kräfte der Verführung, der Durchdringung, der Erwekkung attestiert, und sei es auch einer Erweckung zum Bösen. *À rebours* ist seinerseits so strukturiert, daß am Anfang und am Ende je zwei Kapitel (III und V, XII und XIV) mit Beschreibungen der Bibliothek des Ästheten Des Esseintes dessen Experimente und Erinnerungen rahmen. Die Bibliothek ist hier Genußort: Wie in vielem anderen ist Des Esseintes auch in seiner Lektüre ein Nachfahr von Roderick Usher: ein Mann mit neurotisch gesteigertem Sensorium. Und daß das Buch in der Literatur des *fin de siècle* als Topos eine solche Rolle spielt, daß zum Beispiel in Beardsleys *Under the Hill* Zitate aus fiktiven wie realen Büchern so wichtig sind, ergibt sich aus einer Auffassung von Literatur als eines exotischen Stimulans – neben Düften, Blumen, Juwelen. Wie diese ist das Buch eine ästhetische Offenbarung, es wird eingeatmet und betastet. Aber es hat auch initiatorischen Charakter und macht den Leser unheilbar »wissend«.

Zuviel zu wissen ist verhängnisvoll. Es ist ein altes schauerromantisches Motiv, daß die Lektüre bestimmter Bücher den Leser zwangsläufig verrückt machen muß – der Schurke in Frédéric Souliés Roman *Mémoires du Diable* (1837) versucht, die Heldin mit einem Exemplar der *Justine* des Marquis de Sade in den Wahnsinn zu treiben. Das delirante Buch schlechthin ist natürlich das von dem »wahnsinnigen Araber Abdul Alhazred« verfaßte *Necronomicon*, eine Erfindung Lovecrafts: ein Buch, in welchem das Grauen des Universums (das wir Ahnungslosen glücklicherweise nicht erkennen) mit so großer Offenheit angedeutet wird, daß die Lektüre jeden, der nicht selbst Teil der wahnsinnigen kosmischen Verschwörung sein will, an den Rand des Zusammenbruchs treibt. Ebenso bleibt nach der Lektüre von »The King in Yellow«, dem ominösen Buch in der oben zitierten Erzählung von Robert W. Chambers, nur noch der Tod. Die Radikalität einer solchen Schreckensvision enthält einen klaren Anspruch: Ein Buch vermag viel. Es steht »alles« drin, mehr, als wir verkraften.

Gehen wir noch einen überraschenden Schritt weiter: Es gibt ein Buch, in dem *wir* alle verzeichnet sind, und zwar unserem Wesen nach. Das Buch, das der Erzengel am jüngsten Tage aufschlagen wird oder das – die abgeschwächte Variante – der Nikolaus konsultiert, um die Frage »Sind's gute Kind? Sind's böse Kind?« beantworten zu können, die Registratur der Böcke und Schafe. Dieser *liber scriptus*, der als Kontobuch der guten und bösen Taten beim Jüngsten Gericht oder am Heiligabend hervorgeholt wird, hat einen durchaus unheimlichen Doppelgänger in der Welt der Hexenverfolgungen, vor allem in Neuengland, wo die Aufforderung, sich in das Buch des Teufels einzuschreiben, zu den hartnäckigsten Versuchungen des Dämons gehört: »Daß in ihren Qualen ein kleiner gar schwarzhaariger Mann zu ihr kam ... und sie in ein Buch sich einzutragen hieß, welches er ihr zeygte ... Daß er gar oft sie verfolgte mit dem Anbot dieses Buches und sagete, es solle alles gut sein und sie würde niemanden mehr fürchten müssen, so sie nur unterschriebe ...« (Cotton Mather, *The Wonders of the Invisible World*, 1692).

Der Vorsatz, alles wissen zu wollen, mündet in den Gestus des Sammelns. Sammler von Informationen produzieren Bücher. Holmes hat nicht nur die berühmte Monographie über Varietäten von Zigarrenasche verfaßt, er kompiliert auch ständig aus Zeitungsausschnitten in großen Klebebänden einen »Index«, in dem wir ihn gelegentlich nachschlagen sehen – etwa unter dem Stichwort »Vampire«. Hier wird in milder und nicht unsympathischer Form die Bibliothek als Wahnsystem vorgeführt: Nichts bleibt mir unbeantwortet. Solche Bücher sind Maschinerien eines Weltbeherrschungsversuches; aber in ihrer ewigen Begrenztheit und – bei allem Stolz des Autors (»Good old index – you can't beat it«) - zwangsläufigen Unvollständigkeit bewahren sie dabei eine gewisse absurde Unschuld. Bewegen wir uns innerhalb zweier affiner Genreformen weiter, tun wir den Schritt vom Detektivroman in die Abenteuer der phantastischen Literatur, dann verwandelt sich Neugier vom Instrument mehr oder weniger optimistischer Weltaneignung zum selbstvergessenen Laster, das nur in tiefste Schwärze führen kann. Ein Buch aufzuschlagen ist in diesem Bezirk stets ein gefahrvolles Wagnis.

Bibliotheken werden auf naive Weise in der Horrorliteratur zu Schrekkensorten. (Das heißt natürlich: Sie werden zu Orten der Verheißung – sie versprechen eine Begegnung mit Unerhörtem.) Klassische Beispiele bieten die tückisch gemächlichen Gespenstergeschichten von M. R. James, in denen man etwa in der Familienbibliothek eines englischen Landsitzes beiläufig in einer alten Predigt blättert, die von einem bedrohlichen Labyrinth erzählt (das Buch ist später, nachdem es zu einer katastrophalen Begegnung am Rande des Gartenlabyrinths im Park gekommen ist, nicht mehr aufzufinden). Und mit größter Konsequenz geschieht diese Aufladung der Bücher mit Gefahr natürlich in den Erzählungen des Cthulhu-Mythos von Lovecraft: »Mr. Merritt räumte immer ein, er habe in dem Hause nichts wirklich Entsetzliches entdecken können, doch bestand er darauf, daß die Titel der Bücher in der besonderen Bibliothek zu thaumaturgischen, alchemistischen und theologischen Themen, die Curwen in einem vorderen Zimmer aufbewahrte, allein schon hinreichten, ihn mit fortdauerndem Abscheu zu erfüllen.« Lustvoll malt Lovecraft die imaginäre Bibliographie des Entsetzlichen aus, und jeder Leser mag selbst darüber phantasieren, was denn nun im Buch *Eibon* oder in *De Vermis Mysteriis*, in den *Cultes des Ghoules* oder in »von Junzts ›Unaussprechlichen Kulten‹« stehen könnte. In den Texten, wo solche Bibliotheken vorkommen, gebiert sich der Schrecken aus Büchern. Foucault hat in seiner schönen Analyse von Flauberts *Versuchung des Hl. Antonius* nachgezeichnet, wie Flaubert seine Ungeheuer aus Folianten destilliert, Monstren aus Bücherstaub: »Das Chimärische entsteht jetzt auf der schwarzen und weißen Oberfläche des Drucks der Schriftzeichen, aus dem geschlossenen verstaubten Band, der, geöffnet, einen Schwarm vergessener Wörter entläßt, es entfaltet sich säuberlich in der lautlosen Bibliothek mit ihren Buchkolonnen, aufgereihten Titeln und Regalen, die es nach außen ringsum abschließt, sich nach innen aber den unmöglichsten Welten öffnet. Das Imaginäre haust zwischen dem Buch und der Lampe.«

> »Orlik, der alte Zoologe, öffnete ein kleines Buch, das neben ihm lag, und entdeckte, daß es sich um eine leere Schachtel handelte, mit einer einsamen rosafarbenen Pfefferminzpastille auf dem Grunde.«
>
> Nabokov, *Bend Sinister*

3.

Das Buch ist ein Text, aber nebenbei, vorab und überhaupt ein Gegenstand. Das Buch kann gemalt in einem Stilleben zwischen Glas, Schädel und Rose liegen, im Trompe-l'œil halbaufgeblättert ins Regalfach geschoben sein. Nippes imitieren gerne die Buchform: *bibelots* – Kistchen, Briefbeschwerer, Humidore, Cognacverstecke (meist mit jenen übertrieben ausgeprägten, unechten Bünden, die das Symptom des kunstgewerblichen Kitsches in der Buchbinderei sind). Leerbücher, die in den Möbelhäusern die Regale ornamentieren, finden sich gelegentlich in Privathaushalten; in solchen Büchern sind Schußwaffen, Pornos, Schlüssel oder Briefe versteckt, oder Staub. Als marmorner Foliant liegt – die aufgeschlagenen Seiten sind leer – das Buch auf Grabsteinen.

Der an solchen Attrappen paradox hervortretende Objektcharakter des Buches ist etwas Banales, aber die Verbindung von Text und Gegenständlichkeit des Buches ist es nicht. Wir haben eine ferne Zeit hinter uns, in der nicht geschrieben, nur gesprochen wurde (Jesus hat nur einmal geschrieben, mit dem Finger auf die Erde, und der Evangelist überliefert nicht, was da zu lesen stand; Sokrates hat die Schrift verachtet). Vor uns liegt eine Zeit, in welcher der Text sich zu einem reinen Kontinuum elektronisch generierter Zeichen entgrenzt. Die besondere Materialität des Textes in unserer zu Ende gehenden Epoche kann man mit dem Kürzel »Buch« bezeichnen. Und Bücher haben ihre Schicksale – die das gesprochene Wort nicht hat und nicht der Bildschirm. Jene *fata*, die das Sprichwort den Büchern zuschreibt, haben nämlich nicht nur die Texte, sondern insbesondere die einzelnen Exemplare: zusammengeklebte Seiten, Flecken, Kritzeleien, Unterstreichungen, Widmungen – Spuren.

Was tut man übrigens, wenn den Büchern die Spuren ihrer Geschichte fehlen, wenn sie als erkennbar ungelesene im Regal stehen und schicksalslos den Besitzer der banausischen Leseunlust überführen? Flann O'Brien hat mit wenigen Strichen in seiner erstaunlichen Kolumne *Cruiskeen Lawn*, in der so vieles Platz fand, den Plan eines speziellen Dienstleistungsservices entworfen – *bookhandling*. Die Bücher werden von Experten so »gehandhabt«, daß sie durchstudiert aussehen, werden dann – es gibt eine Hierarchie der Serviceleistungen und des Snobismus – mit Anstreichungen versehen, mit exotischen Lesezeichen vollgestopft, mit gefälschten Widmungen der Autoren ausgestattet: Die künstliche Herstellung des Fatums. An diesem satirischen Projekt wird erkennbar, was ein Buch braucht: die Kontingenz. Die armselige kleine Geschichtlichkeit des einzelnen Buchexemplars gibt dem reinen Text einen Rahmen von Unreinlichkeit, ohne den er vielleicht gar nicht klar hervortreten kann.

Was Gegenstand ist, hat Sinnlichkeit. (In der Horrorliteratur sind böse Bücher gelegentlich so kalt und klamm wie das Glied des Teufels beim Hexensabbat.) Das Buch raschelt, es fällt einem spitz, breit oder flatternd auf den Fuß, es fühlt sich glatt an oder speckig, veloursweich oder blank, sperrig, krumm, rissig, brüchig, es duftet oder stinkt. »Riechen an einem Band: seltsam: jede Bibliothek hat ihr eigentümliches Parfüm, jedes Antiquariat, an dem mans sofort erkennt; ich mache mich anheischig, Gsellius sofort zu wittern« – sagt die Figur Eggers in *Das steinerne Herz*, aber man wird annehmen dürfen, daß der Autor Arno Schmidt auch für sich die Behauptung aufrecht erhielte. (Natürlich ist gerade Schmidts Werk überreich an Belegstellen für sinnliche Buchverliebtheit – »entzückende« Stockflecken, Einbände zum Streicheln, der »geheimnisgelbgrau« von der Gegenseite des »hinreißend schlechten Löschpapiers« durchscheinende Druck.) Psychoanalytiker haben gelegentlich die Bibliomanie als »polymorphe Perversion« diagnostiziert: eine Unart, an der alle Sinne Anteil haben. Tatsächlich richtet sich das libidinöse Interesse des Bibliomanen und, gestehen wir es, bereits des Bibliophilen auf alle haptischen und überhaupt sensorischen Einzelheiten. Das gibt sich rasch der Lächerlichkeit preis, und doch führt die Betonung der Gegenständlichkeit des Buchs, des Körperhaften, auf einen bedeutsamen Punkt.

In einer der chinesischen Volkserzählungen, die von den unberechenbaren und in vielen Verwandlungen auftretenden Fuchsgespenstern handeln, gibt es ein mystisches, unverständliches Buch, das die Füchse begehren. Der Mensch kann es nicht lesen, nur die Füchse begreifen es und jagen es ihm, der ihnen die Kostbarkeit nicht gönnt, mit List ab. Die Füchse werfen sich das Buch in spöttischem Spiel hin und her zu, als der Mensch sie verfolgt. Diese Geste, dieses Durch-die-Luft-Fliegen des Buches, hat etwas wahrhaft Zauberisches. Das Buch ist schwer und leicht, Materie und Text. Worin liegt der Hohn der Füchse? Darin, daß ihr Verfolger dieses Ineinander nicht rechtzeitig begriffen hat?

»Ich halte es nicht für unwahrscheinlich, daß es in irgendeinem Regal des Universums ein totales Buch gibt.«
Borges, *Die Bibliothek von Babel*

4.
Das Buch ist *multum in parvo*. Vieles auf kleinem Raum. In diesem *parvum* liegt vielleicht das von den Zauberphantasien umkreiste Geheimnis – wenn man so großartig einen unklaren Zusammenhang bezeichnen darf, der zwischen der Begrenztheit oder vielleicht besser Grenzhaftigkeit des Datenträgers und der Kognition bestehen könnte. *Weil* das Buch klein ist (angesichts des Internet möchte man fast sagen: schwindelerregend klein), hat man von ihm träumen können, daß es alles enthalte. Der Computer, das *multum* schlechthin, hat keinen Umriß, an dem sich ein solcher anspruchsvoll naiver Traum anhaken könnte. Was in meinen Anmerkungen hier weniger gesagt als aus einigen Zitaten collagiert worden ist, umkreist die besondere Intimität von Leser und Text, die durch die Individualisierung des Textes im gegenständlichen Buch entsteht. Das Buch kann in sehr hohen Auflagen gedruckt werden – als Exemplar ruht es einmalig in der Hand.

Denn die skizzierten Phantasien von geheimem Wissen, von der Allgewalt des Buches, hängen zusammen mit seiner Begrenztheit, sind insgeheim gebunden an seine geradezu rührende Beschränktheit: Erst angesichts seines kleinen Umfangs, seiner konkreten Beiläufigkeit kann es zum Brennpunkt werden, in dem sich Tagtraum und Sehnsucht entzünden. Das Buch, in dem »alles« steht, ist nur wegen des begrenzten Umfangs der Buchseiten ein zwingendes Bild.

Das Internet hat seine eigenen Mytheme, aber sie sind diffus, sie zerstreuen sich ins Unendliche. Der elektronische Text hat als Extremform kürzlich William Gibsons *Agrippa* hervorgebracht – eine Erzählung, die, Zeile um Zeile sich selbst sofort nach der Lektüre unrekonstruierbar wieder löschend, über den Bildschirm des Käufers lief. Das ist ein radikales Spiel, aber es zeigt auch eine Logik des Mediums auf. Bücher sind nicht rasch, sie überdauern zwischen ihren zwei Deckeln. Sie stehen da. Und man möchte vermuten, »daß die Bücher etwas sagen, ohne daß man sie liest, und daß es zuweilen nicht das Unwichtigste ist« (Adorno). Sie bleiben stehen, mit einer uns stoisch erscheinenden Simplizität: unveränderliche Einzelheiten, an denen die Phantasie einen anderen Zugriff hat als am weißen Rauschen des Insgesamt.

DRY GOODS
NOTIONS

Friedrich Kittler
Bewegliche Lettern

EIN RÜCKBLICK AUF DAS BUCH

Kursbücher gibt es, um im Rauschen aus Ortsnamen und Fahrzeiten, Buchstaben und Zahlen noch einen Weg zu finden. Seit Einführung regelmäßiger Postkutschen um 1670 konnten Reisende erfahren, wann sie wo sein würden: Sie brauchten nur die Buchstaben und Zahlenkolonnen einer Drucksache zu lesen, die als Anschlag an jeder Poststation prangte.

»Kursbücher schreiben« also »keine Richtungen vor. Sie geben Verbindungen an, und sie gelten so lange wie diese Verbindungen.«[1]

Nur ist die Verbindung von Buchstaben und Zahlen, wie sie jede Druckseite prägt, selber ein Ereignis gewesen, das der Mediengeschichte Europas ihre Richtung vorgeschrieben hat. Seit Gutenbergs Erfindung, Texte aus beweglichen Lettern zusammenzusetzen, sind alle Bücher Kursbücher. Auf ihren Seiten und Buchrücken hat sich ein Standard eingespielt, der Wörter mit Seitenzahlen, Buchtitel mit alphabetisch geordneten Bibliotheken verknüpft. Nicht umsonst ist das Buch, das nach einer Vermutung Michel Butors am häufigsten benutzt wird, gar nicht zum Lesen da: Im Telefonbuch blättern heißt Zahlen für Buchstaben nachschlagen.

Nach außen hin erzeugen solche Zuordnungen ein Netz von Verweisungen, die Bücher seit ihrer Drucklegung auf die sogenannte Welt beziehen. Im Zitat sind andere Bücher anwesend, in der Fußnote virtuelle Bibliotheken, im Hyperlink von heute schließlich, der die Macht der Fußnote ja nur vervollkommnet hat, diese Bibliotheken selber. Dieser Weltbezug scheint seit Gutenberg so automatisiert, daß das gedruckte Buch Zitate und Fußnoten auch wieder hat weglassen können. In der Form des neuzeitlichen Romans träumen selbst Fiktionen davon, die Welt darstellen oder sein zu können.

Im Buchinneren dagegen ergibt die Zuordnung von Buchstaben und Zahlen ein Bild. Zu solchen Graphismen aus Satzkörpern und Abschnitten, Überschriften und Kapiteln hat zwar schon das scholastische 12. Jahrhundert jede einzelne Buchseite geordnet[2], aber Bilder im schlichten Wortsinn blieben wandelbar und zufällig wie nur noch die Handschrift selber. Deshalb zählt zu Gutenbergs Neuerungen nicht nur der von keinem Kopisten korrumpierbare Wortlaut, sondern auch die von keinem Kopisten korrumpierbare Illustration. Holzschnitt und Kupferstich sind Zeitgenossen der Handpresse, Lithographie und Photographie Zeitgenossen der Rotationspresse. Damit hat der Buchdruck dem Wissen Europas eine Grundlage zugestellt, die noch seine Überbietungen durch technische Medien getragen hat. Schon deshalb gibt erst das Zeitalter der computergestützten Scientific Visualization zu sehen, was mit dieser Zuordnung von Bild, Schrift, Zahl auf einer Druckseite an Scientific Visualization wahrhaft bewirkt war.

Als Sokrates versuchte, einem des Lesens und Schreibens immerhin kundigen Sklaven beizubringen, wie der Mensch in Erinnerung an seine früheren Existenzen den Flächeninhalt eines Quadrats mathematisch verdoppelt, lief der ganze Beweisgang als platonischer Dialog, also in jener schönen Prosa, die die Durchsetzung des griechischen Vokalalphabets eben anschreibbar gemacht hatte. Es ging um Kanten, Diagonalen und Flächen, wie sie allesamt in den Sand Athens gezeichnet hießen. Nur daß Platons Leser, gleichgültig, ob in alten handschriftlichen Buchrollen oder in neuzeitlichen Drucken, keine einzige Zeichnung zu sehen bekamen. Das Bild, obwohl oder weil es die antike Geometrie nachgerade bestimmte, verblieb, so vollkommen wie unsichtbar, am Himmel der Ideen.

Das neuzeitliche Buch dagegen hat Platons Ideenhimmel auf die Erde oder genauer auf die Druckseite geholt. Jede geometrische Strecke läßt sich mit Buchstaben und Zahlen markieren, die in der Abbildung für Anfang, Ende und Länge stehen, zugleich aber auch im kommentierenden Text als Eigenname dieser Strecke wiederkehren. Ob solche alphabetisierten Linien pythagoreische Diagonalen, architektonische Baupläne oder anatomische Präparate vorstellen, spielt keine Rolle. Sie machen ein Wissen möglich, das sich im Blicksprung zwischen Text und Zeichnung bildet[3], also nicht mehr in der Lehre zwischen Meister und Schüler, Sokrates und Sklave.

Wenn es hochkommt, können die gedruckten Bilder daher auch noch lehren, wie gedruckte Bilder herzustellen sind. Das neuzeitliche Buch veröffentlicht sein eigenes Interface, frei nach Mallarmé also die Gebrauchsanweisung, daß »die Welt« nur ist, »um in ein schönes Buch zu münden“. Nicht zufällig stammt alle moderne Kryptographie aus einem Gespräch, das Leone Battista Alberti 1466 in den Gärten des Vatikans mit dem päpstlichen Geheimsekretär Leonardo Dato führte. Beide feierten sie zunächst »den deutschen Erfinder, dessen bewegliche Lettern in 100 Tagen mehr als 200 Buchkopien herstellen konnten«, bis Dato mit seinem sprechenden Namen auf die eigene, wesentlich langwierigere Kunst handschriftlicher Verschlüsselung kam. Alberti aber wußte Rat: Gutenbergs Setzerkasten inspirierte ihn zur ersten Auszählung von Buchstabenfrequenzen und zum ersten Geheimcode, dessen Schlüssel ebenso schnell wie variabel an zwei gegeneinander drehbaren Alphabeten ablesbar war.[4] Kryptologie, von Alberti bis Turing, beruht auf technischen Zeichnungen beweglicher Lettern.

Nicht zufällig also legte derselbe Alberti auch die erste gedruckte Theorie der Linearperspektive vor. Ghibertis Florentiner Chronik rühmte ihm »eine Erfindung« nach, »die wahrlich der Buchdruckerkunst gleich zu achten ist. Er verfertigte nämlich ein Gerät, das es möglich machte, allerlei Zeichnungen auf beliebige Weise zu vergrößern und zu verkleinern.«[5] Geräte zur perspektivischen Manipulation von Bildern gibt es – kaum anders als heutige Schaltgatter – seit Gutenberg grundsätzlich zweimal: zum einen in praktischer Anfertigung, zum anderen in gedruckter Zeichnung, die weitere Anfertigungen und weitere Zeichnungen ermöglicht. Die Camera obscura, wie sie alle Fliesenböden und Glanzlichter von Johannes Vermeers verwunschenen Tafelbildern ermöglicht hat, ist selber die Perspektive als Gerät, deren geometrische Abmessungen und Strahlengänge wiederum zur gedruckten Beschreibung und Abbildung finden. Nicht zufällig war Antony van Leeuwenhoek, der Gründerheld optischer Medien, Vermeers Testamentsvollstrecker.

Keine Anekdote illustriert diesen Zusammenfall von Text und Illustration, Buchdruck und Bauanweisung schöner als ein Mißgeschick, das selbsternannten jesuitischen Kulturbringern in Peking widerfuhr. Sie hatten Traktate über Mühlen und Druckerpressen in ein Reich importiert, das selber ohne Druckerpresse war. Also blieben die Patres zur Vervielfältigung der gedruckten technischen Zeichnungen auf einheimische Zeichner angewiesen, denen keine Camera obscura die Linearperspektive eingetrichtert hatte. Das Ergebnis ihrer Zeichenhände war danach: wunderbar filigrane Tuschezeichnungen, die nur zum Nachbau von Mühlen oder Druckerpressen keine Handreichung boten.[6]

So massiv hat das Buch Kurs auf jene »wissenschaftlich-technische Welt« genommen, die nach einem Wort Foucaults »unsere einzige Welt ist«. Ohne den Buchdruck wäre es nicht einmal möglich geworden, das unvordenkliche Monopol der Schrift auf Speicherung und Übertragung von Daten zu brechen. Die Camera obscura ist ihrer technischen Zeichnung entsprungen, bei der Lithographie in die Lehre gegangen und damit schließlich zur Kamera eines schon fast wieder vergangenen Alltags geworden. Im frühen Oktober 1833, als William Henry Fox Talbots »widerspenstiger Zeichenstift« die Ufer des Lago di Como selbst mit Nachhilfe seiner Camera obscura nur schlecht und recht nachzeichnen konnte, kam

Talbot der rettende Gedanke, »wie schön es wäre«, wenn die ebenso zauberhaften wie vergänglichen Augenblicksschöpfungen der Natur »einen beständigen Abdruck auf dem Papier hinterlassen« würden.[7] Aber als der Gedanke ein paar Jahre später Photokamera geworden war, kam auch sein Betriebsgeheimnis zutage. Der »Bleistift der Natur«, als den Talbot das neue Analogmedium feierte, hinterließ auf dem Papier zuallererst ein Schriftbild: Talbots eigenhändige Buchstabenfolge »abcdefghijklmnopqrstuvxyz«.[8]

Mit den Digitalmedien des laufenden Jahrhunderts steht es nicht anders als mit den Analogmedien des 19. Sie paradieren zwar nicht mehr als Bleistifte, die die Natur selber unter Umgehung des Menschen zur Speicherung und Übertragung ihrer Daten bewegen würden, aber doch als Setzerkästen aus lauter Nullen und Einsen. Am Anfang digitaler Maschinen stand ein einsamer Entschluß Hilberts, der Husserls ganzes Entsetzen auslöste: Mathematische Zeichen haben seit Hilbert nichts auf Erden oder im Himmel mehr zu bedeuten, sondern gehen wie ein großes Schachspiel darin auf, daß sie auf dem Papier sinnlich gegeben sind und sein müssen, um nach mechanischen Regeln ersetzt und vertauscht zu werden. Damit aber ist das Betriebsgeheimnis von Gutenbergs beweglichen Lettern schließlich ins Betriebsgeheimnis aller heutigen Computer eingezogen. Die neuzeitliche Zuordnung zwischen Bild, Schrift und Zahl wurde zugleich absolut und unmenschlich. Ein junger britischer Mathematiker, dem seine miserable Handschrift alle mathematischen Schulzensuren verdorben und Eigenkonstruktionen einer primitiven Schreibmaschine eingegeben hatte, widerlegte Hilberts liebste Vermutung, indem er sie als Papiermaschine nachbaute. Eine Schreibmaschine, die ihre Zeichen auch noch selber lesen konnte und über ein unendlich langes Papierband verfügte, reichte hin, um das Berechenbare überhaupt und seine Grenzen zu definieren. Alle sogenannten Neuen Medien, wie sie heute oder doch in naher Zukunft den Rest der Medien schlucken, sind nur ein Euphemismus für Digitalcomputer, die ihrerseits bis auf Widerruf Turingmaschinen sind und bleiben.

Kein Wunder, daß Computer alles das und nur das automatisieren, was seit Gutenbergs beweglichen Lettern *state of the art* ist: mathematische Kalküle als Schaltalgebra, Linearperspektive als Virtual Reality, wohltemperierte Musik als Technosound. Sie sind das Buch noch einmal, aber von allen Geistern der Weltkriege oder Nachrichtentechniken um seine menschenzugewandten Räume und Zeiten gebracht. Im Prinzip, scherzte Turing, könnten ihre Speicherzellen deshalb statt aus Röhren oder Transistoren auch aus antiken Rollen oder mittelalterlichen Bänden bestehen. Nur würden Papyrusrollen überhaupt nicht durchzublättern sein, während das millisekundenschnelle Blättern in Druckbüchern »ungefähr den halben Energiebedarf« Großbritanniens vergeuden würde.[9] Elektronik verabschiedet also Elektrik, um von Handdruckpressen oder Bleisatzlettern ganz zu schweigen.

Luhmanns Systemtheorie (wie einst schon Hegels System) läßt nichts auf der Welt verkommen. Sie begreift daher auch die Evolution technischer Medien als eine Ausdifferenzierung, in der neue Medien die alten niemals abschaffen, sondern mit neuen Funktionen oder Nischen ausstatten. Sicher brachten Computer-Nadeldrucker sogar die antike Buchrolle wieder zu Ehren, aber sie selber landen mittlerweile auf Computer-Müllhalden. Die Ausdifferenzierung von Medien beschert also keine Ewigkeiten, sondern nur fraktale Abbildungen. Bibliotheken aus freistehenden Büchern lieferten das Vorbild, dem alle sogenannten Libraries für wiederbenutzbare Software-Routinen oder rekombinierbare Hardware-Schaltungen folgen. Büroschreibtische alias Desktops lieferten der Firma Xerox das ausdrückliche Vorbild, um Mensch-Computer-Schnittstellen zur sogenannten graphischen Benutzerfreundlichkeit zu verhelfen. Aber selbst das IBM-autorisierte Handbuch zur Computergraphik räumt freimütig ein, daß »manche« unter den »Anwendungen«, wie Computerbetriebssysteme sie in Form wiederbenutzbarer Programme anbieten, den Segen der Fenster, Ikons und Mausklicks gar nicht recht anwenden können. So steht es zumal bei einer »Anwendung«, die als »Programmieren«[10] genau das tut, wozu Computer da sind. Ganz wie erst einmal Alberti oder Dürer in Text und Zeichnung Regeln anschreiben mußten, die linearperspektivische Maler dann in Tafelbilder umsetzen konnten, ganz so liegt allem Computermedienglamour der Programmcode als eine Schrift voraus, deren Zeichen rigoroser noch als in Gutenbergs Setzerkästen vertauschbar und ersetzbar sind. Nur weil sie Schrift liest und schreibt, vermag die Turingmaschine auch den Rest der Welt zu simulieren. Ihre Hardware ist eine bis zur Unsichtbarkeit miniaturisierte Camera obscura, die mittels Elektronenlithographie in Silizium und Siliziumoxid geschrieben wird und das gedruckte Buch seiner fraktalen Abbildung zuführt.

Verkleinerungen haben das Schöne, etwas nicht verkommen zu lassen und dennoch abzulösen. Die Götter, die Ägypter oder Griechen verehrten, waren Standbilder im unbetretbaren Innersten des ihnen geweihten Tempels. Sie versammelten also eine Stadt, die ihrerseits ein Volk von Akkerbauern versammelte. Nur wenn griechische Schiffe aufbrachen, um an fremden Stränden neue Kolonien zu gründen, geriet ihr Glanz und Marmor den Göttern zum untragbaren Nachteil. Nicht ohne Grund verehrten zwei Nomadenvölker, Juden und Araber, daher heilige Schriften. Der Gott in Buchform erspart nicht nur den Götzendienst, sondern macht sich die Erde leichter als tonnenschwere Götzenbilder untertan.[11] Miniaturisierung ist ein Arkanum der Macht.

Für Macht bleibt, einst und heute, ein Schönheitspreis zu zahlen. Welten, deren Götter wie im *Ring des Nibelungen* »durch Schönheit herrschen«, sind leider Gottes keine wissenschaftlich-technischen. Die Personal Computer auf den Schreibtischen von 1998 gleichen einander daher wie sonst nur noch ein Gutenbergbuch dem anderen. Dieselben gedruckten Schaltungen, dieselben Programmcodes, dieselben Betriebssysteme in global vernetzter Millionenauflage.

»Wie diese Seite hier tausend anderen Seiten gleicht,
und wie schwer es ist, sich darüber zu wundern!«[12]

Anmerkungen

1 Hans Magnus Enzensberger, »Ankündigung einer neuen Zeitschrift«, *Kursbuch 1*, 1965, S. 1.

2 Vgl. Ivan Illich, *Im Weinberg des Textes. Als das Schriftbild der Moderne entstand*, Frankfurt am Main 1991.

3 Vgl. Susanne Holl, »Bewegliche Lettern, Körper des Wissens«, in: *Kaleidoskopien*, Heft 3: *Körperinformation*, Leipzig 1998.

4 Vgl. David Kahn, *The Codebreakers: The Story of Secret Writing*, New York 1967, S. 125-128.

5 Lorenzo Ghiberti, zitiert bei Moritz Cantor, *Vorlesungen über Geschichte der Mathematik*, Bd. II, 2. Auflage Leipzig 1899, S. 293.

6 Vgl. Samuel Edgerton Y. jr., *The Heritage of Giotto's Geometry: art and science in the eve of the scientific revolution*, Ithaca 1991.

7 William Henry Fox Talbot, zitiert bei Bernd Busch, *Belichtete Welt. Eine Wahrnehmungsgeschichte der Fotografie*, Frankfurt am Main 1995, S. 189.

8 Hubertus von Amelunxen, *Die aufgehobene Zeit. Die Erfindung der Photographie durch William Herny Fox Talbot*, Berlin 1989, S. 27.

9 Alan Turing, Vortrag vor der London Mathematical Society am 20. Februar 1947, in: *Intelligence Service. Ausgewählte Schriften*, hg. von Bernhard Dotzler und Friedrich Kittler, Berlin 1987, S. 187.

10 James D. Foley, Andries van Dam, Steven K. Feiner, John F. Hughes, *Computer Graphics. Principles and Practice*, 2. Auflage Reading/Mass. 1990, S. 398: »Some applications, such as programming, do not lend themselves to direct (graphical) manipulation, except for simple flowchart-oriented learning or for those constructs that in specialized cases can be demonstrated by example.«

11 Vgl. Harold A. Innis, *Kreuzwege der Kommunikation. Ausgewählte Texte*, hg. von Karlheinz Barck, Wien und New York 1997, S. 156.

12 Hans Magnus Enzensberger, *Mausoleum. Siebenunddreißig Balladen aus der Geschichte des Fortschritts*, Frankfurt am Main 1975, S. 9.

Anmerkung der Redaktion

Elke Heidenreich, geb. 1943, seit 1970 freie Autorin und Moderatorin für Funk und Fernsehen; soeben erschien von ihr: *Man, ist es heiß* (München); lebt in Köln.

Fritz J. Raddatz, Schriftsteller, Essayist und Literaturkritiker, lebt in Hamburg

Ingrid Grimm, geb. 1938 in Berlin, seit 1962 Verlagslektorin, lebt als freie Lektorin in Kampen und München.

Lothar Menne, geb. 1944, Lektor, Cheflektor und Verlagsleiter bei S. Fischer, Wolfgang Krüger, Hoffmann und Campe; seit 1998 verlegerischer Geschäftsführer der Heyne-Verlage.

Eberhard Delius, geb. 1945; 1966 Verlagsbuchhändlerlehre im Wagenbach Verlag; 1973 Mitbegründer des Rotbuch Verlags; 1986-1989 Greno Verlag; seit 1989 freier Hersteller (vor allem von Büchern und Ausstellungskatalogen) in Berlin.

Helmut Dähne, geb. 1941, kaufmännischer Geschäftsführer der Rowohlt-Verlage, lebt in Reinbek.

Veit Heinichen, geb. 1957; 1988 bis 1993 Werbeleiter des S. Fischer Verlags; 1994 Mitbegründer des Berlin Verlags, dessen kaufmännischer Geschäftsführer er ist (seit Juli 1998 auch des Wolf Jobst Siedler Verlags).

Jens Rehländer, geb. 1962, seit 1987 *GEO*-Redakteur; lebt bei Hamburg.

Cornelia Geißler, geb. 1965, arbeitet seit 1990 als Redakteurin bei der *Berliner Zeitung*.

Michael Wübbelsmann, geb. 1955, Buchhändler, Verlagsvertreter und Kulturträger in Leer/Ostfriesland.

Sabine Sauer, geb. 1959, Fotografin, arbeitet zur Zeit als Bildredakteurin bei der *Berliner Zeitung*.

Ute Schneider, geb. 1960, ist wissenschaftliche Assistentin am Institut für Buchwissenschaft der Johannes Gutenberg-Universität Mainz; mehrere Publikationen zur Buchgeschichte des 18. bis 20. Jahrhunderts.

Gerald Sammet, geb 1949, Journalist und Schriftsteller, lebt in Bremen.

Caroline Fetscher, geb. 1958, von 1981 bis 1990 Mitarbeiterin von Greenpeace Deutschland, ist Redakteurin beim *Tagesspiegel*, Berlin.

Henner Reitmeier, geb. 1950, arbeitet seit 1994 als Raumausstatter in Südhessen.

Rainer Grießhammer, geb. 1953, Chemiker und Mitarbeiter des Öko-Instituts Freiburg.

Joachim Kalka, geb. 1948, lebt als Übersetzer und Kritiker in Stuttgart.

Friedrich A. Kittler, geb. 1943, ist Professor für Ästhetik und Geschichte der Medien am Institut für Kultur und Kulturwissenschaft der Humboldt-Universität Berlin.